KB275446

六祖壇經

육조단경

육조단경 六祖壇經

1975년 11월 12일 초판 1쇄 발행
2005년 7월 15일 초판 25쇄 발행
2025년 4월 30일 재판 8쇄 발행

지은이 육조혜능 • 옮긴이 광덕
발행인 박상근(至弘) • 편집인 류지호 • 편집이사 양동민
편집 김재호, 양민호, 김소영, 최호승, 정유리 • 디자인 쿠담디자인
제작 김명환 • 마케팅 김대현, 김대우, 이선호, 류지수 • 관리 윤정안
콘텐츠국 유권준, 김희준
펴낸 곳 불광출판사 (03169) 서울시 종로구 사직로10길 17 인왕빌딩 301호
        대표전화 02) 420-3200 편집부 02) 420-3300 팩시밀리 02) 420-3400
        출판등록 제300-2009-130호(1979. 10. 10.)

ISBN 978-89-7479-166-7

값 22,000원

(지음)

혜능惠能 대사

◉

서기 638년(당태종 貞觀 12년) 2월 8일에 탄생. 24세 때 『금강경』을 만나 개오(開悟)하고, 오조(五祖) 홍인(弘忍) 대사의 의법(依法)을 받아 중국뿐만 아니라 동양정신과 문화를 특색지운 선(禪)사상을 발흥시키고, 서기 713년 8월 3일 세수 76세로 입멸하였다. 중국 선종의 제 6조로 남종선의 개조인 혜능 대사의 깨달음이 담긴 『육조단경』은 일찍이 한국에 유포되어 수행자의 골격이 되었고, 한국불교를 묶는 성전의 구실을 해왔다. 이 책의 원래 명칭은 육조대사법보단경(六祖大師法寶壇經)이며 약칭하여 '단경'이라고도 한다.

(역주)

광덕光德 스님

◉

1927년 경기도 화성에서 출생. 1999년 열반. 암울한 민족의 격동기였던 50년대, 범어사에서 당대의 대선지식인 동산(東山) 스님을 만나 참선을 시작, 위법망구의 구도정신으로 수행정진하였다. '74년 9월 불광회를 창립하고, 동년 11월 월간 「불광」 창간, 불교의식문 한글화, 경전 번역, 찬불가 작시, 불광사 대중법회 등을 통해 부처님의 가르침을 만인의 품으로 돌려주며 대중을 일깨웠다. 『생의 의문에서 그 해결까지』 『삶의 빛을 찾아』 『행복의 법칙』 『메아리 없는 골짜기』 『만법과 짝하지 않는 자』 『반야심경 강의』 『보현행원품 강의』 『선 관책진』 등을 비롯하여 대중들의 마음을 밝혀주는 주옥 같은 역저서 20여 종이 있다.

1975년 처음 발행된 이 책은 세로줄 쓰기에 활판인쇄인데다가 글자가 너무 작아서 읽기에 어려움이 많았습니다. 그런데 이번에 글자를 키우고 가로줄로 새롭게 편집하여 읽는 이의 눈을 편안하게 만들었습니다. 원고 입력은 불광사 선방의 자성인, 본자운, 원명심, 혜명, 정신행, 인왕수 보살님께서 공부하는 마음으로 자원 봉사해 주셨습니다.

불광선문총서 1

육조단경 六祖壇經

(육조 혜능 대사 어록)

혜능 대사 지음 · 광덕 역주

불광출판사

국역 법보단경 서

모든 생명은 실로 불가사의不可思議하다. 이 생명 속에 시공時空을 초월하고 시공時空을 함포含包한 무진장無盡藏의 보고寶庫가 있어서 일체만법의 무가진보無價珍寶가 원만구족하니 이를 진여眞如 또는 자성自性이라고 한다.

이 보고寶庫의 현문玄門을 활개豁開하면 무시이래無始已來의 생사고뇌를 홀연히 돈식頓息하고 여의보주如意寶珠로써 법계法界를 장엄莊嚴하여 그 응용應用이 무궁무진無窮無盡하니 이것이 견성見性이며 오심悟心이다. 그리하여 오심견성悟心見性의 무상묘법無上妙法은 여래정전如來正傳의 구경목표究竟目標이다. 금색두타金色頭陀가 이 무상정법無上正法을 전지傳持하여 육조성사六祖聖師에 이르니 영축산정靈鷲山頂에 높이 뜬 진여보월眞如寶月이 조계심저曹溪深底에 밝게 비춰 그 영광靈光이 우주宇宙에 변만遍滿하다.

성사聖師는 원래 남만하천南蠻下賤으로 진여자성眞如自性을 활연대오豁然大悟하여 일약一躍에 금륜보좌金輪寶座에 등어登御하였다. 성사의 동문同門인 신수神秀는 박학다문博學多聞하였다. 그 식견識見이 천하무적이었으나 자성自性을 철견徹見하지 못하였으므로 일자무식一字無識인 성사에게 낙후落後되고 말았다.

그리하여 성사의 도덕道德은 천고千古에 초출超
出하고 법화法化는 사해四海에 충일充溢하여 그 법손法孫
이 우금于今까지 면면부절綿綿不絶하니 성사는 참으로 만
세무비萬世無比의 일대사표一大師表이다.

　　성사의 전기대용全機大用은 황두벽안黃頭碧眼도
규지처견窺知覷見하지 못하며 문수보현文殊普賢도 상신실
명喪身失命하나니 오직 심입곤오深入閫奧한 박맹둔철拍盲
鈍鐵만이 밀밀상승密密相承할 뿐이다.

　　그러나 건화문중建化門中에는 불방시설不妨施設이
니 후래아손後來兒孫이 성사의 수시어구垂示語句를 수록收錄
하여 법보단경法寶壇經이라 이름하여 망망법해茫茫法海에
유일唯一한 지남指南으로 삼았다. 전단栴檀을 탁단拆斷하니
편편片片이 개향皆香이요, 사자獅子가 효휴哮吼하니 성성聲
聲이 무외無畏이다. 성사의 수시기연垂示機緣은 뇌번전격雷
奔電擊하고 금성옥진金聲玉振하여 편언척구片言隻句도 기사
회생起死回生하는 감로신단甘露神丹 아님이 없다.

　　이 보전寶典을 광덕 화상이 국역하여 만천하에

보시普施하니 광세曠世의 성사盛事이다. 설식불포說食不飽는 성사의
엄훈嚴訓이니 이 보전寶典을 귀감龜鑑 삼아 실참실오實參實悟하여 개
개箇箇가 원구圓具한 무진보장無盡寶藏을 활개豁開하여 여의보주如意
寶珠로써 일체미망一切迷妄을 광제廣濟하면 천상인간에 우유자재優
遊自在하는 출격장부出格丈夫의 본분능사本分能事이다.

　　끝으로 부언附言하노니 여하시如何是 조계일구曹溪一句오.
초삼십일初三十一이오 중구中九오 하칠下七이니라. 돌咄.

●

불기 2519년(乙卯) 10월 10일
伽倻山 海印寺
退翁性徹 和南

（
일
러
두
기
）

●

（ 一 ）

이 번역의 원본은 덕이본(德異本)이며, 서기 1703년(이조 숙종 29년)의

송천사(松川寺)판이다.

（ 二 ）

번역은 강의용 교본을 대중삼았다. 그래서 불교 고유의 낱말은 되도록

번역하지 않고 주로 미뤘다. 번역문과 한문 토가 간혹 일치하지 않은 때도 있다.

한문 현토의 관례를 살리고자 한 데 기인한다.

（ 三 ）

[ ]은 원본에 있는 주(註)이고『 』는 책이름, “ ”와 ‘ ’은 다른 경전 또는

다른 데 말의 인용구이다.

（ 四 ）

주에 간혹 중첩된 것이 있다. 그런대로 의도한 바 있어 그대로 둔다.

（ 五 ）

경에 보이는 지명 인명 연호는 모두 중국의 것인데 몇몇을 제하고는 특기하지 않았다.

차례

해설

一 단경의 성격

불교는 부처님의 자각 내용을 우리의 사회와 상황에 처하여 개현한 것이다. 그러나 자각 자체는 생각이나 이론으로 이를 수 없으니 이는 내어 보일 수도, 형용할 수도 없다. 더욱이 남에게 가르치거나 전해줄 수는 없는 것이다. 절대적이며 주체적이며, 또한 전성적全性的인 이 도리는 결코 대상화, 분단화를 불허하여 그에 대한 인식은 오로지 자각, 자증에 호소할 수밖에 없기 때문이다.

그러나 이 말할 수 없고 전할 수 없는 자각이 근원이 되어 부처님의 49년 설법도 8만 4천 법문도 열리고 궁겁窮劫을 통하여 중생세계를 밝힐 진리의 광망光芒도 펼쳐진다.

그러므로 진리를 구하되 지엽에 걸리지 않고 근원에 이르고자 하는 자는 불가불 부처님의 자각 자체에 투입되지 않을 수 없는 것이니, 여기에서 깨달음을 이룬 조사들은 후학을 제접하기 위하여 부득이 말할 수 없는 말을 하고 형용할 수 없는 것을 시늉한다. '불립문자不立文字'를 표방하는 선문禪門에 수많은 말과 글이 있는 까닭이 여기에 있다. 그러므로 이 자각 자체, 불법 자체를 의논한 선문禪門은 언제나 문자와 생각을 떠난 직접적인 체험의 기술이므로 자증만이 선문의 해득을 허락한다. 그렇지 않고 논리와 문자로 이에 대할 때, 언제나 핵심을 놓친 괴뢰傀儡의 장난에 떨어질 수밖에 없는 것은 어쩔 수 없는 것이다.

　　『법보단경』은 중국 당대唐代 초기에 재세하였던 중국 선종 제6대 조사가 되는 혜능惠能(638~712) 선사의 어록語錄인데, 그의 고제高弟 법해法海가 집록한 것이다. 문자 학식이 없는 혜능 선사가 오조五祖 홍인弘忍 대사의 계발에 힘입어 도달한 자신의 자각 체증의 여래심지如來心地 경계를 노정露呈한 것이기 때문에 이의 참된 해석도 역시 문자 밖의 도리에 착안할 것을 요구하는 것은 당연하다. 다만 그 설법이 전문가가 아닌 일반 재가 신자를 대중으로 한 경우가 많으므로 선권방편善權方便이 곡진하여 우리에게 사뭇 친근감을 주니 어찌 다행할 뿐이랴.

二 단경의 개요

단경은 육조혜능 조사가 16년 동안의 남둔의 기간을 지내고 보림사에 출세하셨을 때로부터 시작된다. 소주韶州 자사 위거韋璩 등의 청으로 대범사 강단으로 나아가 마하반야바라밀법을 연설하는 데서 비롯하여 열반에 드시는 최후 찰나의 설법까지를 담고 있다.

법을 깨닫고 의법衣法을 전하여 받은 것으로부터 법의 유통을 부촉하시는 데까지를 10장으로 나누었고 몽산蒙山 선사의 서序와 법해法海 선사의 약서略序를 머리에 두고 끝으로 부록附錄과 태헌太憲·서광瑞光·보조普照·행사行思 등 여러 선사의 발문이 붙은 것이 원형이다.[송천사(松川寺)판의 경우]

약서에서는 조사의 출생·오도·수법受法·남둔南遯·축발·수계·출세의 경위를 서술한다.

제1장은 오법悟法 전의傳衣다.

대범사 강당에서 1천여 도속道俗을 위하여 설한 것으로 이것이 육조 스님의 최초 설법이다. 여기서는 오도悟道 득법得法 경위를 말한다. 의법을 받고, 시기하는 무리를 피하여 16년 동안을 사냥꾼에 섞여 지내다가 법성사에서 인종印宗 법사의 눈을 열어준 것을 계기로 축발 수계하고 조계로 나와 설법하는 과정을 상세히 설한다. 실로 감개무량한 장면이 펼쳐지고 있다.

그리고 마하반야바라밀을 설한다. 반야 보리의 성품은 만인이 본래부터 스스로 구족함을 말하고 청정한 본성을 쓰면 즉시 성불임을 곡진하게 설한다.

제2장은 공덕과 정토를 풀어 말한다.

위거 자사의 청으로 시작한 설법에서 복 짓는 일이 공덕이 될 수 없고, 공덕은 법신에 있는 것임을 설파한다. 그리고 서방 정토를 설명하면서 10악惡8사邪를 제하면 즉시 이곳이 극락이라 하고 자성自性이 미타彌陀며 청정심이 정토임을 말씀하신다. 그리하여 이 색신色身 중에 극락국이 현전하고 각성여래覺性如來가 대광명을 놓고 있음을 보여준다.

끝으로 재가 수행의 요要를 말씀하고 자성에 착안할 것을 거듭 권한다.

제3장은 정定과 혜慧가 일체임을 밝힌다. 정은 혜의 체體요, 혜는 정의 용用임을 말하고 항상 일직심一直心을 행하면 즉시 일행삼매一行三昧임을 밝힌다. 따라서 정법에는 돈頓도 없고 점漸도 없으며 무념無念으로 종宗을 삼고 무상無相으로 체를 삼으매 무주無住로 본本을 삼음을 설파한다.

제4장은 좌선이 무엇이냐를 가르친다.

자성이 원래 청정하니 일체 선악경계에 생각이 나지 않고 자성이 부동한 것을 보는 것을 좌선이라 말하고 마음에 집착하거나 청정에 집착하는 등 마음을 일으켜 청정에 착하는 것을 엄히 경계한다. 그리고 일체시에 남의 시비·선악·호오를 보지 않는 것이 참된 자성부동임을 강조한다.

제5장은 오분향香과 참회를 가르친다.

이 장이 또한 시방 사중을 상대한 설법이다.

먼저 생각생각 스스로 마음을 청정히 하여 자기 법신을 보아야 할 것을 전제한 다음, 차례로 자성 오분법신향과 무상참회를 가르치는 것이다. 여기 자성 오분법신향에서는 철두철미 자성청정부동을 말하고, 무상참회에서는 일념 중에서 삼세世, 삼업業의 참회를 가르친다. 다음에 자심自心 중생을 제도할 것으로부터 자성불도를 이루는 사홍서원을 발한 다음 무상無相 삼귀의계를 준다. 그리고 끝으로 일신 중에서 삼신불三身佛을 보게 하여 자성불을 통쾌하게 드러낸다.

제6장은 제자들의 참청한 기연을 적는다.

무진장니無盡藏尼로 시작하여 법해法海·법달法達·회양懷讓·행사行思 등 11인의 제자가 참배청법하고 오도한 기연을 기록한다.

제7장은 남돈南頓과 북점北漸의 이동異同과 관계를 밝힌다.

신수神秀 대사의 북종은 점수漸修를, 혜능 조사의 남종은 돈오頓悟를 표방하여 남돈南頓 북점北漸이라 하였는데 양종의 관계가 그의 문도들 사이에서 심각했다. 여기에 북종 신수 대사의 부촉을 받고 남종 법석法席에 잠입한 지성志誠의 오도와 남종조사를 해치고자 침입한 행창行昌의 회개와 북종 회하에 있다가 참청한 신회神會의 오도 경위를 들어 그 관계와 종지의 차이점이 노정露呈된다. 그리고 남종 돈교의 특징이 명료해진다.

제8장은 당조唐朝를 교화함이다.

측천무후則天武后와 중종中宗이 입궐설법을 청하나 이를 사양한다. 그리고 칙사 설간薛簡에게 심요心要를 이른다. 여기서 혜능 조사는 좌선坐禪 습정習定이라는 종전의 선정해탈론을 거부한다. 그리고 밝음과 어둠과 번뇌와 보리菩提가 둘이 아니니 명明과 무명無明에서 그 성품을 보고, 성품은 둘이 아니니 둘이 없는 성품이 실성實性이라고 역설한다. 그리고 일체 선악을 도무지 생각하지 않으면 자연히 청정심체에 들어 언제나 맑고 고요하여 무한한 묘용이 나온다고 가르친다. 여기서 설간이 활연대오한 것을 보여준다.

제9장은 법문을 대對로 설명한다.

조사 말년에 법해法海 등 10인의 문인을 불러 설법하는 방법을 가르친다. 5음陰 12입入 18계界의 3과법문과 외경外境의 5대, 법상法相의 12대, 자성기용自性起用 19대의 36대법을 설하고 출입에 양변을 여의고 결코 자성을 여의지 말라고 간곡히 가르친다. 그리고 집상執相·집공執空을 거듭 경계하게 한다.

제10장은 유통을 부촉하심이다.

조사는 입멸 때가 가까워지자, 문인들에게 한 달 후 입멸을 예고한다. 슬피 우는 문인들을 꾸짖고 법성은 본래 생멸 거래가 없음을 말씀하고 진여용眞如用의 대경을 게송으로 설한다.

그리고 법의法衣는 전하지 않고 그동안의 설법초록인 『법보단경』을 전수하게 하고 수행의 요체로서 일상삼매一相三昧와 일행삼매一行三昧를 말씀한다.

개원開元 7년, 조계曹溪 보림寶林에서 신주新州 국은사國恩寺로 옮기고 8월 3일이 된다. 여기서 조사는 자비 곡진한 최후설법을 한다. "만약 중생을 알면 즉시 성불이다. 중생을 모르면 불은 못 만난다." "자심중생을 알아 자심불성을 보라." 하시는 간곡한 자비 설법은 거듭된다. 그리고 "진여眞如, 자성自性 이것이 참 부처이니 성품 중에서 스스로 5욕을 여읨을 보면 찰나에 견성한다." 하고 돈교문頓敎門의 대의를 설한다. 이것이 자성진불게自性眞佛偈다. 그리고 다시 "스스로의 본심을 알고 본성을 보라." 거듭 부촉하시고 조용히 멸도를 보이신다.

끝으로 부록은 '탑을 수호하는 사문 영도令韜가 기록'한 것으로 되어 있는 것과, 그 후에 부가한 것도 있다.

　　조사 입멸 후 진신을 탑에 모신 후, 신라승新羅僧 김대비金大悲가 조사의 정상頂上을 훔치려고 한 경위와 그 이후에 각 왕조에서 공양하고 시호를 거듭 더하여 대감大鑑 ·진공眞空·보각普覺·원명圓明 선사라 한 내력을 기록한다.

三　선종사禪宗史에 있어서의 위치

역사상 대각세존 석가모니불을 산출한 선禪은 세존의 교화를 따라 많은 각자覺者를 배출하였다. 그러나 본격적인 선을 기치로 내건 것은 보리달마(?~528) 조사가 중국에 온 이후의 일이다. 이때부터 육조혜능 조사까지의 약 250년이 중국 선종의 성립시기에 해당한다. 혜능 조사 이후 남송南宋 말까지의 600년은 발달 난숙기다. 중국 문화뿐만이 아닌 전 동양정신과 문화를 특색 지었다 하는 선사상禪思想의 역사적 전개는 바로 혜능 조사를 기점으로 하는 그 문하 용상龍象들의 종횡분신縱橫奮迅의 활약

에 그 연원을 구하게 된다. 여기서 우리는 혜능 조사의 막중한 역
사적 위치를 발견하는 것이다.

●
四 혜능 조사의 주창점
●

선禪의 중심 목적이 대개 실존현로實存顯露에 있음은 주지의 사실
이다. 그런데 '이 진성眞性은 누구나 다 가지고 있는 것이나 다만 망
심妄心·망연妄緣에 가린바 되어 현전하지 못하니, 다만 망연만 여
의면 곧 불佛이다. 그러므로 선은 정定[三昧, Samādhi]을 필수요건으
로 하고 이 선정력으로 인하여 망심妄心이 다하면 진眞이 나타난다.'
하여 정처靜處에서 간심看心·관정觀靜하는 것을 선수행禪修行의 요
체로 삼아왔다. 이런 결과는 수행의 진취에 따라 점차 진성眞性이
현전한다는 점오漸悟의 이론이 등장하고 동시에 현상은 망심妄心의
소의所依이므로 현상과 진성과는 별개라는 견해가 나오게 된다.

그러나 혜능 조사는 그러한 습정習定·점수漸修·성상이원
론性相二元論을 정면 거부하는 입장에 선다. 혜능 조사의 첫째 주창
점은 견성見性이다. 선정해탈禪定解脫을 논하지 않고 오직 불성佛性

이라는 참 성품을 보는 것이다. 이 진성眞性은 인간에게서 가능태可能態로 보는 것이 아니라 역사적이며 구체적인 현실태現實態로 직접 파악하는 것이다.

그러므로 여기에서는 선정을 익혀서 망념의 소멸을 기다리거나 불성을 응시하고 정심淨心을 관觀하는 수행이 아니다. 만약 본성을 관한다면 여기에는 불가불 보는 자와 보이는 자, 즉 능소能所가 있게 된다. 능소가 있음은 불성이 아니며 진眞이 아니다. 절대적 주체성은 그런 것이 아니다. 대개 보이고 지켜지는 본성이란 본성이 아니다. 그것은 상相이거나 아니면 공空이다. 집상執相이며 집공執空이며 아니면 정박淨縛이다. 마땅히 상을 여의며 공을 여의고 일체 사량분별을 여의어야 하는 것이다. 설사 이와 같이 자성自性을 관하고 지켜서 아는 바가 있다고 하더라도 이 안다는 것은 자성의 작용이며 속성이니 아는 것이 성性 자체가 될 수는 없는 것이다.

원래 진성은 둘이 아닌 성품이다. 미迷와 오悟가 둘이 아니며 성聖과 범凡이 둘이 아니며 번뇌와 깨달음이 둘이 아니다. 이러한 입장에서 혜능 조사는 선에 있어 간심看心, 수정守靜, 장좌불와長坐不臥의 좌선법坐禪法은 선병禪病이라 하여 이를 엄중히 배격하고 오직 견성見性을 종지宗旨의 안목으로 삼아 동태선動態禪·생활선生活禪·창조선創造禪을 주창한다.

다음에 이러한 동적인 실성實性의 주체적 확인이 견성일진대 견성은 바로 본성이라는 절대적 무한태無限態의 자성분별이며 자기 파악이다. 그러므로 여기에는 소호少毫의 남음도 모자람도 없는 것이요, 자성의 전성수용全性受用이니 여기에 다시 더 무슨 점차漸次나 수증修證의 여지가 있겠는가? 혜능 조사가 "내가 인 화상忍和尙 회하會下에서 한 번 듣고 언하言下에 깨닫고 진여본성眞如本性을 돈견頓見하였다." 하였으니 그의 종지가 또한 철저한 돈교頓敎를 표방하는 소이가 있는 것이다.

또 하나 혜능 조사가 고창高唱한 것이 있다. 일체를 자성으로 파악하는 대기대용大機大用적인 입장에 서는 조사는 종래의 망궁진로妄窮眞露 선정후혜先定後慧의 이론을 용납하지 않는다. 망妄과 진眞을 둘로 보고 정定과 혜慧를 둘로 보는 견해에서는 먼저 정定에 들어 일체 분별을 초절超絶한 후에 자성진여自性眞如가 발생한다고 하는 것이나 혜능 조사에게는 혜慧를 떠난 정定이 없고 정定을 떠난 혜慧가 없다. 정이 혜이며 혜가 바로 정이며, 상相에서 성性을 보고 성에서 상을 보니 성상일여性相一如이며 정혜定慧는 불이不二라고 가르친다.

五 단경의 성립

다음에는 단경의 성립에 대하여 언급하여야겠다. 단경은 지금까지 필자가 본 것만 해도 돈황본燉煌本·혜흔본惠昕本·존중본存中本·덕이본德異本 그밖에 수종의 유행본이 있다. 이들의 그 대요에는 대차가 없으면서도 내용에는 많은 광략이동廣略異同이 있음을 보는 것이니 이는 웬일일까?

거기에는 두 가지 이유가 있다고 생각한다. 첫째는 단경이 원래 간행본이 아니고 전수본傳授本이라는 사실이다. 돈황본 등 고본에는, 단경은 혜능종惠能宗에서 법을 부촉할 때 반드시 전수케 하였는데 이것 없이는 남종南宗 제자가 아니라 하였으며 실제 서로 전수한 이름이 나열되어 있다. 이와 같은 비전秘傳의 서書는 전수자의 자의恣意에 따라 첨가 또는 개환改換이 용이한 것이니 이러한 사정 하에서 단경이 한때 위경 혐의를 받은 것도 있음직한 일이다.

또 하나의 이유는 북종北宗 신수파神秀派와 대립하였을 때에 신수神秀를 격하하기 위한 악의적인 변개다. 이점은 지금의 유행본에서도 그 흔적을 볼 수 있다. 그 후 단경의 유포가 일반화되고 신수파와의 대결도 일단락되고 대립에 초연했던 남악南嶽·청원계靑原系가 크게 전면에 대두되면서 지금의 유행본의 형태로 정돈된 것으로 보인다.

●

六 단경壇經과 한국불교

●

다음은 우리나라 불교와 단경의 관계를 일별한다. 한국불교는 삼국시대를 거쳐 신라 – 고려로 내려오면서 선禪과 교教의 오교구산五教九山 또는 5교양종五教兩宗으로 종파형을 보이다가 이조 세종대에 와서 선교禪教 양종으로 이분되었다. 그 후 선禪이 점차 교教를 원섭圓攝하면서 양종이란 명목으로만 그치고 마침내 선종이 전 한국불교를 통일하여 오늘에 이르고 있다. 그리고 한국불교의 법맥이 거개가 혜능 조사의 법손들이며, 그 종풍이 온건 착실해서 불법의 전제全提에 힘쓰고 종파 대립에 치우침이 없으며 방편에 있어서도 경론을 많이 인용하여 이로정연理路整然하여 금일의 한국불교가 선을 핵심으로 한 통불교通佛教의 특성을 함양해 오고 있는 것이다. 오늘날에 있어 단경을 대할 때, 거기에는 혜능 조사가 자신의 체험을 통하여 열반涅槃·유마維摩·법화法華·금강金剛·능가楞伽·범망梵網·관무량수觀無量壽 등 여러 경전을 자가약롱自家藥籠 중에 거두고 있음을 보게 된다. 이 점이 한국불교가 선을 중심으로 한 통불교로서의 교의적인 가능성과 방법의 전거를 보여주는 것이다.

고려불교의 중흥조로 일컫는 보조普照, 1158~ 1210 선사가 일찍이 단경을 스승 삼아 수행하였다고 자술하였고, 또한 자신이 발跋에 붙어 출판1207한 것도 발문 중에 보이거니와 이로 미루어 한국불교에 일찍이 이 경이 유포되어 수행자의 골격이 되었음은 상상하고 남

음이 있다. 사실 금일에 전해오는 판본으로도 (필자가 아는 한) 보광
사판1869, 해인사판1883, 송천사판1703, 병풍암판1479, 그밖에 봉은
사판 등이 있으나 이와 같이 조판彫板되고 수시 인행印行되었을 것
을 생각할 때 단경이 역사적으로 한국불교를 묶는 골격적인 성전
의 구실을 하였으리라 짐작하는 것은 필자의 속단일까?

七 혜능선惠能禪의 의의

끝으로 혜능선의 의의에 대하여 일언한다. 대개 선은 좌선으로 자성
을 철견徹見하는 것이 기본방식이다. 그런데 혜능 조사에 있어서는
앞서도 언급한 바와 같이 좌선이 아닌 견성이며 철견徹見이 아닌 행
상삼매行相三昧다. 여기에는 정관靜觀이나 수증점차修證漸次가 없다.
견見 즉시 – 돈료頓了며, 행行 즉시 – 성性이다. 이와 같은 혜능선의
특징은 금일과 같이 선문이 적요寂寥하고 사상이 혼미한 때에 천근
의 경책이 되고 가히 만고광명萬古光明이 되고 남음이 있다 하겠다.

　　조사는 "자성自性이 즉시 진불眞佛"임을 강조한다. 이는 바
로 법불일여法佛一如, 생불일체生佛一體, 도속불이道俗不二의 선언이

다. 여기에서 우리는 인간의 영원성과 그의 절대적 권위, 그리고 만인의 일여평등과 가치와 존엄을 읽게 된다. 동시에 본성 무한자의 지혜와 자비가 온전히 우리의 체온으로 맥박치고 있음을 보여주게 되는 것이다.

다음은 커다란 낙관과 커다란 긍정의 제시다. 견성見性은 즉시 번뇌업보신煩惱業報身에서 진여법신으로의 요달이며 광명지혜신光明智慧身으로의 전환이다. 여기에 구원이 있고 감사와 환희와 긍지의 무진행無盡行의 전개가 있다.

다시 하나는 국토의 장엄과 생명의 실현이다. 불법은 세간에 있으니 일상 일체시를 진심으로 확충하고一行三昧 일체 법에 집착없는 실천一相三昧을 강조한다. 진성의 무한 진실성을 행동으로 전개하고 자성에 자존하는 무한창조의 법신공덕法身功德을 일체 시공時空에 구현하여 장엄스런 국토 조화와 번영의 세계건설을 촉구한다. 이는 바로 자성의 개현開顯이며 본연本然 질서의 발현이며 생명진성生命眞性의 실현實現일 뿐이다.

혜능 조사가 보인 '긍정과 동動의 진리'에 대해서는 필자의 둔설鈍舌을 용납하지 않으므로 대강 그만두거니와, 조사께서 보인 진리가 족히 현대의 인간상실(내지 그릇된 인간긍정), 역사의 방향부재 상황과 이성의 혼미 속을 허덕이는 현대를 광명과 생동의 평원으로 이끌 힘이 되리라는 것을 다시 부언하여 두는 바이다.

●

八　연보年譜

●

조사의 행력에 대해서는 단경 약서略序에 상세하므로 여기서는 간단한 연보年譜로 이를 대신한다.

서기 620년 당 고조 武德 3년, 대사의 아버지 신주新州로 낙향.

서기 638년 당 태종 貞觀 12년 2월 8일 탄생, 아버지는 성 노盧씨, 이름은 행도行瑫, 어머니는 이씨.

서기 640년, 조사의 아버지 사망

서기 661년 당 고종 龍朔 원년 24세 때 금강경을 만나 개오하고 오조의 의법을 받다. 이후 남으로 숨어 16년을 지내다.

서기 676년 당 고종 龍朔 원년 숨어 지내기를 마치고, 1월 8

일, 광주廣州 법성사法性寺로 나오다. 동년 1월 15일 삭발
하고 2월 8일 구족계를 받다. 조사 39세.

서기677년儀鳳 2년, 소주韶州 보림사寶林寺로 옮기다.

서기 706년 1월 15일, 당 중종中宗의 초청을 사양
하다. 동년 9월 3일, 중종이 마납磨納 가사와 수정발우를
드리다. 동시에 조사의 구거舊居를 국은사國恩寺로 하다.

서기 712년太極 원년 7월, 국은사에 탑을 건립하
고 다음해에 준공하다.

서기 713년開元 원년 7월 1일, 대중에게 8월에 입
멸할 것을 예고하고, 동월 8일 신주 국은사로 옮기고, 8
월 3일 입멸하다. 향수 76세.

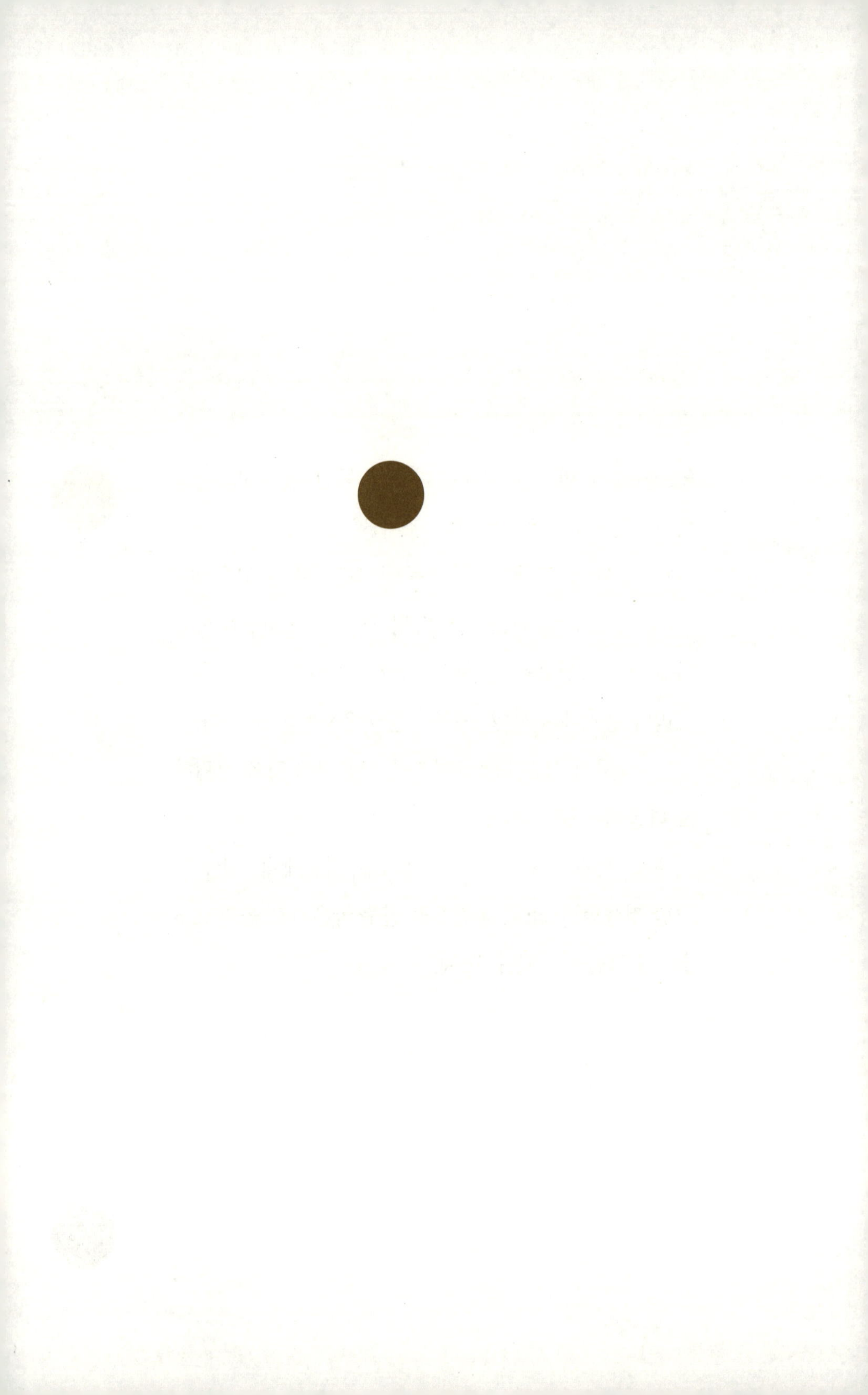

육조법보단경 서

고균비구古筠比丘 덕이德異1 지음

묘도妙道2는 허虛하고 현玄하여 생각으로 헤아릴 수 없으니 말3을 잊고 뜻을 얻어야 비로소 밝게 아는 것이다.

그러므로 세존이 다자탑多子塔 앞에서 자리를 나누시고 영산靈山회상에서 꽃을 들어 보이신 것4이니 이는 흡사 불을 불에 붙인5 것이며 마음으로 마음에 새긴 것이다. 이로써 서西에서 4·7을 전하여6 보리달마菩提達磨7에 이르고 다시 동東으로 이 땅에 이르러서 바로 마음을 가리켜 견성성불見性成佛8케 하시니 그 중에 혜가慧可9 대사가 처음 언하言下에 이 도리를 깨달았고10 마지막에11 3배로써 그 골수를 얻으시어 법의法衣를 받아서12 조사의 대를 잇고 법의 바른 종지를 열어 펼쳤던 것이다.

거기서 다시 세 번 전하여13 황매黃梅14에 이르니 회중에 고승 7백이 있었으나 오직 방아 찧는 거사15가 한 게송16으로 법의를 전해 받아 제6대 조사가 되어 남쪽으로 숨은 지 10여 년이 되었더니 하루아침에 바람도 깃발도 움직인 것이 아니라는 기연으로 인종印宗의 바른 안목을 열어주니 여기서 거사는 머리를 깎고 계단에 나아가 계를 받고, 발타라[17]가 예언한 바와 같이 동산東山[18] 법문을 열게 된다. 그때에 위사군韋史君[19]이 해선자海禪者[20]에게 명하여 그 말씀을 기록하게 하고 법보단경法寶壇經이라 불렀다.

1

덕이 : 몽산덕이(夢山德異) 선사다. 남악하 21세(世)로 완산정응(皖山正凝) 선사의 법을 이었다. 중국 강서성(江西省) 시양(時陽) 사람. 호를 고균비구(古筠比丘), 전산 화상(殿山和尙) 또는 휴휴암주(休休庵主)라고도 한다. 사가 교화한 시기는 원(元) 세조(世祖) 때니 고려 충렬왕 때로서 고려의 고승들과 문교가 많았다. 사의 『법어약록(法語略錄)』과 『수심결(修心訣)』은 이조 때에 번역 간행되고 많이 유행하였다.

2

불법이 말이나 이론이나 생각으로 짐작할 수 없고 절대적이며 불가사의 하되 또한 일체에 응하는 도리인 것을 묘도(妙道)·묘리(妙理)라 한다. 허(虛)라 함은 막힘없이 통하고 방소(方所)가 없음을 말하고 현(玄)은 깊고 그윽한 조화의 묘를 가리킨 것. 묘도의 허현이란, 말과 생각 밖의 소식이다.

3

말이 사상이나 사물 자체가 될 수 없다. 사상이나 생각이, 사상이나 생각을 하는 당체를 그려낼 수 없는 것이다. 말이나 생각 이전이 도리를 가르친 조사의 말은 그 말에 걸려 있는 한 절대로 알 길이 없다. 말을 잊고 그 뜻에 착안하여야 한다. 언덕에 이르면 배는 버리고 고기를 잡았으면 통발은 잊는다.

4

부처님께서 마음의 법을 제자에게 전한 것에 대표적으로 셋을 든다. 하나는 다자탑 앞에서 제자 가섭(迦葉)과 자리를 나눠 앉은 것[多子塔前分半座], 또 하나는 영축산 설법시에 부처님이 대범천왕(大梵天王)이 올린 꽃을 들어 보이니 가섭이 빙긋이 웃은 것[拈花微笑], 다른 하나는 부처님 입멸 후 가섭의 호소에 응하여 부처님이 곽 밖으로 두 발을 내어 보인 것[槨示雙趺], 이를 삼처전심(三處傳心)이라 한다. 여기서는 그 중 둘만 든다.

5

스승과 제자 사이에 법을 전수함을 비유한 것.

6

서전 47(西傳四七) : 부처님을 이은 제자 가섭으로부터 달마에 이르는 인도의 28대 조사.

7

菩提達磨(?~528) : 세칭 달마 대사. 남인도 향지국(香至

國) 왕자로 태어나 27조 반야다라(般若多羅) 존자에게 출가하여 40
년 동안 섬겨 법을 배우고, 반야다라 존자가 죽은 뒤 크게 교화하여
당시의 인도 6종을 굴복시켰고, 그의 스승의 교시에 따라 서기 520
년 중국으로 왔다. 양무제(梁武帝)와 만나고 위(魏)나라 숭산(嵩山),
소림사(少林寺)에서 지내며 교화, 위(魏) 효장(孝莊) 영안(永安) 원년
에 입적하였다. 불타 심종(心宗)을 동토에 전한 초조이며, 그로부터
불교는 교학연구에서 불심체득이라는 실제적이며 체험적인 선(禪)
불교의 새로운 조류가 시작된다.(그러나 오늘날 이러한 達磨傳에 대하
여 이를 부정하는 학설이 있다.)

8

견성성불(見性成佛) : 성품을 보았을 때는 이미 불을 이룬 것. 이는
수행이나 얻고 잃음[得失]에 상관없다. 사람 마음을 바로 보아 견
성성불한다는 것이 선불교의 기본 이론이다. 견성한 사람은 고금과
시방(十方)에 걸림이 없다.

9

혜가(慧可, 487~593) : 달마 대사의 법을 이은 제자. 동토 제2조가
된다. 속성은 희(姬)씨, 본명은 신광(神光). 박학 총명으로 이름이
높았으나 달마 대사를 만나 팔을 베어 믿음[信]을 보이고 마침내
그의 가르침을 받았다. 552년 승찬(僧璨) 대사에게 법을 전하고
업도(鄴都)에서 지내며 교화하였으나 변화(辨和)의 참소로 그곳에
서 죽었다.

10

혜가대사가 달마대사에게 물었다. "화상이여, 제 마음에 편안함을 주소서." 달마 대사 대답하되 "네 마음을 가져 오너라." "찾아봐도 마음을 얻을 수 없습니다." "내 너의 마음을 편안히 해 마쳤느니라." 이 한마디에 혜가는 천 겁만생의 짐을 벗었다.

11

마지막에 : 달마 대사 만년, 제자를 모아 각기 소견을 말하게 한다. 도부(道副)·총지(總持)·도육(道育) 등이 각기 말하였는데 끝으로 혜가 대사는 말없이 나와 다만 예배하고 물러갔다. 이에 달마 대사가 말하기를 "너는 나의 골수를 얻었다." 하였다.

12

불문에서 스승과 제자 간에 법을 전수하는 데는 법의, 즉 가사를 주고받는다.

13

2조 혜가(慧可)에서 3조 승찬(僧璨)으로, 3조에서 4조 도신(道信)으로, 4조에서 5조 홍인(弘忍)에 이르는 3전을 말함.

14

황매(黃梅) : 5조 홍인(弘忍) 대사를 가리킨다.

15

방아 찧는 거사 : 6조 혜능 대사는 처음 홍인 대사 회하에 가서 방아 찧는 일을 맡았다. 그때는 아직 계를 받지 않은 때니 거사다. 거사는 불법을 믿는 재가 신자.

16

한 게송 : 보리본무수(菩提本無樹) 명경역비대(明鏡亦非臺) 본래무일물(本來無一物) 하처야진애(何處惹塵埃)의 게송. 자세한 것은 뒤에 보인다.

17

발타라(393~468) : 구나발타라(求那跋陀羅, Guṇabhadra). 중인도 사람. 천문·수학·의술·주술 등을 배우고, 불경을 보고 불교에 귀의하여 삼장에 통달하였다. 송(宋) 원가(元嘉) 12년(435)에 중국에 와서 『잡아함경(雜阿含經)』, 『승만경(勝鬘經)』 등 많은 경을 번역하였다. 뒤 약서에 보이는 바와 같이 육조께서 계를 받은 법성사 계단을 창건하고 육신보살이 수계할 것을 예언하였다.

18

동산(東山) : 5조를 가리킨 말인데 5조는 황매의 동산에 머물렀다.

19

위사군 : 소주(韶州) 태수(太守) 위거(韋璩). 사군은 태수의 이명.

20

해선자 : 대사의 법을 이은 소주(韶州) 법해(法海) 선사.

六祖法寶壇經 序 (古筠比丘 德異撰)

妙道虛玄하야 不可思議니 忘言得旨하면 端可悟明하리라 故
로 世尊이 分座於多子塔前하시고 拈花於靈山會上하시니 似
火與火하야 以心印心이라 西傳四七하시고 至菩提達磨하야
東來此土하사 直指人心하야 見性成佛케하시니 有可大師者
－首於言下에 悟入하야 末上에 三拜로 得髓하고 受衣紹祖하
사 開闡正宗하시며 三傳而至黃梅會中하야 高僧七百이나 惟
負舂居士－一偈傳衣하야 爲六代祖하사 南遯十餘年이러시니
一旦에 以非風幡動之機로 觸開印宗正眼하시고 居士－由是
로 祝髮登壇하사 應跋陀羅懸記하사 開東山法門하시니 韋史
君이 命海禪者하야 錄其語하고 目之曰法寶壇經이라하다

대사는 오양五羊21에서 시작하여 조계曹溪에 이르기까
지 37년 동안 설법하였다. 그동안 감로甘露22에 젖어 범
부에서 뛰어나 성인 줄에 든 분은 그 수효23를 기록할 수

없다. 불심종佛心宗24을 깨달아서 아는 것과 행하는 것25이 서로
어울려 큰 선지식善知識26이 된 분은 그 이름이 『전등록傳燈錄』27에
실려 있거니와 그 중 남악南嶽·청원靑原의 두 분28이 가장 오래 대
사를 시중하여 무파비無巴鼻29의 도리를 남김없이 얻었던 것이다.

　　그러기에 그 밑에서 마조馬祖30와 석두石頭31가 나와서 기
틀32과 지혜가 두렷이[圓] 밝아 현풍玄風을 크게 떨쳤고, 이어 임제
臨濟33·위앙僞仰·조동曹洞·운문雲門·법안法眼의 제공이 웅장하게
줄지어 나왔다. 도덕이 무리에서 뛰어나고 문풍門風이 험준하여 영
특하고 신령스런 납자衲子34가 계발 인도되어 뜻을 떨치고 관문35
을 뚫어 열으매 한 문에 깊이 들어 다섯 파가 그 근원을 같이함에
이르고, 다시 여러 풀무와 망치36를 두루 거치니 그 규모가 실로
크고 넓다. 이제 오가五家의 강요를 찾아 더듬으니 그 모두가 단경
에서 나온 것이로구나.

21

오양(五羊) : 광주성(廣州城)에 있는 역명. 5년(五年)이 아니다. 조
계는 소주부에 있는 지명. 이 땅의 소유자인 조숙량(曹叔良)이 대
사에게 드린 것. 두 봉우리에 큰 시내가 있으므로 조씨의 성을 따서

조계라 하였다 한다.

22

감로 : 천상에 있다는 물로 한 번 마시면 죽지 않는다 함.
불법이 불생불멸의 묘도(妙道)를 밝히는 법문이므로 법
이 감로다. 설법을 감로를 부어주는 것에 비유한다.

23

『전등록』에는 대사의 법을 이은 제자를 43인 열거했다.

24

불심종 : 불교의 교학을 중심으로 하여 연구 수행하는
것을 교종(敎宗), 교학을 다루고 있는 근본 일물(一物)
에 직접 투입하여 수행하고 행을 전개하는 것을 선종(禪
宗) 또는 불심종이라 한다. 따라서 교는 부처님의 말에
비롯하고, 선은 부처님의 마음에 근원한다.

25

'아는 것'은, 범부의 원인인 무명(無明)의 근원이 실로
찾아도 얻을 수 없음을 요달하고, 자성(自性)이 밝고 두
렷하여 만고에 빛남을 아는 것이요, '행한다'는 것은, 한
생각한 거조(擧措)가 하나하나 청정본지(淸淨本地)의
흘러남이며, 그의 직접 나타남이어서 불조의 행을 말한
다. 알기만 하고 행이 없으면 참으로 안 것이 아니며, 행
하되 앎이 없으면 참 행이 아니다. 앎과 행이 둘이 아닌

것을 서로 응한다고 한다.

26

선지식 : 생사 없는 도리를 요달하고 능히 범부에게 바른길을 가르치고 이끈다. 도사(導師)·선우(善友)라고도 한다.

27

전등록 :『경덕전등록(景德傳燈錄)』의 속칭. 30권, 송(宋) 도원(道原)이 지었다(1006). 과거 7불로부터 역대 선종 조사를 5파, 52세(世)의 득법(得法), 기연(機緣), 전법(傳法), 법계(法系)의 차례를 기록하고 있다. 여기에 이름이 오른 조사는 1,712명이 된다.

28

6조 대사 아래의 양대 산맥. 남악회양(南嶽懷讓)과 청원행사(靑原行思)를 가리킴. 남악(677~744)은 당 금주(金州) 안강(安康) 사람, 속성 두(杜)씨. 6조스님을 섬기기 15년을 지나 남악 반야사에 들어가 30년을 교화하여 크게 선풍을 떨쳤다. 그의 문하에 마조(馬祖) 대사가 나와 선문의 대성기가 온다. 청원(?~740)은 길주(吉州) 안성(安城) 사람. 속성 유(劉)씨. 법명은 행사(行思). 6조의 법을 받고 길주 청원산 정거사(淨居寺)에 있으면서 크게 종풍을 떨쳤다. 문하에 석두(石頭) 대사가 나와 마조 대사와 쌍벽을 이룬다.

29

무파비 : 본성 활물(活物)이 현전하여 개념과 논리로는 파악할 수 없는 경지에 이른 것을 손잡이가 없어진 것으로 비유한다. 모가 없고

두렷이[圓] 밝아 손댈 수 없다. 대대(對待)가 끊긴 것이다.

30

마조(709~788) : 이름은 도일(道一), 속성은 마(馬)씨. 한주(漢州) 습방(什邦) 사람. 회양 선사의 법을 받고 강서 개원사(開元寺)에서 크게 교화. 문하에 백장(百丈)·대매(大梅)·염관(鹽官)·남전(南泉) 등 『전등록』에 오른 인물만도 139인이 되니 실로 남악의 종풍은 마조에 와서 대진한다.

31

석두(石頭, 700~790): 이름은 희천(希遷). 단주(端州), 고요(高要) 사람. 속성 진(陳)씨, 어려서 6조에 참례하였다가 대사 멸후 행사(行思)에게 깨치고 후에 형산(衡山)·양단(梁端) 등에서 크게 교화하였다. 당시 강서에 도일(道一) 호남에 석두라 하여 2대 감로문으로 불리었다.

32

기(機): 마음의 활발한 기틀.

33

이하가 이른바 오가(五家) 또는 오종(五宗)이다.

34

납자 : 납의(衲衣)를 입은 자. 즉 출가인을 말함. 특히 선종에서 쓴다. 납승이라고도 한다. 납의는 누덕누덕 기운 옷이니 버린 헝겊을 주워 모아 만든 옷.

35
관문 : 조사가 되는 문. 조사관이라 한다. 공안(公案)이 조사가 되는
관문이다.

36
쇠를 단련함에 풀무로 쇠를 달구고 망치로 두드려 단련하는 것을
종사가 납자를 접득하는 것에 비유하여 풀무질·망치질[爐錘 또는
鞲爐鉗鎚]이라 한다.

●

大師 始於五羊하야 終至曹溪하사 說法三十七年에 沾甘露味하야 入
聖超凡者 — 莫記其數하고 悟佛心宗하야 行解相應하야 爲大知識者
는 名載傳燈하니 惟南嶽靑原이 執侍最久하사 盡得無巴鼻라 故로 出
馬祖石頭하야 機智圓明하야 玄風大振하며 乃有臨濟, 潙仰, 曹洞, 雲
門, 法眼諸公이 巍然而出하니라 道德歷群하고 門庭嶮峻하여 啓迪英
靈衲子하야 奮志衝關하여 一門深入에 五派同源이라 歷遍爐錘하야 規
模廣大하니 原其五家綱要컨대 盡出壇經이라

●

대저 단경은 말이 간결하고 뜻이 풍부하며 이치가 명백하고 사事
를 두루 갖추어 제불의 한량없는 법문이 구족하고 낱낱 법문 중에

또한 한량없는 묘한 뜻이 구족하며 다시 낱낱 묘한 뜻에 제불의 한량없는 묘한 도리를 발휘하니, 이는 곧 저 미륵의 누각[彌勒樓閣]37 중이며 곧 보현의 모공[普賢毛孔] 중이라. 다행히 여기에 잘 드는[入] 자는 곧 저 선재善財와 같이 일념 사이에 모든 공덕을 원만히 갖추어 보현과 같고 제불과도 같느니라.

아까울세라. 이 단경은 후인들이 너무 많이 줄이고 추려서 6조의 온전한 큰 뜻을 볼 수 없더니 덕이德異가 일찍이 유년에 고본古本을 본 이후로 30여 년을 널리 찾았으나 근일에사 통상인通上人이 그 전문을 구하여 오니, 드디어 오중吳中38 휴휴선암休休禪庵에서 간행하여 여러 승사勝士들과 더불어 함께 수용하기에 이른 것이다.

이제 간절히 바라노니 이 경전을 펴고 한 번 보는 이 누구나 즉시에 대원각해大圓覺海39에 들어 제불과 조사의 혜명慧命40을 이어 다함이 없기를!

이것이면 나의 소원은 다한다.

지원至元 27년41 경인년 중춘에 쓰다.

37

이곳은 선재동자(善財童子)가 『화엄경』의 하나와 많음이 서로 통하는[一多互融] 법문의 가르침을 따라서 수행하는데 110성으로 53선지식에 참례하고 끝으로 미륵누각에 이르러 손가락을 한 번 튕기니 문이 열려 선재가 들어간다. 보현모공은 8만 4천의 모공의 낱낱이 불가설의 불설이 되어 서로 융통함을 말하여 전자에서는 묘과(妙果)를 후자에서는 묘용(妙用)을 말하면서 이 둘이 서로 동시에 통하여 두렷이 밝아 걸림이 없음을 들어 보인다.

38

오중(吳中)은 지금의 소주(蘇州). 승사는 정계(淨戒)를 지키는 선비. 선납이다.

39

대원각해 : 사람 개개의 본성 심지.

40

혜명 : 법신은 지혜로써 목숨을 삼는다. 혜명은 불조 심인(心印)이다.

41

지원 27년 : 원(元) 세조(世祖) 27년(1290), 용삭(龍朔) 원년. 6조가 5조로부터 법을 이은 지 630년이 된다. 고려 충렬왕 16년이다.

●

夫壇經者는 言簡義豊하며 理明事備하야 具足諸佛無量法門하며

一一法門에 具足無量妙義하고 一一妙義에 發揮諸佛無
量妙理하시니 卽彌勒樓閣中이며 卽普賢毛孔中이니 善入
者는 卽同善財하야 於一念間에 圓滿功德하야 與普賢等하
며 與諸佛等하리라 惜乎라 壇經이 爲後人의 節略太多하야
不見六祖大全之旨일세 德異幼年에 嘗見古本하고 自後로
遍求三十餘載러니 近得通上人의 尋到全文하야 遂刊于吳
中休休禪庵하야 與諸勝士로 同一受用케하노니 惟願開卷
擧目에 直入大圓覺海하야 續佛祖慧命無窮이니 斯余志願
이 滿矣로다

　　　至元二十七年庚寅歲 中春日 叙하노라

육조대사 법보단경

문인 법해 모음

약서略序 1

대사의 이름은 혜능惠能2이다. 아버지3는 노盧씨, 이름을 행도行瑫라 하였고 이머니는 이李씨다. 정관貞觀4 12년 무술 2월 8일 자시에 탄생하였다. 그때에 성서로운 광명이 하늘에 뻗치고 기이한 향기가 방에 가득 찼다. 날이 밝자 두 이상한 스님이 찾아와 대사의 아버지에게 말하기를 "밤 사이에 나신 아기의 이름을 지어드리겠습니다. 윗자는 혜惠 아랫자는 능能이라 하십시오." 한다. 아버지가 말하기를 "어찌하여 혜능이라 합니까?" 하니 "혜라 함은 모든 중생에게 법을 베풀어 줌이요, 능은 능히 불사를 지음을 말합니다."5라 하고 말을 마치고 나가더니 간 곳을 알 수 없었다. 대사는 모유를 먹지 않고 밤이면 신인神人이 나타나 감로를 먹여 성장하였다.

이미 장년이 되어 24세에 경6 읽는 소리를 듣고 도를 깨치고 황매에 가서 인가印可를 구하니 5조는 법 그

룻임을 보시고 법과 가사를 전하고 조사의 자리를 잇게 하시니 때는 용삭龍朔 7원년 신유년이다.

남쪽으로 내려가 숨은 지8 16년이 되는 의봉儀鳳 원년 병자년 1월 8일, 인종 법사를 만나니 인종이 대사의 법을 깨달아 종지에 계합하였다. 이달 15일 많은 4중9이 모인 곳에서 대사는 머리를 깎고 2월 8일 덕명이 높은 스님들로부터 구족계具足戒10를 받았다.

그때에 서경西京 지광智光 율사는 수계사授戒師가 되시고, 소주의 혜정慧靜 율사는 갈마사羯磨師, 형주의 통응通應 율사는 교수사敎授師, 중천축中天竺의 기다라耆多羅 율사는 설계사說戒師, 서국의 밀다삼장密多三藏은 증계사證戒師가 되었다.

이 계단11은 송나라12 때 구나발타라求那跋陀羅 삼장이 창건한 바 그때에 비를 세워 예언하기를 "장차 육신보살이 이 계단에서 계를 받으리라." 하였고, 또 양梁나라 천감天監13 원년 지약智藥 삼장이 서천축西天竺으로부터 뱃길로 오는 길에 이곳에 이르러 본국에서 가지고 온 보리수 한 그루를 이 계단 곁에 심으면서 미리 예언하기를 "앞으로 170년 뒤에 육신보살이 이 나무 밑에서 상승법을 연설하여 무량중생을 제도할 것이니, 그는 진정 부처님의 불심인佛

心印을 전하는 법주法主니라." 한 바 있었다.

여기에 이르러 보니 대사가 머리를 깎고 계를 받으며 4중을 위하여 불조 단전單傳14의 법을 열어 보임이 한결같이 저 옛 예언과 맞는 바이다.

[양 천감(天監) 원년 임오년으로부터 당 의봉(儀鳳) 원년 병자년까지는 175년이다.]

1

여기에는 대사의 인연·행력 등을 기록한다. 이 약서는 육조 대사 연기외기(緣起外記)라고도 하고 끝부분에 부록으로 붙인 것도 있다.

2

혜능(惠能) : 혹은 慧能이라 하고 있다. 돈황본·혜흔본·보광본·해인본은 모두가 惠能이다.

3

대사의 아버지는 당 고종(高宗) 때 신주(新州)로 좌천되어 왔던 것. 좌천된 후 21년이 되는 대사 3세 때에 죽는다.

4

정관 : 당 태종(太宗) 때의 연호. 12년은 서기 638년, 신라 선덕여왕 5년이다.

5

慧能으로 하고 있는 타본에서는 "慧라 함은 法慧로서 중생을 건짐이요, 能이라 함은 능히 불사를 지음이라" 하고 있다.

6

이 경의 구절은 "마땅히 머문 바 없이 그 마음을 낼지니라(應無所住而生其心)." 한 『금강경』제10분의 말씀이라 전한다.

7

용삭 원년 : 당 고종 12년, 서기 661년이니, 이 해에 신라 의상(義湘) 대사가 입당하였다.

8

무식한 신참 행자가 법의를 받으니 5조 회하의 대중이 6조를 해코지하므로 5조 지시에 따라 남쪽으로 피신하여 숨는다. 의봉 원년은 당 고종 27년이니 고구려가 망한 지 8년 후가 된다. 그 전년에 5조 홍인 조사가 입적하였다.

9

4중 : 비구·비구니의 출가(出家) 2중과 우바새(男信士)·우바이(女信士)의 재가(在家) 2중.

10

구족계 : 비구가 지킬 계, 3사[傳戒師·羯磨師·教授師]와 7증사(七證師)로써 작법하여 수계한다. 여기에는 5사만 이름이 보이고 여타는 생략되어 있다.

11

계단 : 계를 주는 도량이다. 여기는 법성사.

12

여기 송나라는 서기 420년부터 479년 사이 8주(主) 60
년 동안 존속했던 후한 말 수 통일 이전 난세시의 송이다.

13

천감 원년 : 양 무제 원년, 서기 502년이니 신라 지증왕(智
證王) 3년.

14

깨달음은 마음에서 마음으로 직접 전하는 것이니 말이
나 문자에 의지하지 않는다. 이것을 단전(單傳)이라 한다.

●

六祖大師 法寶壇經 (門人法海撰)
(略序)

●

大師의 名은 惠能이라 父는 盧氏니 諱는 行瑫요 母는 李氏라

誕師於唐貞觀十二年戊戌二月八日子時하니라 時에 毫光

이 騰空하고 異香이 滿室이러니 黎明에 有二異僧이 造謁하고

謂師之父曰 夜來生兒를 專爲安名호대 可上惠下能也니다

父曰 何名惠能이닛고 僧曰 惠者는 以法으로 惠施衆生이오 能者는 能
作佛事니다 言畢而出하니 不知所之러라 師不飮乳하시고 遇夜에 神人
이 灌以甘露러니 旣長하야 年二十有四에 聞經悟道하고 往黃梅하사 求
印可하신대 五祖 器之하사 付衣法하야 令嗣祖位하시니 時는 龍朔元年
辛酉歲也러라 南歸隱遯 一十六年에 至儀鳳元年丙子正月八日하야
會印宗法師러시니 宗이 悟契師旨하고 是月十五日에 普會四衆하야 爲
師薙髮하고 二月八日에 集諸名德하야 授具足戒하시니 西京智光律師
는 爲授戒師하고 蘇州慧靜律師는 爲羯磨하고 荊州通應律師는 爲敎
授하고 中天耆多羅律師는 爲說戒하고 西國蜜多三藏은 爲證戒하니라
其戒壇은 乃宋朝 求那跋陀羅三藏이 創建立碑曰 後當有肉身菩薩이
於此受戒라하며 又梁天監元年에 智藥三藏이 自西竺國으로 航海而來
하야 將彼土菩提樹一株하야 植此壇畔하고 亦預誌曰 後一百七十年에
有肉身菩薩이 於此樹下에 開演上乘하야 度無量衆하리니 眞傳佛心印
之法主也라하더니 師至是하야 祝髮受戒하고 及與四衆으로 開示單傳
之法旨하시니 一如昔讖이러라

　　　[梁天監元年壬吾歲로 考至唐儀鳳元年丙子하니 是得一百 七十五
　　　年이라]

다음해[15] 봄 대사는 대중과 헤어져 보림寶林으로 돌아오시니, 인종을 비롯한 사부대중 천여 명이 전송하였다. 곧장 조계에 이르시니 그때에 형주 통응 율사와 학자 수백 인이 함께 대사를 의지하여 머물게 되었다. 대사께서 조계 보림에 이르러 보니 당우가 협소하여 대중을 수용할 수 없게 되었다. 그래서 대사는 도량을 넓히고자 하여 이윽고 마을 사람인 진아선陣亞仙을 찾아가 말하였다.

"노승이 단월檀越[16]에게 좌구坐具 터를 얻고자 하는데 주시겠습니까?" 아선이 말하였다.

"화상의 좌구 넓이가 얼마나 되옵니까?"

조사가 좌구를 내어 보이시니 아선은 "좋습니다." 대답하였다. 이에 조사가 좌구를 한 번 펴니 조계의 사방 경계를 모두 덮고 사천왕四天王[17]이 몸을 나타내어 사방을 진압한다. 지금 절 경계에 있는 천왕령天王嶺은 여기에 그 이름이 연유한다.

아선이 말하기를 "화상의 법력이 광대함을 알

겠습니다. 이곳에는 저의 고조의 분묘가 있사온데 후일 탑을 지으실 때 그곳만은 남겨 주시면 다행이옵고 그 나머지는 모두 드려서 영원토록 보방寶坊을 삼고자 합니다. 그리고[18] 이 땅은 생룡生龍과 백상白象이 내려온 맥이오니 다만 높고 낮은 지형대로 집을 지을지언정 땅을 깎아 평평하게 하지 마십시오." 한다. 그 후에 절을 지을 때에는 한결같이 그의 말대로 하였다.

　　　대사가 경내의 산수가 좋은 곳을 거니시다가 머물러 쉬시니 드디어 13개의 난야蘭若[19]를 이루게 되었다. 지금의 화과원花果院이 그것이며 그 절 삼문三門에 액자가 걸려 있다.

　　　이 보림 도량[20]은 이보다 앞서 서국의 지약智藥 삼장이 남해에서부터 조계 어귀를 지나면서 물을 움켜 마시고서 그 향기로운 맛이 범상치 않음을 알고 제자에게 말씀하기를 "이 물은 서천의 물과 다르지 않구나. 시냇물 근원에는 반드시 수승殊勝한 땅이 있어 난야를 지을 만하리라." 하고 물을 따라 근원에 이르렀다. 사방을 둘러보니 산과 물이 감아 돌고 산봉우리가 기특하게 빼어났다.

　　　삼장이 "이곳은 완연히 서천의 보림산이로구나." 하고 감탄하면서 조후촌曹侯村 사람들에게 말하기를 "이 산에 절을 지으라.

170년 뒤에는 반드시 무상 법보를 이곳에서 연설하게 될 것이며 도를 얻는 자는 숲과 같이 많을 것이니 절 이름은 마땅히 보림이라 하라." 하였다.

그때에 소주 목사牧使 후경중侯敬中이 이 말씀을 표表로 갖추어 상주했다. 왕은 그 청이 옳다고 여겨 보림이라는 이름을 내려 절 이름을 삼고 마침내 범궁梵宮을 낙성하였으니 때는 양梁 천감天監 3년이었다.

15

의봉 2년 광주 법성사에서 소주 보림사로 옮긴다. 수계시의 교수사인 통응 율사도 동반했다.

16

단월 : 범어 dānapati. 베푸는[施] 사람의 뜻. 단나(檀那). 줄여서 단(檀)이라고도 한다. 시주(施主), 신도를 가리킨다.

17

사천왕 : 불법을 외호(外護)하는 욕계천 중 사왕천의 선신(善神). 많은 천중을 거느린다. 지국(持國)·증장(增長)·광목(廣目)·다문(多聞)의 사천왕(四天王).

18

이하는 지술가(地術家)의 말. 지맥을 건드리지 말라는

것이 요지.

19

난야(蘭若) : 아란야(阿蘭若)의 준말. 아련야(阿練若)로 쓰기도 함.
범어 araniya의 음사. 수행자, 비구의 거처. 적정처(寂靜處)·공한처
(空閑處)·원리처(遠離處) 등으로 옮긴다.

20

이하는 보림사의 연기를 말한다. 도량은 사(寺)의 별명이며 불도 수
행 구역이다.

●

次年春에 師－辭衆하고 歸寶林하시니 印宗이 與緇白으로 送者－千餘人
이라 直至曹溪하신대 時에 荊州 通應律師－與學者數百人으로 依師而
住하니라 師－至曹溪寶林하사 覩堂宇－湫隘하야 不足容衆하시고 欲廣
之하사 遂謁里人陳亞仙曰 老僧이 欲就檀越하야 求坐具地하노니 得不
아 仙이 曰 和尙坐具－幾許闊이니잇고 祖出坐具하야 示之하신대 亞仙이
唯然이라하거늘 祖以坐具를 一展하야 盡罩曹溪四境하시니 四天王이 現
身하야 坐鎭四方이라 今寺境에 有天王嶺이 因玆而名하니라 仙이 曰 知
和尙의 法力廣大하노이다 但吾高祖의 墳墓－並在此地하오니 他日造塔
에 幸望存留하옵고 餘願盡捨하야 永爲寶坊하여이다 然이나 此地는 乃生

龍白象來脈이라 只可平天이언정 不可平地니이다 寺後營建에
一依其言하시니라 師遊境內하사 山水勝處에 輒憩止하시니 遂
成蘭若一十三所라 今日花果院이라하야 隸籍寺門하니라 玆寶
林道場은 亦先是西國智藥三藏이 自南海로 經曹溪口할새 掬
水而飮하고 香美異之어늘 謂其徒曰 此水는 與西天之水로 無
別하니 溪源上에 必有勝地하야 堪爲蘭若라하고 隨流至源上
하야 四顧하니 山水回環하고 峯巒이 奇秀어늘 嘆曰 宛如西天
寶林山也로다 乃謂曹侯村居民曰 可於此山에 建一梵刹이니
一百七十年後에 當有無上法寶를 於此演化하야 得道者如林
하리니 宜號寶林이라하야시늘 時에 韶州牧侯敬中이 以其言으
로 具表聞奏한데 上이 可其請하야 賜寶林爲額하고 遂成梵宮
하야 落成於梁天監三年하니라

그 절 전각 앞에 한 못이 있었는데 용이 항상 그 속에서 출
몰하여 자주 숲을 뒤흔들더니 하루는 심히 큰 형상으로 나
타났다. 못에서 물결이 솟아오르고 구름과 안개가 자욱하
게 덮이니 대중이 모두가 두려워했다. 대사가 이를 보고

꾸짖기를 "네가 다못 큰 몸으로 나타날 줄은 알아도 작은 몸은 못 나타내는구나! 네가 정말 신룡神龍이라면 마땅히 능히 변화를 일으켜 작은 것으로 크게 나투고, 큰 것을 작게 나툴 수 있을 것이다." 하였다. 그 용은 갑자기 자취를 감추더니 잠시 후에 다시 작은 몸으로 변화하여 못 위에 뛰어나왔다. 대사는 발우를 펴서 들어 보이면서 "네가 감히 이 노승의 발우 안에는 들어올 수 없을 것이다." 말씀하시니 용은 이내 꿈틀대며 대사 앞에 이르렀다. 대사가 용을 발우에 담으니 용은 움직이지 못했다. 대사께서 발우를 당에 가지고 와서 용을 위하여 법을 설하시니 용은 드디어 몸을 벗고 사라졌다. 그 뼈의 길이는 7촌이나 되고 머리와 뿔 꼬리 발이 모두 갖추어져 절에 전하여 온다. 대사께서 그 후에 토석으로 그 못을 메우셨는데 지금의 전각 앞 왼쪽에 있는 철탑이 자리잡은 곳이 바로 그곳이다.

[용골21은 기묘년22에 이르러 병화에 불타버려 간 곳을 모른다. 대사가 방아 찧으실 때 등에 지고 계시던 돌에는 용삭 원년 노(盧)거사 적음(용삭 원년 노거사지)이란 여덟 자가 새겨졌고 지금 이 돌이 황매 동선(桐禪)에 남아 있다.

또 당 왕유(王維)23 우승(右丞)은 신회(神會)24 대사를 위하여 조사의 전기를 지었는데 이르기를 "조사는 세간에 섞여 16년을 지내시고 인종이 경을 강설함을 만난 것이 인연이 되어 삭발하시다." 하였고, 또 유종원(柳宗元)25 자사(刺史)가 조사의 시호(諡號) 비문에 이르기를 "조사께서 법의를 받으시고 남해로 피하여 숨으시기 16년에 교화를 펼 때가 왔다 하시고 이내 조계에 머무시어 세간의 스승이 되시다." 하였으며, 또한 장상영(張商英)26 승상이 오조기(五祖記)를 지으면서 이르기를 "오조는 교화를 드리우매 황매현 동선원에서 법을 설하시니 그는 그 어머니를 모시기에 편하기 때문이었다. 용삭 원년 의법(衣法)을 육조에게 전하고서 대중을 흩으시고 동산에 들어가 암자를 지었다. 그곳에 사는 빙무(馮茂)라는 사람이 산을 조사에게 드려 도량(道場)을 삼게 하였다." 하였으니 이로써 생각건대 조사가 황매에 이르러 오조의 의법을 받은 것은 실로 용삭 원년 신유년이니 그로부터 16년이 되는 의봉(儀鳳) 병자년에 대사는 바야흐로 법성사에 이르러 축발하신 것이다. 타본에는 혹 조사가 함형(咸亨) 연간에 황매에 오셨다 하였으나 이것은 잘못이다.]

21
이 괄호 안은 원본에 붙은 주다. 이하도 또한 같음.

22
타본에는 지정(至正) 기묘라 한 것이 보이나 이는 잘못인

듯. 지정(至正) 연간에는 기묘년이 없다.

23

왕유(王維) : 당 현종(玄宗) 때 사람. 자는 마힐(摩詰). 상원(上元) 원년(당 숙종 5년)에 죽었다 하는데, 이 해에 신회 대사가 시적(示寂)하였으니 왕유도 『조사기(祖師記)』를 짓고 죽은 듯.

24

신회(神會, 685~760) : 당 낙양 하택사에 머물러 하택신회(荷澤神會)라 한다. 육조의 법을 받고 법을 선양하는 데 큰 힘을 썼다. 『현종기(顯宗記)』의 저자. 뒤의 참청기연 참조.

25

유종원(柳宗元) : 자는 자후(子厚), 당 덕종(德宗) 때 유주(柳州)의 자사가 되었다.

26

장상영(張商英) : 무진(無盡) 거사. 자는 천각(天覺). 송 휘종(徽宗) 때 사람.

●

寺殿前에 有潭一所하야 龍이 常出沒其間하야 觸撓林木이러니 一日에 現形甚巨하야 波浪이 洶湧하고 雲霧ㅣ 陰翳하니 徒衆이 皆懼어늘 師ㅣ 叱之曰 爾只能現大身이요 不能現小身이로다 若爲神龍인덴 當能變化하야 以小로 現大하고 以大로 現小也니라한대 其龍이 忽沒이러니 俄頃에

復現小身하야 躍出潭面이어늘 師展鉢試之曰 爾且不敢入
老僧鉢孟裏아 龍乃游揚至前이어늘 師以鉢로 舀之하신대 龍
에 不能動이어늘 師持鉢上堂하사 與龍說法하시니 龍이 遂蛻
骨而去라 其骨長이 可七寸이요 首尾角足이 皆具하야 留傳
寺門하니라 師-後에 以土石으로 堙其潭하시니 今殿前左側
에 有鐵塔鎭處-是也라

[龍骨은 至己卯하야 寺罹兵火하야 因失이라 未知所之로
다 ○師墜腰石에는 鐫龍朔元年盧居士誌八字하니 此石이
今存하야 黃梅東禪이로다 又唐王維右丞이 爲神會大師하
야 作祖師記한대 云師混勞侶하야 積十六載에 會印宗講經
하야 因爲削髮하니라 又柳宗元刺史-作祖師諡號碑云호
대 師受信具하야 遁隱南海上十六年이러니 度其可行하시고
乃居曹溪하사 爲人師니라하고 又張商英丞相 作五祖記에
云호대 五祖演化는 於黃梅縣之東禪院이라 盖其便於將母
니 龍朔元年 以衣法을 付六祖已하시고 散衆하고 入東山하
야 結庵이니라 有居人馮茂하야 以山施師하야 爲道場焉하
니 以此考之則 師至黃梅하야 傳受五祖衣法은 實龍朔元年辛
酉歲이니 至儀鳳丙子에 得十六年이라 師方至法性하야 祝
髮이니라 他本에 或作師咸亨中에 至黃梅者는 非라]

법을 깨닫고 법의를 받다 [1]

그때[2]에 대사께서 보림에 이르시니 소주 위자 자사[이름은 거(璩)]가 관료들과 함께 산에 들어왔다. 그리고 대사께 대범사大梵寺[3] 강당에 나오셔서 대중을 위하여 마하반야바라밀법摩訶般若波羅蜜法을 설하여 주시기를 청하였다.

대사께서 법좌에 오르시니 자사와 그 관료 30여 인과 유종儒宗 학사 30여 인, 그리고 승니 도속 1천여 인이 다 함께 일어나 절을 하며 법문 듣기를 원하니 대사께서 말씀하셨다.

"선지식아[4], 모두들 마음을 깨끗이 하여 마하반야바라밀[5]을 생각하라." 하시고 양구良久[6]하시더니 다시 말씀하셨다.

"선지식아, 보리자성菩提自性이 본래 청정하니 다만 이 마음을 쓰라. 곧 성불해 마치리라.[7]

선지식아, 듣거라. 혜능의 행적과 법을 얻은 내력을 말하리라.

나의 엄친[8]은 본관이 범양范陽인데 영남嶺南으로 낙향하여 신주新州 사람이 되었다. 이 몸은 불행하게도 아버님이 일찍 돌아가시고 늙은 어머님과 홀로 남게 되니 뒤에 남해南海에 와서 나무를 장에 내다 팔며 가난한 살림을 꾸려 나갔다. 한번은 장에서 어떤 손님이 나무를 사서 객점에 두게 하였다. 나무를 두고 돈을 받고 문 밖으로 나오다가 어떤 손이 경 읽는 것을 보았는데 경에 '마땅히 머문 바 없이 그 마음을 낼지니라' 함을 한 번 듣고 곧 마음을 깨치고 드디어 물었다.

'손님이 외는 경이 무슨 경입니까?'

손이 대답하였다.

'『금강경金剛經』이오.'

다시 물었다.

'그 경을 어디에서 얻으셨습니까?'

'나는 이 경을 기주蘄州9 황매현黃梅縣 동선사東禪寺에서 구하였소. 그 절에는 오조 홍인弘忍10 대사가 계시면서 교화하시는데 문인이 천여 명이 되오. 내가 그곳에 가서 참배하고 이 경 설하심을 듣고 받아 왔소이다. 대사는 항상 승속간에게 권하시기를 다만 『금강경』을 수지하면 곧 스스로 견성하고 성불한다 하셨습니다.'

내가 이 말을 듣고 나니 나와 손은 숙세의 인연이 있는 듯했다. 손은 나에게 은 열 냥을 주어 노모님의 옷과 양식을 충당케 하고, 곧 황매에 가서 오조께 예배하게 하였다. 그리하여 나는 어머님을 편히 모시게 하고 곧 하직하여 30여 일이 채 못 되어 황매에 다다랐다.

1
대사의 오도전법의 경위를 말한다. 이본(異本)에는 행유제일(行由第一)로 되어 있다.

2
대사는 이때까지 광주 법성사에 계셨다. 이제 조계산 보림사로 돌아온다. 의봉 2년(677) 2월 8일이다. 대사 40세.

3

대범사 : 소주 성중에 있다. 이하에 위자사가 청법을 위하여 지성을 보이는 것이 보인다. 이것이 청법의 예법이다.

4

여기 선지식은 도심(道心)을 발한 청중을 가리킨 것.

5

범어의 마하 프라쥬냐 파라미타(Mahā prajñā pāramitā)를 적은 것. '큰 지혜로 피안에 이르렀다'는 뜻. 육조의 설명이 뒤에 상세하다.

6

양구 : 잠시 아무 말 없이 잠잠한 것을 말하는데, 이것이 선문에서 특별한 의미를 나타낸다. 세존에게 한 학자가 묻는다. "유언(有言)도 묻지 않고 무언(無言)도 묻지 않습니다." 세존이 양구하시니, 학자 "세존이 대자대비하시어 나에게 진리의 문을 열어주셨다." 하며 예배 찬탄하였다. 여기 육조의 양구 또한 대설법이다.

7

이것이 육조의 공식 개구(開口)의 제1성. 만고에 빛나는 대사자후다[菩提自性 本來淸淨 但用此心 直了成佛]. 돈황본에는 이 4구가 안 보인다.

8

대사의 아버지는 당 고조(高祖) 무덕(武德) 3년(620)에 좌천되어 영남 신주로 낙향하였다.

9

기주 : 지금의 중국 안휘성(安徽省) 기춘현(蘄春縣) 지방.

10

홍인(602~675) : 사조의 법을 받아 오조가 되자 황매산 동선사에서 교화, 재송(裁松) 도인의 후신이라 한다. 아버지가 없이 주(周)씨 여(女)에 기탁하여 태어나고 어려서 사조를 만나 묻는 말에 성은 불(佛)씨라 했다고 한다. 우리는 여기 주씨여(周氏女)에게서 또 하나의 동정녀 '마리아'를 본다.

一 悟法傳衣

時에 大師－至寶林하신대 韶州韋刺史－[名璩]與官僚로 入山하야 請
師於大梵寺講堂하야 爲衆開緣하야 說摩訶般若波羅蜜法이어늘 師－
升座次에 刺史官僚三十餘人과 儒宗學士三十餘人과 僧尼道俗一千
餘人이 同時作禮하고 願聞法要일러라

　　　大師－告曰 善知識아 總淨心하야 念摩訶般若波羅蜜이어다
大師－良久에 復告衆曰 善知識아 菩提自性이 本來淸淨하니 但用此
心하면 直了成佛하리라

　　　善知識아 且聽 慧能의 行由와 得法事意하라 能의 嚴父는 本貫
이 范陽이니 左降하야 流于嶺南하야 作新州百姓이러니 此身이 不幸하야
父又早亡하시고 老母孤遺라 後來南海하야 艱辛貧乏하야 於市에 賣柴하
더니 時에 有一客이 買柴하야 使令送至客店한대 客이 收去하고 能得錢하
야却出門外라가 見一客이 誦經이라 能이 一聞經에 云 應無所住而生其
心하고 心卽開悟하야 遂問호대 客誦何經고 客曰 金剛經이로다 復問호대
從何所來하야 持此經典이니고 客云 我從蘄州黃梅縣東禪寺來니다 其
寺는 是五祖弘忍大師－在彼主化하사 門人이 一千有餘라 我到彼中하
야 禮拜하고 聽受此經이니다 大師－常勸僧俗하사대 但持金剛經하면 卽
自見性하야 直了成佛이라하더이다 能이 聞說하고 宿昔有緣하야 乃蒙一客
의 取銀十兩與能하야 令充老母衣糧하고 敎便往黃梅하야 禮拜五祖케하
야늘 能이 安置母畢하고 卽便辭親하야 不經三十餘日에 便至黃梅하니라

오조께 예배하니 오조가 나에게 묻기를 '너는 어느 곳 사람이며 무

엇을 구하고자 하느냐?' 하신다.

내가 대답하였다. '제자는 영남 신주에 사는 백성이온데 멀리서 와 스님께 예배드리게 됨은 오직 부처되기를 구할 뿐 다른 것을 구하지 않습니다.'

오조께서 '너는 영남 사람이요, 또한 오랑캐인데 어떻게 부처가 될 수 있겠느냐?' 하신다.

내가 대답하기를 '사람에게는 비록 남북이 있다 하지만 불성에는 본래 남북이 없사오며 오랑캐의 몸과 화상和尚의 몸이 같지 않지만 불성은 무슨 차별이 있사오리까?' 하였다.

이때에 오조께서 다시 말씀하고자 하시다가 대중이 모두 좌우에 있음을 보시고 이내 대중을 따라 일이나 하라고 하시기에 내가 말씀드리기를 '혜능이 화상께 아룁니다. 제자가 아옵기로 자기 마음이 항상 지혜를 내어서 자성自性을 여의지 않는 것이 곧 복전福田11이라 아옵는데 화상께서는 다시 어떠한 일을 하라 하시옵니까?' 하였다.

오조 말씀하셨다. '저 오랑캐 근성이 너무 날카롭구나! 너 다시 더 말 말고 방앗간에 가 있거라.'

내가 오조 앞에서 물러나와 후원에 이르니 한 행자12가 와서 나무를 하고 방아를 찧는 일을 시키더라. 그로부터 여덟 달 남짓 지났더니 하루는 오조께서 오셔서 하시는 말씀이, '내 너의 견해가 쓸 만하다고 생각하나 다만 악한 사람들이 너를 해칠까 염려되어 마침내 너와 더불어 이야기하지 않고 있는 것을 네가 아느냐?' 하신다.

내가 말씀드렸다. '제자도 또한 스님의 뜻을 짐작하고 감히 당전에 가지 않음으로써 사람들이 깨닫지 못하도록 하고 있사옵니다.'

오조가 하루는 모든 문인들을 다 모이게 하고 말씀하셨다.

'내 너희들13에게 말한다. 세간 사람은 생사 일이 가장 큰 것인데 너희들은 종일토록 다만 복전만 구하고 생사고해에서 벗어날 생각은 없구나! 만약 자성을 미혹하였다면 복을 가지고 어떻게 생사를 벗어날 수 있으랴. 너희들은 이제 가서 스스로의 지혜를 살펴서 자기 본심인 반야般若의 성품을 가지고 각자 게송 하나씩을 지어 나에게 가져오너라. 만약 큰 뜻을 깨친 사람이 있으면 법과 법의를 전하여 제6대조로 삼으리라. 머뭇거리지 말고 빨리 거행하라. 생각으로 헤아리면 곧 맞지 않느니라. 견성見性한 사람은 모름지기 언하言下에 곧 보는 것이니 만약 이와 같은 자는 칼을 휘두르며 싸우는 데서도 또한 볼 수 있느니라.'

[고덕(古德)이 이르기를 "칼을 휘두르는 싸움터에 비유한 것은 상황의 여하 약하를 묻지 않는다는 뜻이니 이 비유는 힘을 얻은 사람이 임기응작하는 것을 말함이요, 결코 언구(言句)에 뜻이 있는 것이 아니다." 하였다.]

—

11

복전 : 범어 puṇya-kṣetra. 복덕을 생산하는 밭이라는 뜻. 삼보(三寶), 부모, 고난 중에 있는 사람 등을 공경하면 공덕이 생기므로 복전이라 하고 부처님은 대복전, 부모님은 세간의 최승(最勝) 복전이다. 그러나 여기 육조가 말한 복전은 위의 유상(有相)이 아닌 무상복전(無相福田), 즉 자성(自性) 복전을 말하고 있다.

12

행자 : 수행인. 출가하였으나 아직 계를 받지 않은 자.

13

이 말은 출가 수행인에게만 해당한 말이 아니다. 만인에게 주는 영원한 광명이다.

●

禮拜五祖하니 問能曰 汝何方人이며 欲求何物고 能對曰 弟子는 是嶺南新州百姓이니 遠來禮師는 惟求作佛이오 不求餘物이니이다 祖言하사대 汝是嶺南人이오 又是獦獠어니 若爲堪作佛이리오 能曰 人은 雖有南北이오나 佛性은 本無南北하오니 獦獠身은 與和尙으로 不同이어니와 佛性은 有何差別이리잇고 祖 — 更欲與語나 且見徒衆이 總在左右하시고 乃令隨衆作務하라하야시늘 予曰 惠能이 啓和尙하노니 弟子自心이 常生智慧하야 不離自性이 卽是福田이어니 未審和尙은 敎作何務니고 祖云 這獦獠根性이 太利로다 汝更勿言하고 着槽廠去하라 能이 退至後院하니 有一行者 — 差能하야 破柴踏碓라 經八餘月에 祖 — 一日 見能曰 吾思汝之見이 可用이나 恐有惡人이 害汝하야 遂不與汝言하니 知之否아 能曰 弟子도 亦知師意일새 不敢行至堂前하야 令人不覺케호이다 祖 — 一日에 喚諸門人하사 總來하라 吾向汝說호리라 世人이 生死事大어늘 汝等은 經日只求福田하고 不求出離生死苦海하나니 自性을 若迷하면 福何可救리오 汝等은 各去하여 自看智慧하야 取自本心般若之性하야 各作一偈하야 來呈吾看하라 若悟大意하면 付汝衣法하야 爲第六代祖호리니 火急速去하야 不得遲滯하라 思量하면 卽不中用이니라 見性之人은 言下에 須見이니 若如此者는 輪刀上陣이라도 亦得見之니라

　　　[古德云 譬如輪刀上陣은 不問如何若何니 此喩는 得底人의 見機而作이오 不在言句也니라]

대중이 처분을 받고 물러나와 서로 말하기를 '우리들 무리는 구태여 힘들여 마음을 맑히고 게송을 지을 것 없다. 설사 게송을 지어 화상께 바친들 무슨 이익이 있으랴. 신수神秀14 상좌는 현재 교수사敎授師로 계시니 필시 저분이 법을 얻을 것인데 우리들이 게송을 짓는

다고 해도 부질없이 힘만 들이게 된다.' 하였다. 그리하여 대중은 모두 생각을 쉬고 말하기를 '우리들은 뒷날에 신수 대사에게 의지할 것이다. 어찌 번거롭게 게송을 지으랴!' 하였다. 신수는 생각하였다.

'모든 대중이 게송을 짓지 않는 이유는 내가 저들의 교수사인 까닭이니 내가 어차피 게송을 지어 화상께 바칠 수밖에 없다. 만일 내가 게송을 바치지 않는다면 화상께서 어떻게 나의 마음속 견해의 심천을 아시랴. 내가 게송을 바치려는 뜻이 법을 구하는 것이라면 옳은 일이라 하겠거니와 조사의 자리를 구하는 데 있다면 옳지 않은 일이다. 이것은 범부가 성인의 자리를 빼앗으려는 생각과 무엇이 다르랴. 그렇다고 또한 게송을 바치지 않는다면 마침내 법을 얻지 못할 것이니 참으로 어려운 일을 당하였구나.' 하였다.

오조당 앞에 복도 3칸이 있었는데 그때 공봉供奉15 노진盧珍에게 『능가경楞伽經』16 변상變相과 오조혈맥도五祖血脈圖를 그리게 하여 전해 내려가며 공양케 하도록 하려 하였다.

신수는 게송을 지어 가지고 화상께 바치려고 여러 차례 당 앞까지 갔으나 심중이 황홀하고 온몸에 땀이 흘러 바치지 못하고 되돌아왔다. 이러기를 전후 4일 열세 차례를 오고 갔으나 마침내 게송을 바치지 못하였다.

신수는 이윽고 생각하기를 '이럴 것이 아니고 복도 벽에 게송을 붙여 두면 화상께서 지나시다가 보시게 될 것이니 만약 화상께서 좋다고 허락하신다면 곧 나가 예배드리고 내가 지었음을 말씀드리기로 하자. 만약 마땅하지 않다고 하신다면 나는 부질없이 수년을 산중에 처박혀서 남의 예배만 받고 다시 무슨 도를 닦았다 하랴.' 하였다.

그날 밤 3경에 아무도 모르는 틈을 타 스스로 등을 들고 복도 남쪽 벽에 자기 소견을 썼다. 게송에 이르기를

몸은 보리수요
마음은 맑은거울
부지런히 털고 닦아서
때 묻지 않도록 하라.

수가 게송을 써 놓고 곧 당에 돌아오니 아무도 몰랐다. 수 다시 생각하기를 '날이 밝아서 오조께서 게송을 보시고 기뻐하시면 법과 내가 인연이 있거니와 만약 그렇지 못하다면 스스로 내가 미혹하여 숙세 업장이 무거워 법을 얻지 못하는 것이다. 참으로 성인의 뜻을 짐작할 수 없구나.' 하며 방에서 이것저것 생각하면서 불안하게 앉았다 누웠다 하는 동안에 시각은 5경이 되었다.

14

신수(?~706) : 중국 개봉(開封) 사람. 속성 이씨, 오조의 제자가 된 후 혜능이 오조의 법을 받자 강릉 당양산에서 교화하였다. 측천무후(則天武后)와 중종(中宗)의 두터운 귀의를 받고, 대통(大通) 선사의 호를 받았다. 북종선(北宗禪)의 개조(開祖)가 된다. 자세히는 뒤에 보인다.

15

공봉 : 재주와 기예가 있는 사람에게 준 일종의 벼슬. 노진은 화공이다.

16

능가경 : 불타가 스스로의 증득한 진리를 그대로 설파하신 경전이라 하여 달마 대사도 또한 "이 경 4권에 심인(心印)을 찍는다" 하고, 2조 혜가 대사에게 이 경을 전하였다. 선종에 특정한 소의경전을 두지 않지만 있다면 『금강경』과 함께 『능가경』이 이에 가까우리라. 변상은 『능가경』 설하는 장면을 그린 것. 혈맥도 또한 불조가 서로

법을 전한 법맥을 그린 것.

●

衆得處分하고 退而遞相謂曰 我等衆人은 不須澄心하야 用意作偈니 將呈和尙인들 有何所益이리오 神秀上座 - 現爲敎授師하니 必是他得이라 我輩는 謾作偈頌하야도 枉用心力이라하야늘 諸人이 聞語하고 總皆 息心하야 咸言호대 我等은 己後에 依止秀師니 何煩作偈리오하더라 神秀 - 思惟호대 諸人이 不呈偈者는 爲我與他의 爲敎授師니 我須作偈하야 將呈和尙호리라 若不呈偈면 和尙이 如何知我心中의 見解深淺이리오 我呈偈意는 求法卽善이어니와 覓祖卽惡이라 却同凡心하니 奪其聖位로 奚別이리오 若不呈偈면 終不得法하리니 大難大難이로다 五祖堂前에 有步廊三間하야 擬請供奉盧珍하야 畵楞伽經變相과 及五祖血脉圖하야 流傳供養이러니 神秀 - 作偈成己하고 數度欲呈하야 行至堂前이나 心中恍惚하야 徧體汗流라 擬呈不得하고 前後經四日에 一十三度를 呈偈不得이라가 秀乃思惟호대 不如向廊下書着이로다 從他和尙이 看見하고 忽若道好라하면 卽出禮拜하고 云是秀作이라하고 若道不堪이면 枉向山中하야 數年을 受人禮拜하고 更修何道아하고 是夜三更에 不使人知하야 自執燈하고 書偈於南廊壁間하야 呈心所見하니 偈曰

身是菩提樹요
心如明鏡臺로다
時時動拂拭하야
勿使惹塵埃어다

秀 - 書偈了하고 便却歸房하니 人總不知라 秀復思惟호대 五祖 - 明日에 見偈歡喜하시면 卽我與法有緣이어니와 若言不堪이면 自是我迷라 宿業障重하야 不合得法이니 聖意難測이로다 房中思想하야

오조는 수가 아직 자성을 보지 못하여 문[17] 안에 들지 못한 것을 아셨다.

날이 밝자 낭하 벽에 그림을 그리게 하시려고 노봉공을 불러 오게 하고 남쪽 낭하에 이르시니 문득 수의 게송을 발견하시고 봉공에게 말씀하셨다.

'그림을 그릴 것 없다. 먼 길을 오게 하여 너만 수고롭게 하였구나. 경에 이르기를 모든 상相[18]이란 다 이것이 허망한 것이다 하셨으니 다만 여기 이 게송만 남겨 두어 사람들로 하여금 외고 받아 지니게 하리라. 이 게송에 의지하여 닦으면 악도惡道[19]에 떨어지지 않을 것이며 큰 이익이 있을 것이다.' 하시고 문인들로 하여금 게송 앞에서 향을 피워 예경케 하고 '이 게송을 모두 외면 견성할 수 있으리라' 하시니 문인들이 모두가 이 게송을 외면서 '참으로 훌륭하다' 하며 찬탄하였다.

그날 3경에 조사께서 수를 불러 당에 들게 하시고 물었다.
'저 게송은 네가 지었느냐?'
수가 대답하였다.
'네, 수가 지었습니다. 이것은 수가 감히 조사 자리를 망령스레 구하는 것이 아니오니 바라옵건대 화상께서는 자비로 살펴 주십시오. 제자가 자그마한 지혜라도 있습니까?'
조사 말씀하셨다.
'네가 지은 이 게송으로는 아직 너는 본성을 알지 못하였다. 다만 문 밖에 이르렀을 따름이요, 아직 문 안에는 들지 못하였다 할 것이니 이런 견해로 무상보리無上菩提[20]를 찾는다면 마침내 얻지 못

할 것이다. 무상보리는 모름지기 언하에 자기 본심을 알고 자기 본
성을 보아야 하느니라. 나지도 않고 없어지지도 아니하여, 어느 때
나 생각생각이 만법에 막힘이 없음을 스스로 보고 하나가 참되매
일체가 참되어 일체 경계가 스스로 여여如如21하니, 이 여여한 마음
이 즉시 진실이니라. 만약 이와 같이 볼진댄 곧 무상보리인 자성이
라 할 것이니 너 다시 가서 하루 이틀 생각하여 다시 게송을 지어서
나에게 가져오너라. 너의 게송이 만약 문에 들어온 것이라면 너에게
의법衣法을 붙이리라.'

17

이 문은 자성본분 문이다. 모름지기 언하에 깨쳐야 한다. 교학이론
은 조사가 다루는 자체와는 거리가 멀다.

18

'무릇 있는 바 상은 다 이것이 허망하니 만약 모든 상을 상 아닌 줄
보면 곧 여래를 보리라'의 앞구절이다.『금강경』말씀.

19

악도 : 범부는 지견(知見)의 정부(正否), 생각과 행위의 선악에 따
라 그의 의식 구조가 형성되고 이 의식의 청탁(淸濁)에 따라 그의
세계는 전개된다. 이것이 과보(果報)다. 악도는 탁한 의식에 따라
받게 되는 세계로서 지옥, 아귀, 축생 등 고통이 많은 세계다.

20

보리(bodhi) : 깨달음. 정각이다.

21

여여 : 참 성품에 어긋남이 없고 변함이 없음을 말한다

祖 - 已知神秀의 入門未得하야 不見自性이시러니 天明에 祖 - 喚盧供
奉來하야 向南廊壁間에 繪畵圖相이라가 忽見其偈하시고 報言供奉하
시되 却不用畵로다 勞爾遠來라 經云 凡所有相이 皆是虛妄이라하니 但

留此偈하야 與人誦持하리라 依此偈修하면 免墮惡道하며 依此偈修하면 有大利益호리라하야 令門人으로 炷香禮敬케하시고 盡誦此偈하면 卽得見性이라하야늘 門人이 誦偈하며 皆歡善哉라 祖-三更에 喚秀入堂하니 問曰 偈是汝作否아 秀言 實是秀作이니이다 不敢妄求祖位이오니 望和尙은 慈悲로 看하소서 弟子-有少智慧否이까 祖曰 汝作此偈는 未見本性이라 只到門外하고 未入門內니 如此見解로 覓無上菩提인댄 了不可得이라 無上菩提는 須得言下에 識自本心하고 見自本性하야 不生不滅하고 於一切時中에 念念自見萬法無滯니 一眞에 一切眞이라 萬境이 自如如니 如如之心이 卽是眞實이라 若如是見인댄 卽是無上菩提之自性也니라 汝且去하야 一兩日思惟하야 更作一偈하야 將來吾看하라 汝偈-若入得門인댄 付汝法衣호리라

신수가 예배하고 물러나와 수일이 지나도 게송을 짓지 못하니 심중이 혼란하고 심사가 불안하여 마치 꿈속과도 같으니 서나앉으나 편하지 않았다.

다시 2일이 지나 한 동자가 방앗간을 지나면서 그 게송을 외는 것을 내가 한번 듣고 이 게송은 아직 본성을 보지 못한 것임을 알았다. 나는 비록 아직 조사의 가르침을 받지는 못하였으나 벌써 대의는 짐작하고 있었던 것이다. 이윽고 동자에게 물었다.

'외고 있는 것이 무슨 게송입니까?'

동자가 말하였다.

'이 오랑캐가 그것도 모르는구나. 대사께서 말씀하시기를 세상 사람이 생사 일이 크다. 의법을 전하고자 하니 문인들은 게송을 지어 오라. 만약 큰 뜻을 깨쳤으면 곧 의법을 부쳐 제6조를 삼으리라. 하셨는데 신수 상좌가 남쪽 복도 벽 위에 무상게를 써 놓으

니 대사께서 문인에게 모두들 이 게송을 외우게 하시고 이 게송에 의지하여 닦으면 악도에 떨어지지 않는다 하셨느니라.' 한다.

내가 말하기를

'나도 그 게송을 외워 내생 인연을 맺어 함께 불국토에 나고자 합니다. 스님이여, 나는 이 방아를 딛고 있은 지가 8개월이 넘는데 아직 조사당전에 가보지 못하였사오니 바라건대 스님은 나를 그 게송 있는 곳으로 인도하여 주십시오. 나도 예배를 드리겠습니다.' 하였다.

동자가 나를 게송 앞으로 인도하여 예배하게 하기에 내가 말하기를 '저는 문자를 알지 못하오니 어렵지만 스님께서 읽어주십시오.' 하고 청하였다.

그때에 강주江州 별가別駕22가 와 있었는데, 성은 장張씨, 이름은 일용日用이라 하였다. 곧 큰 목소리로 읽었다. 내가 다 듣고 나서 말하기를 '나도 또한 게송을 짓겠으니 바라건대 별가는 써주십시오.' 하였다.

별가 말이 '이 오랑캐야, 네가 게송을 짓다니! 이 일이 또한 희한하구나.' 한다.

내가 별가에게 말하였다.

'무상보리를 배우고자 할진댄 초학자를 업수이 여기지 말아야 하오. 하하인下下人에게도 상상지上上智가 있고 상상인上上人에게도 하하지下下智가 있는 법이오. 만약 사람을 업신여기면 곧 한량없고 가없는 죄가 되는 줄 아시오.'

별가는 말하였다. '당신은 다만 게송이나 외우시오. 내가 당신을 위하여 쓰리다. 당신이 만약 법을 얻으면 먼저 나를 제도하여 주시오. 이 말을 잊지 마시오.' 한다.

내가 게송을 읊었다.

보리에 나무 없고
거울 또한 거울이 아니다.
본래 한 물건 없거니
어느 곳에 티끌 일어나랴.23

[이것은 황매산 조사게에 의한 것인데 일으키다[惹]로 한 것은 옳고 있으랴[有]로 한 것은 잘못이다.]

이 게송을 쓰고 나니 대중이 다 놀라 혹은 감탄하고, 혹은 의아해하지 않는 자가 없었다. 서로 말하기를

'기이하다. 겉모양만으로 사람을 알 수는 없는 일이다. 어찌 우리가 오랫동안 저런 육신보살을 부렸던가!' 하였다.

조사께서 모든 대중이 놀라고 괴이하게 여기는 것을 보시고 사람들이 해칠까 염려하시어 그 게송을 신으로 문질러 지워버리며, '이것도 또한 견성 못 했다' 하시니 비로소 대중이 의심을 놓았다.

—

22

별가 : 자사의 다음 벼슬. 자사 행차에 항상 따로 차를 타고 따라다니므로 이 이름이 있다. 여기 장일용은 별가를 지낸 사람이리라.

23

이 게송 제2구를 돈황본에는 '明鏡本淸淨'으로, 제4구를 '何處染塵埃'로 하고 있다.

　

神秀 - 作禮而出하야 又經數日이로대 作偈不成이라 心中이 恍惚하고 神思不安하니 猶如夢中이라 行坐不樂하야 復兩日이러니 有一童子 - 於碓坊過이라가 唱頌其偈어늘 能이 一聞에 便知此偈 - 未見本性하니 雖未蒙敎授나 早識大意니라 遂問童子曰 誦者는 何偈니고 童子

言 爾這獦獠는 不知아 大師言하사대 世人이 生死事大하니 欲得傳付
衣法이라하시고 令門人으로 作偈來看하라 若悟大意하면 卽付衣法하야
爲第六祖호리라하신대 神秀上座 - 於南廊壁上에 書無相偈하니 大師
- 令人으로 皆誦此偈하고 衣此偈修하면 免墮惡道라하시니라 能曰 我
亦要誦此하야 結來生緣하야 同生佛地호리니 上人아 我此踏碓 - 八箇
餘月에 未曾行到堂前이니 望上人은 引至偈前하야 禮拜케하라 童子 -
引至偈前하야 作禮어늘 能曰 能은 不識字하니 請上人은 爲讀하라한대
時에 有江州別駕하니 姓은 張이오 名은 日用이라 便高聲讀하니 能聞
己에 因自言호대 亦有一偈하니 望別駕는 爲書하라 別駕言호대 獦獠야
汝亦作偈라하니 其事 - 希有로다 能이 啓別駕言호대 欲學無上菩提인
댄 不得輕於初學이니 下下人도 有上上智요 上上人도 有沒意智라 若
輕人하면 卽有無量無邊罪니라 別駕 - 言호대 汝但誦偈하라 吾爲汝書
하리라 汝若得法이면 先須度吾하라 勿忘此言어다 能이 偈曰

> 菩提는 本無樹요 明鏡도 亦非臺라
> 本來無一物이어니 何處에 惹塵埃리오

書此偈己하니 徒衆이 總驚하야 無不嗟訝하야 各相謂言호대
奇哉라 不得以貌로 取人이로다 何得多時에 使他肉身菩薩이어뇨 祖 -
見衆人이 驚怪하시고 恐人損害하사 遂將鞋하야 擦了偈云하사대 亦未
見性이로다하시니 衆人이 疑息하니라

●

다음날 오조께서 가만히 방앗간에 이르러 내가 등에 돌을 지고 방
아 찧는 것을 보시고 말씀하시기를 '도를 구하는 사람은 법을 위하
여 몸을 잊는 것이 마땅히 이와 같이 할진저!' 하시며 물으시기를

‘방아는 다 찧었느냐?’ 하신다.

내가 말씀드렸다. ‘예, 방아는 벌써 다 찧었습니다마는 아직 키질을 하지 못하였습니다.’ 그때에 오조께서 지팡이로 방아를 세 번 치시고 나가셨다. 나는 곧 조사의 뜻을 알고 3경에 당에 들어가니 오조께서 가사로 둘레를 가려 사람들이 보지 못하도록 하시고 『금강경』을 설하여 주셨는데 ‘마땅히 머문 바 없이 그 마음을 낼지니라’ 하는 데 이르러 내가 언하에 대오大悟하니 일체 만법이 자성을 여의지 않았더라.

드디어 오조께 말씀드리기를 ‘어찌 자성이 본래 스스로 청정함을 알았으며, 어찌 자성이 본래 생멸하지 않는 것임을 알았으며, 어찌 자성이 본래 스스로 구족함을 알았으며, 어찌 자성이 본래 동요가 없음을 알았으며, 어찌 자성이 능히 만법을 냄을 알았겠습니까?’ 하였다.

조께서 내[24]가 본성을 깨쳤음을 아시고 곧 장부丈夫·천인사天人師·불佛[25]이라 말씀하셨다. 이때가 3경인데 법을 받으니 아무도 아는 사람이 없었다.

이에 돈교頓敎[26]와 의발衣鉢을 전하시면서 이르시기를 ‘이제 너를 제6대조로 삼으니 스스로 잘 호념하고 널리 중생을 제도하여 긴 미래로 유포케 하여 끊임이 없게 하라. 내 게송을 들어라.

> 유정有情[27]이 와서 종자를 심으니
> 인지因地에서 도리어 결과가 생긴다.
> 무정無情은 이미 종자 없으니
> 성품도 없고 남[生]도 없느니라.’

오조 다시 말씀하시기를 ‘저 옛날 달마 대사께서 처음 이 땅에 오셨을 때는 사람들이 아직 믿음이 없었으므로 이 가사를 전하여서 이로써 믿음의 체로 삼아서 대대로 서로 이어 왔거니와 법인, 즉 마음으로 마음을 전하여 누구나 스스로 깨치고 스스로 알게 함이니 예로부터 부처님과 부처님이 오직 이 본체를 전하였고 조사와 조사가 서로 은밀히 붙인 것이 바로 이 본심이니라. 법의는 이것이 다툼의 실마리가 될 터이니 너에게서 그치고 뒤로 전하지 마라. 만약 이 옷을 전한다면 목숨이 실낱에 매달린 것과 같게 되리라. 너는 어서 빨리 떠나거라. 사람들이 너를 해칠까 두렵다.' 하신다.

내가 말씀드렸다. '어느 곳을 향하여 가오리까?'

오조 말씀하셨다. '회懷를 만나면 머물고 회會를 만나거든 숨어라.'

내가 3경에 의발을 받아 들고 또 말씀드렸다. '제자는 본시 남중 사람이라 이곳 산길을 알지 못합니다. 어떻게 하면 강구江口로 빠질 수 있습니까?'

오조 말씀이 '너 걱정할 것 없다. 내가 너를 전송하리라.' 하신다. 오조와 함께 곧 구강역九江驛에 이르니 마침 배 한 척이 있었다. 조께서는 나에게 배에 오르라 하시고 노를 잡으시고 친히 저으셨다.

내가 말씀드리기를 '화상께서는 앉으십시오. 제자가 마땅히 노를 젓겠습니다.' 하니 오조 말씀이 '내가 마땅히 너를 건네주리라.' 하신다.

내가 여쭈었다. '미혹한 때는 스님께서 건네주셨거니와 깨친 다음에는 스스로 건너겠습니다. 건넌다는 말은 비록 하나이오나 쓰는 곳은 같지 않습니다. 혜능은 변방에 태어나서 말조차 바르지 못하옵더니 스님의 법을 받아 이제는 이미 깨쳤사오니 다만 마땅히 자성自性으로 스스로 건널 뿐입니다.'

조께서 말씀하시기를 '옳다. 이후로 불법이 너로 말미암아 크게 행할 것이다. 네가 간 3년 뒤에 나는 세상을 떠날 것[28]이니 너는 이제 잘 가거라. 힘써 남쪽으로 향하여 가되 속히 설하려고 서두르지 마라. 법난法難이 이르리라.' 하셨다.

24

혜흔본(惠忻本)·존중본(存中本)에는 이곳이 다음과 같이 되었는데 뜻이 더욱 명료하다. "오조께서 내가 본성을 깨쳤음을 아시고 혜능에게 말씀하시기를 본심을 알지 못하였다면 법을 배워도 이익이 없느니라. 만약 스스로 본심을 알고 스스로의 본성을 보았으면 이는 곧 장부·천인사·불이라 이름 하느니라(祖知悟本性 謂慧能曰 不識本心 學法無益 若識自本心 見自本性 即名丈夫 天人師 佛)."

25

여래에게는 응공(應供)·정변지(正遍知)·명행족(明行足)·선서(善逝)·세간해(世間解)·무상사(無上士)·조어장부(調御丈夫)·천인사(天人師)·불(佛)·세존(世尊)의 10호가 있는데 여기서는 그 중 셋만 들어 대표하고 있다. 본성을 깨치면 여래와 추호의 차이가 없는 성자이며 10호가 구족하다는 견해에 착목할 일이다.

26

돈교 : 오랫동안 수행하여 점점 깨달음에 이르는 교법을 점교(漸教), 언하에 단번에 깨치는 것을 돈교(頓教)라 한다. 같은 선종에서도 신수 대사의 점오적(漸悟的)인 것과 혜능 조사의 돈오적(頓悟的)인 점은 위 게송에서 명확하다. 육조의 남종(南宗)이 돈교를 강력히 내세우는 이유가 있다.

27

유정이 종자를 내린다 함은 발심(發心), 즉 청정심을 발함을 말함이니 이것은 인(因)이로되 즉시 불과(佛果)가 함께 있는 것이다. 인이 과(果)를 덮고 과(果)가 인(因)에 사무친 것이 인과가 동시인 불종자(佛種子)의 실상이며 돈교의 면목이다. 제3구 이하는 본분전지(本分田地)를 말한 것인데 여기에는 정(情)도, 종(種)도, 성(性)도 없음을 직설한다.
28
오조는 당 고종 상원(上元) 2년(675) 10월 23일 시적(示寂)하였다.
세수 74세. 신라 문무왕 15년이다.

●

次日에 祖ㅡ潛至碓坊하사 見能이 腰石舂米하시고 語曰 求道之人의
爲法忘軀ㅡ當如是乎인저하시고 卽問曰 米熟也未아 能曰 米熟久矣
로대 猶欠篩在니이다 祖ㅡ以杖으로 擊碓三下而去어시늘 能卽會祖意
하고 三皷에 入室한대 祖以袈裟로 遮圍하야 不令人見케하시고 爲說
金剛經어시늘 至應無所住而生其心하야 能이 言下에 大悟하니 一切萬
法이 不離自性이라 遂啓祖言호대 何期自性이 本自淸淨이며 何期自
性이 本不生滅이며 何期自性이 本自具足이며 何期自性이 本無動搖
며 何期自性이 能生萬法이리잇고 祖ㅡ知悟本性하시고 卽名丈夫天人
師佛이라하니라 三更에 受法하니 人盡不知라 便傳頓敎와 及衣鉢云하
사대 汝爲第六代祖하니 善自護念하야 廣度有情하고 流布將來하야 無
令斷絶이어다 聽吾偈하라

有情이 來下種하니
因地에 果還生이로다
無情은 旣無種이라
無性亦無生이로다

祖ㅡ復曰 昔에 達磨大師ㅡ初來此土하시니 人未之信일새 故
傳此衣하사 以爲信體하야 代代相承이어니와 法則以心傳心하야 皆令自
悟自解니 自古로 佛佛이 惟傳本體하시고 師師ㅡ密付本心이라 衣爲爭
端이니 止汝勿傳하라 若傳此衣하면 命如懸絲하리라 汝須速去니 恐人

害汝하노라 能曰 向甚處去리잇고 祖云 逢懷則止하고 遇會則藏하라 惠
能이 三更에 領得衣鉢하고 云호대 能은 本是南中人이라 久不知此山路
하오니 如何出得江口리잇고 五祖言하사대 汝不須憂니 吾自送汝하리라
祖相送하야 直至九江驛邊하시니 有一隻船子라 祖令惠能으로 上船케하
시고 五祖 - 把艣自搖어시늘 惠能이 言하대 請和尙坐하소서 弟子 - 合搖
艣니이다 五祖云하사대 合是吾渡汝하리라 能云호대 迷時에는 師度어니와
悟了엔 自度니 度名은 雖一이오나 用處不同이니이다 惠能은 生在邊方하
야 語音이 不正이나 蒙師付法하야 令己得悟하오니 只合自性自度니이다
祖云 如是如是하다 以後에 佛法이 由汝大行하리라 汝去三年에 吾方逝
世하리니 汝今好去하라 努力向南하되 不宜速說이어다 佛法難起니라

내가 오조께 하직하고 발을 돌려 남쪽으로 향하매 두 달 반 만에
대유령大庾嶺에 이르렀다.

　　　[오조께서 돌아가시어 수일을 상당(上堂)하지 않으시니 대중이 의
　　　심이 들어 나아가 물었다.
　　　"화상이시여, 어디인가 환후라도 계십니까?"
　　　"병은 없다. 의법이 남으로 갔느니라."
　　　"누구에게 전수하셨습니까?"
　　　"능한 자가 얻었느니라." 여기서 대중은 곧 알아차렸다.]

　　뒤에서 수백 명이 쫓아왔으니 의발을 빼앗으려는 것이었
다. 그 가운데 한 중이 있었는데 속성은 진陣이요, 이름은 혜명惠明이
라 하였다. 본시 사품四品 장군으로 성질과 행동이 거칠고 사나웠다.
이 사람이 힘을 다하여 쫓으니 다른 사람보다 앞서 나를 쫓아왔다.
　　나는 의발을 바위 위에 내어 놓으며 '이 옷은 믿음의 표시
이거니 어찌 힘으로 다툴까 보냐?' 하고 나는 수풀 속에 숨었다. 혜

명이 달려와 의발을 잡아 거두려 하였으나 움직이지 않는다.

혜명이 소리쳤다. '행자시여, 행자시여, 저는 법을 위하여 왔습니다. 의발 때문에 온 것이 아닙니다.' 한다. 드디어 내가 나와 반석 위에 앉으니 혜명이 절을 하고 말하였다. '바라옵건대 행자시여, 저를 위하여 법을 설하여 주십시오.' 한다.

내가 말하였다.

'네가 이미 법을 위하여 왔을진대 이제 모든 반연攀緣을 다 쉬고 한 생각도 내지 마라. 너를 위하여 말하리라.' 하고 한참 있다가 혜명에게 말하였다.

'선善29도 생각하지 않고 악도 생각하지 않는 바로 이러한 때, 어떤 것이 명상좌의 본래면목本來面目30인고?' 하니 혜명이 언하에 대오하였다.

그리고 다시 물었다. '화상이시여, 상래의 비밀한 말씀과 비밀한 뜻 외에 다시 다른 비밀한 뜻이 있사옵니까?'

내가 말하였다. '너에게 말한 것은 비밀이 아니니 네가 만약 반조返照하면 비밀은 네 편에 있느니라.'

혜명이 말하기를 '혜명이 비록 황매에 있었사오나 실로는 아직도 자기면목을 살피지 못하였사온데 이제 가르침을 받사오니 마치 사람이 물을 마셔 보고 차고 더운 것을 스스로 아는 것과 같사옵니다. 이제부터 행자님은 이 혜명의 스승이십니다.' 한다.

내가 이르기를 '네가 만약 이와 같을진대 나와 너는 다 함께 황매31를 스승으로 삼을 것이니 앞으로 잘 호지護持32하라.' 하니 혜명이 또 물었다.

'혜명은 금후 어느 곳을 향하여 가오리까?'

내가 말하였다. '원袁을 만나면 멈추고 몽蒙을 만나거든 살라.' 하니 명이 절을 하고 물러갔다.

[명이 고개 아래로 돌아와 뒤쫓는 사람들에게 이르기를 "높은 봉우리 밑까지 가 보아도 종적이 없으니 마땅히 다른 길로 쫓는 것이 좋겠다."고 하니 무리들이 모두 "그러리라" 하고 돌아섰다. 혜명은 뒤에 이름을 도명(道明)이라 고치니 이는 스승의 이름 윗자를 피한 것이다.]

29

고본에는 이 일단의 설법이 없다. 혜흔본에는 주(註)로 보인다.

30

본래면목 : 본지풍광(本地風光) 또는 본분전지(本分田地)라고도 한다. 자타(自他)·득실(得失)·미오(迷悟)·유무(有無)가 끊긴 진리의 본지라고나 할까. 이 절대적인 한 물건을 주체화한 상황. 선은 실로 이 천연 본구(本具)의 심성을 확인하고 이의 주체적이며 전성적(全性的)이며 능동적 활용에 있다.

31

다 함께 황매산 오조의 문손이다. 황매산을 오조 이후 오조산(五祖山)이라고도 하였다.

32

무엇을 호지하라는 것일까? 이것이 바로 육조와 도명이 함께 희롱하고 있는 한 물건이다. 물을 마셔 보고 차고 더움을 스스로 알듯, 이 도리는 직하에 상응하는 데서 점두(點頭)하게 된다.

能이 辭祖已하고 發足南行하야 兩月中間에 至大庾嶺하니 [五祖－歸數日에 不上堂하니 衆疑하야 詣問曰 和尙少病少惱否이가 曰 病卽無라 衣法이 已南矣로다 問호대 誰人傳授니꼬 曰 能者得之니라 衆乃知焉하다] 逐後數百人來하야 欲奪衣鉢할새 一僧이 俗姓陳이요 名惠明이니 先是四品將軍이라 性行이 麤惢하야 極意㣥尋이러니 爲衆人先하야 趁

及於能이어늘 能이 擲下衣鉢於石上하고 云호대 此衣는 表信이거니 可力爭耶아하고 能이 隱於草莽中이러니 惠明이 至하야 提掇不動이라 乃喚云行者行者여 我爲法來요 不爲衣來니이다 能이 遂出하야 坐盤石上하니 惠明이 作禮云호대 望行者는 爲我說法하소서 能이 云호대 汝旣爲法而來댄 可屛息諸緣하야 勿生一念하라 吾爲汝說하리라 良久에 謂明曰 不思善不思惡한 正與麽時에 那箇是明上座 本來面目고 惠明이 言下에 大悟하고 復問云호대 上來密語密意外에 還更有密意否이까 能이 云 與汝說者는 卽非密也니 汝若返照하면 密在汝邊이니라 明曰 惠明이 雖在黃梅나 實未省自己面目이러니 今蒙指示호니 如人이 飮水에 冷暖을 自知라 今行者는 卽惠明의 師也니이다 能이 曰 汝若如是인댄 吾與汝로 同師黃梅호리니 善自護持하라 明이 又問호대 惠明은 今後에 向甚處去리잇고 能이 曰 逢袁則止하고 遇蒙則居하라하니 明이 禮辭하니라 [明이 回至嶺下하야 謂趁衆曰 向陟崔嵬하야도 竟無蹤跡이라 當別道尋之라하니 趁衆이 咸以爲然이라하니라 惠明은 後改道明하니 避師上字니라]

●

내가 뒤에 조계曹溪에 이르니 이곳에서도 또한 악한 무리에 쫓기게 되었다. 이어 사회현四會縣에 들어가 사냥하는 무리들 속에 피난하니 여기서 거의 15년 동안을 사냥꾼들과 함께 지내며 그때그때 정황에 따라 법을 설하며 지냈다. 사냥꾼들은 나에게 항상 그물을 지키게 하였는데 나는 매양 살아 있는 것을 보면 모두 놓아주었으며, 밥 지을 때는 매양 채소를 고기 삶는 냄비 가장자리에 넣어서 익혀 먹었는데 혹 물으면 '나는 다만 고기 곁의 채소만 먹는다'고 대답하였다.

하루33는 생각하니, 때가 바로 마땅히 법을 펼 때라 더 숨어 있을 것이 아니므로 드디어 산에서 나와 광주廣州 법성사法性寺

에 이르렀다. 마침 인종印宗 법사가 『열반경涅槃經』을 강하는 중이었다. 그때 바람이 불어 깃발이 펄럭이는 것을 보고 한 중은 말하기를 '바람이 움직인다' 하고, 다른 한 중은 '깃발이 움직인다' 하며 의논이 끊이지 않는다. 그때 내가 나서서 말하기를 '바람이 움직이는 것도 아니며 깃발이 움직인 것도 아니라, 당신의 마음이 움직인 것이오.' 하였더니 모여 있던 대중이 모두가 놀랐다.

이윽고 인종이 나를 상석으로 맞아 깊은 뜻을 묻고 추궁하였다. 나의 대답이 말은 간략하고 이치는 합당하며 문자에 말미암지 않는 것을 보고 인종이 말하기를

'행자님은 정말 비상한 분이십니다. 오래전부터 황매黃梅의 의법이 남쪽으로 내려왔다는 말을 듣고 있사온데 행자님이 바로 그분이 아닙니까?' 한다.

내가 '그러하외다' 하니 인종이 제자의 예를 갖추어 절을 하고 전래의 의발을 대중에게 내어 보이기를 청하고 다시 묻기를

'황매에서 부촉하실 때의 가르치심이 어떠한 것이옵니까?' 한다. 내가 대답하였다.

'가르침이란 없고 다만 견성見性만을 논할 뿐 선정해탈禪定解脫을 논하지 않았습니다.'

인종이 또 물었다. '어찌하여 선정해탈을 논하지 않습니까?'

'이법二法34이 되기 때문이니 이것은 불법이 아닙니다. 불법은 둘이 아닌 법입니다.' 인종이 다시 물었다.

'어떤 것이 불법의 둘이 아닌 도리입니까?' 내가 말하기를

[법사가 열반경涅槃經35을 강설하매 불성이 이 불법의 둘 아닌 법임을 밝게 보니, 『열반경』에 고귀덕왕보살高貴德王菩薩이 부

처님께 사뢰기를 '사중금계四重禁戒36를 범한 이나 오역죄五逆罪37를 지은 이나 또는 일천제一闡提38 등은 마땅히 선근불성善根佛性이 끊어집니까?' 하니 부처님께서 말씀하시기를 '선근에 둘이 있으니 하나는 상常39이요, 둘은 무상無常이라' 하셨으니 불성은 상도 아니며 무상도 아니오. 이런 고로 끊어지지 않는 것을 둘이 아님이라 하는 것이며, 또한 하나는 선善이요, 둘은 불선不善이니, 불성은 선도 아니며 불선도 아니니 이런 고로 둘이 아니라 하는 것이며, 또한 온蘊40과 계界를 범부는 둘로 보나 지혜 있는 사람은 그 성性을 요달하여 둘로 보지 않으니 둘이 아닌 성품이 곧 불성입니다.] 하였다.

인종이 내 말을 듣고 환희합장하여 말하기를 '제가 경을 강의하는 것은 마치 깨어진 기왓장과 같고 인자仁者의 논의는 진금眞金과 같습니다.' 하였다.

—
33
이때가 의봉(儀鳳) 원년 1월 8일.

34
이법 : 상대의 경계를 말함이니 선정(禪定)은 동요의 상대며, 해탈은 결박의 상대며, 유(有)는 무(無)의 상대가 된다. 불법은 둘이 아닌 법이라 상대 양극이 둘이 아니다. 왜냐하면 본성이 둘이 아니기 때문이다. 최상승법을 논하는 마당에 오직 견성만을 말하는 이유가 여기에 있다.

35
『열반경』:『대반열반경(大般涅槃經)』이다. 불타 입멸에 즈음한 설법. 법신(法身)이 상주불멸(常住不滅)하고 불성(佛性)이 일체 중생에게 갖추어져 있으며 열반이란 죽음이나 없어짐이 아니라 상락아정(常樂我淨)의 4덕(四德)이 있음을 밝힌다.

36
사중금 : 가장 엄중한 금계 네 가지. 살생·도둑질·사음(邪婬)·대

망어(大妄語).

37

오역죄 : 다섯 가지 중죄인데 소승의 오역죄는 부모와 아라한을 죽이거나 부처님 몸에서 피를 내거나 화합된 대중을 파하는 것이고, 대승의 오역죄는 탑이나 절을 파괴하거나 불법을 비방하거나 출가인의 수행을 방해하거나 인과를 부정하는 것 등인데 악도(惡途)에 떨어지는 근본이 된다.

38

일천제 : icchantika. 선근이 아주 끊어진 자, 또는 욕심이 극심한 자의 뜻으로 종래 성불의 분이 없다고 하여 왔다. 그러나 『열반경』에서는 성불을 긍정한다. 일체 중생의 본성이 불성이기 때문이다.

39

상(常)은 영원한 것. 무상(無常)은 전전변멸(轉轉變滅)하는 것.

40

온 : skandha. 음(陰)이라고도 하는데 '쌓인 것'의 뜻. 본심에 엉긴 망념의 축적. 계(界)는 dhatu. 요소 또는 경계의 뜻인데 18계 등이다. 온이 경계를 형성한다.

能이 後至曹溪한대 又被惡人에 尋逐이라 乃於四會縣하야 避難할새 獵人隊中에 凡經十五載라 時與獵人으로 隨宜說法하더니 獵人이 常令守網하게한데 每見生命하면 盡放之하고 每至飯時하야는 以菜로 寄煮肉鍋라가 或이 問則 對曰 但喫肉邊菜로라하니라

一日에 思惟호되 時當弘法이라 不可終遯이라하고 遂出至廣州法性寺하니 値印宗法師의 講涅槃經이라 時에 有風吹幡動이라 一僧은 云 風動이라하고 一僧은 云幡動이라하야 議論이 不已어늘 能이 進曰 不是風動이며 不是幡動이요 仁者의 心動이라하니 一衆이 駭然이어늘 印宗이 延至上席하야 徵詰奧義할새 見能의 言簡理當하야 不由文字하고 宗

云 行者는 定非常人이라 久聞黃梅衣法이 南來러니 莫是行者否아 能曰
不敢이로라 宗이 於是에 執弟子禮하야 告請傳來衣鉢을 出示大衆하고
宗이 復問曰 黃梅付囑이 如何指授이니까 能曰 指授卽無라 唯論見性이
요 不論禪定解脫이니라 宗曰 何不論禪定解脫이니고 謂曰 爲是二法이
라 不是佛法이니 佛法은 是不二之法이니라 宗이 又問 如何是佛法不二
之法이니고 能曰 法師 - 講涅槃經하야 明見佛性이 是佛法不二之法이
니 如涅槃經에 高貴德王菩薩이 白佛言하사되 犯四重禁과 作五逆罪와
及一闡提等이 當斷善根佛性否이까 佛言하사되 善根이 有二하니 一者
는 常이요 二者는 無常이니 佛性은 非常非無常일새 是故로 不斷이 名
爲不二며 一者는 善이요 二者는 不善이니 佛性은 非善非不善일새 是名
不二라하시니 蘊之與界를 凡夫는 見二어니와 智者는 了達其性하야 無二
니 無二之性이 卽是佛性이니라 印宗이 聞說하고 歡喜合掌言하대 某甲
의 講經은 猶如瓦礫이요 仁者의 論義는 猶如眞金이니다하니라

●

이에 인종이 나로 하여금 머리를 깎게 하고 나를 스승으로 섬기기를
원하니 드디어 내가 보리수 하에 동산東山41 법문을 열게 되었느니라.

　　　　내가 동산에서 법을 얻은 후 갖은 신고를 모두 받으면서
목숨이 마치 실낱에 달린 듯했더니, 금일 사군과 관료와 승니도속
들과 더불어 이와 같이 모임을 함께 하게 되니 이것이 어찌 누겁의
인연이 아니랴. 또한 이것은 과거생 중에 제불에 공양하고 함께 선
근을 심었으므로 이제 바야흐로 돈교의 법을 얻는 인因을 얻은 것
이다. 이 가르침은 먼저 성인께서 전하신 바요, 결코 이 혜능 스스
로의 지혜[自智]가 아니니, 옛 성인의 가르침을 배우기를 원하는 이
는 각기 마음을 깨끗이 하고, 자세히 듣고 각기 스스로의 의심을

제하라. 선대 성인과 다름이 없으리라."42

대사43께서 다시 대중에게 말씀하셨다.

"선지식아, 보리반야의 지혜는 세간 사람이 다 본래부터 스스로 가지고 있는 것인데 다만 마음이 미혹하여 스스로 깨닫지 못할 따름이니 모름지기 큰 선지식의 가르침과 인도함을 빌어서 견성하여야 하느니라. 마땅히 알라. 어리석은 자와 지혜 있는 사람이 불성에는 본래 차별이 없는 것이요, 다만 미혹함과 깨친 것이 다를 뿐이다. 이 까닭에 어리석음도 있고 슬기로움도 있는 것이다. 내 이제 마하반야바라밀법을 설하여 너희들로 하여금 각기 지혜를 얻게 하리니 지극한 마음으로 자세히 들어라. 너희들을 위하여 설하리라.

41

동산 : 오조를 가리킴.

42

타본에는 이 이하에 다음의 말이 보인다. '그대 대중이 설법을 듣고 환희하여 물러가다.'

43

타본은 이 이하를 '반야품(般若品) 제2'로 한다.

於是에 爲能剃髮하고 願事爲師어늘 能히 遂於菩提樹下에 開東山法門하니라 能히 於東山에 得法하고 辛苦受盡하야 命似懸絲러니 今日에 得與史君官僚와 僧尼道俗으로 同此一會하니 莫非累劫之因이요 亦是過去生中에 供養諸佛하야 同種善根일새 方始得聞如上頓教得法之因이니 教是先聖所傳이요 不是惠能自智니 願聞先聖教者는 各令淨心하야 聞了코 各自除疑하면 如先代聖人으로 無別이니라

師復告衆曰 善知識아 菩提般若之智는 世人本自有之언만은

只緣心迷하야 不能自悟하나니 須假大善知識의 示導見性이니라 當知
愚人智人의 佛性本無差別이언만 只緣迷悟不同일세 所以로 有愚有智
니라 吾今爲說摩訶般若波羅蜜法하야 使汝等으로 各得智慧하리니 志
心諦聽하라 吾爲汝說하니라

●

선지식아, 세상 사람이 입으로는 종일 반야를 외나 자성 반야를 알
지 못하니 마치 말로만 음식 이야기를 아무리 하여도 배부를 수 없
는 것과 같아서 다만 입으로만 공空을 말한다면 만겁을 지내더라
도 견성하지 못하리니 마침내 아무 이익이 없느니라.

선지식아, '마하반야바라밀'이라는 말은 이것이 범어이니
여기 말로는 큰 지혜로 피안彼岸에 이르렀다는 말이니라. 이는 모
름지기 마음에서 행하는 것이요, 입으로 외는 데 있는 것이 아니니,
입으로 외우더라도 마음에서 행하지 않는다면 꼭두각시와 같고
허깨비와도 같으며 이슬과 같고 번개와도 같아서 실이 없으나 입
으로 외고 마음으로 행한다면 곧 마음과 입이 서로 응할 것이니라.
본 성품 이것이 불이니 성품을 떠나서는 따로 부처가 없느니라.

다음에 어떤 것을 마하摩訶라고 하는가? '마하'는 크다는
말이니 심량心量이 광대하여 마치 허공과도 같아서 가없으며 또한
모나거나 둥글거나 크고 작은 것이 없으며 청·황·적·백 등 빛깔
도 아니며 위아래도 길고 짧음도 없으며 성날 것도 기쁠 것도 옳은
것도 그른 것도 없으며, 착한 것도 악한 것도 없으며, 머리도 꼬리
도 없으니 제불의 국토도 또한 이와 같이 다 허공과 같느니라. 세
간 사람의 묘한 성품도 본래 공하여 가히 한 법도 얻을 수 없으니
자성이 참으로 공함이 또한 다시 이와 같느니라.

선지식아, 내가 지금 공을 설하는 것을 듣고 공에 집착하지 않도록 하라. 무엇보다 첫째로 공을 집착하지 말아야 하느니라. 만약 마음을 비워 고요히 앉는다면 곧 무기공無記空에 떨어지리라. 선지식아, 세계 허공이 능히 만물과 색상色像을 갈무리고 있어 일월日月 성숙星宿과 산하대지와 샘이나 물골이나 또한 개울이나 초목 총림과 악인·선인·악법·선법·천당·지옥이며 일체 대해와 수미須彌 제산이 다 허공 가운데 있는 것과 같이 세인의 성품이 공한 것도 또한 이와 같으니라.

●

善知識아 世人은 終日口念般若호대 不識自性般若하니 猶如說食不飽라 口但說空하면 萬劫에도 不得見性이라 終無有益이니라

善知識아 摩訶般若波羅蜜은 是梵語어든 此言에 大智慧到彼岸이니라 此須心行이요 不在口念이니 口念心不行하면 如幻如化하며 如露如電이요 口念心行하면 則心口相應하야 本性이 是佛이니 離性無別佛이니라 何名摩訶오 摩訶는 是大니 心量이 廣大하야 猶如處空하야 無有邊畔하며 亦無方圓大小하며 亦非靑黃亦白이며 亦無上下長短이며 亦無瞋無喜하며 無是無非하며 無善無惡하며 無有頭尾라 諸佛刹土 盡同虛空이니 世人의 妙性이 本空하야 無有一法可得이라 自性眞空도 亦復如是하니라 善知識아 莫聞吾說空하고 便卽着空이니 第一莫着空이어다 若空心靜坐하면 卽着無記空하리라 善知識아 世界虛空이 能含萬物色像이라 日月星宿과 山河大地와 泉源溪澗과 草木叢林과 惡人善人과 惡法善法과 天堂地獄과 一切大海와 須彌諸山이 總在空中하니 世人性空도 亦復如是하니라

●

선지식아, 자성이 능히 만법을 머금고 있는 것이 이것이 큰 것이니, 만법이 모든 사람의 성품 중에 있느니라. 만약 모든 사람이 하는 일에 선이나 악을 볼 때 모두들 취하지도 않고 버리지도 않으며 또한 물들거나 집착하지도 아니하여 마음이 마치 저 허공과 같은 것을 이름하여 크다 하는 것이니 이 까닭에 '마하'라 하느니라.

　　　선지식아, 미혹한 사람은 입으로만 말하고 지혜 있는 사람은 마음으로 행하느니라. 또한 미혹한 사람이 있어 마음을 비우고 고요히 앉아 아무런 생각도 하지 않는 것을 가리켜 스스로 큰 것이라고 일컫는다면 이러한 무리와는 더불어 말조차 하지 마라. 지견知見이 삿되기 때문이니라.

　　　선지식아, 심량이 광대하여 법계에 두루하니 작용을 하면 요요분명하여 응용함에 곧 일체를 알며, 일체가 곧 하나요 하나가 곧 일체여서 거래에 자유로워 심체가 막힘이 없는 것이 이것이 반야니라.

　　　선지식아, 일체의 반야지는 모두가 자성에서 나[生]는 것이요 밖에서 들어오는 것이 아니니, 그릇 생각하지 않는 것을 참 성품을 스스로 쓴다 하는 것이니라. 하나가 참되매 일체가 참되느니라. 마음은 큰일[大事]을 헤아리고 작은 도행道行도 행하지 않으면서 입으로는 종일 공을 말하고 마음에 이 행을 닦지 않는 이런 일을 하지 말지니 이는 흡사 범인凡人이 국왕을 자칭하는 것과 같아서 아무 소용없나니 이런 자는 나의 제자가 아니니라.

　　　선지식아, 무엇을 '반야'라 할 것인가? 반야라 함은 여기 말로 지혜라. 일체처 일체시에 생각생각 어리석지 아니하여 항상 지혜를 행하는 것이 곧 반야행이니라. 한 생각 어리석으면 곧 반야가 끊어짐이요, 한 생각 슬기로우면 곧 반야가 나는 것이니라. 세상 사람들이 어리석고 미혹하여 반야는 보지 못하면서 입으로만 반야를 말하며 마음속은 항상 어리석으면서 항상 말하기는 내가 반야를 닦는다고 한다. 생각생각마다 공을 말하나 진공眞空은 알지 못하는 것이다. 반야는 형상이 없는 것이라 지혜심이 바로 이것이니 만약 이와 같이 알면 곧 반야지라 할 것이니라.

●

善知識아 自性이 能含萬法이 是大라 萬法이 在諸人性中하니 若見一切의 惡之與善하야도 盡皆不取不捨하며 亦不染着하야 心如虛空이 名之爲大라 故曰 摩訶니라 善知識아 迷人은 口說하고 智者는 心行이니라 又有迷人이 空心靜坐하야 百無所思하야 自稱爲大하나니 此一輩人은 不可與語니 爲邪見故니라 善知識아 心量이 廣大하야 遍周法界하야 用卽了了分明하야 應用에 便知一切하야 一切卽一이며 一卽一切라 去來自由하야 心體無滯가 卽是般若니라 善知識아 一切般若智 - 皆從自性而生이요 不從外入이니 莫錯用意 - 名爲眞性自用이니라 一眞에 一切眞이니 心量大事하고 不行小道하며 口莫終日說空하고 心中에 不修此行이니 恰似凡人이 自稱國王이라도 終不可得인달하니 非吾弟子니라

善知識아 何名般若오 般若者는 唐言에 智慧也니라 一切處所와 一切時中에 念念不愚하야 常行智慧 - 卽是般若行이니 一念愚하면 卽般若絶이요 一念智하면 卽般若生이니라 世人愚迷하야 不見般若하고 口說般若호대 心中常愚하야 常自言 我修般若하며 念念說空호대 不識眞空하나니라 般若는 無形相이라 智慧心이 卽是니 若作如是解하면 卽名般若智니라

●

‘바라밀’이란 무엇일까? 이는 서쪽나라 말이니 여기 말로는 피안彼岸에 이르렀다는 말이라 생멸을 여의었다는 뜻이니라. 경계를 집

착하면 생멸이 이[生]나니, 이는 물에 물결이 이는 것과 같아서 이것이 곧 이 언덕이요, 경계를 여의면 생멸이 없나니 이는 물이 항상 자유로이 통해 흐르는 것과 같아서 이것이 곧 피안이 됨이라. 그러므로 바라밀이라 하느니라. 선지식아, 미혹한 사람은 입으로만 외우므로 외고 있을 때에는 망妄도 있고 비非도 있지만 만약 생각생각마다 행하면 이것이 곧 진성眞性이니라. 이 법을 깨달으면 이것이 반야법이요, 이 행을 닦으면 이것이 반야행이니라. 닦지 않으면 즉 범부요, 일념 수행하면 자신이 불과 같으니라.

선지식아, 범부가 곧 불이요, 번뇌가 곧 보리菩提니 전념前念이 미혹하면 즉 범부요, 후념後念이 깨달으면 즉 불이라, 전념이 경계에 집착하면 번뇌가 되고 후념이 경계를 여의면 즉시 보리니라.

선지식아, 마하반야바라밀이 가장 높고 가장 위며 가장 으뜸이니 현재도 없고 과거도 없으며 또한 미래도 없으니 3세제불이 이 가운데서 나오느니라. 마땅히 대지혜를 써서 오온五蘊44 번뇌 망상을 타파하라. 이와 같이 수행하면 결정코 불도를 이루리니 삼독三毒45이 변하여 계戒 정定 혜慧46가 되느니라.

선지식아, 나의 이 법문은 한 반야로부터 팔만 사천의 지혜를 내느니라. 무슨 까닭일까? 세간 사람이 팔만 사천의 진로塵勞47가 있기 때문이니 만약 번뇌가 없으면 지혜가 항상 드러나 자성을 여의지 않느니라.

이 법을 깨달은 자는 곧 생각도 없고 기억도 없고 집착도 없어서 거짓과 망령을 일으키지 아니하고 스스로의 진여성眞如性48을 써서 지혜로 일체법을 관조49하여 취하지도 아니하고 버리지도 않나니 이것이 곧 견성이요, 불도를 이룸이니라.

44

오온(五蘊) : 앞에 보인 온(蘊)의 갖춘 말. 모아 쌓은 것. 화합하여 이루어지고 생멸하고 변화하는 것들을 종류대로 다섯으로 구별한 것, 색온(色蘊)·수온(受蘊)·상온(想蘊)·행온(行蘊)·식온(識蘊) 등이다

45

삼독 : 원만 청정한 마음을 흐리고 어둡게 하여 그 공능을 감쇄하는 것이 독인데 탐(貪)·성냄[瞋]·어리석음[痴]이 이것. 3계는 3독의 반영이다.

46

이 셋을 삼학(三學)이라 한다. 3독을 대치한다.

47

8만 4천의 번뇌다. 이 번뇌를 없이 한다는 뜻이 아니다. 번뇌의 성품을 보는 것이니 여기서는 번뇌가 번뇌가 아니다.

48

진여 : tathātā, 본연대로의 모습. 진실하여 영원불변의 뜻. 존재의 본성으로 모든 차별상을 초월한 절대적인 것을 가리킨다. 여래 법신이며 일체 중생의 자성이다.

49

관조 : 일체법의 현상에 걸림 없이 진실하며 절대적인 실상에서 관하는 것.

●

何名波羅蜜고 此는 西國語어든 唐言은 到彼岸이니 解義하면 離生滅이라 著境하면 生滅起하야 如水有波浪이 卽名爲此岸이요 離境無生滅하야 如水常通流 – 卽名爲彼岸이니 故號波羅蜜이니라

善知識아 迷人은 口念이라 當念之時에 有妄有非어니와 念念若行하면 是名眞性이니 悟此法者는 是般若法이요 修此行者는 是般若行이라 不修하면 卽凡이요 一念修行하면 自身等佛이니라 善知識아 凡夫

卽佛이오 煩惱卽菩提이니 前念이 迷하면 卽凡夫요 後念이 悟하면 卽佛이며 前念이 著境하면 卽煩惱요 後念이 離境하면 卽菩提니라

善知識아 摩訶般若波羅蜜이 最尊最上最第一이니 無住無往하며 亦無來하야 三世諸佛이 皆從中出이라 當用大智慧하야 打破五蘊煩惱塵勞니 如此修行하면 定成佛道하야 變三毒하야 爲戒定慧니라

善知識아 我此法門은 從一般若하야 生八萬四千智慧니 何以故오 爲世人이 八萬四千塵勞일새니 若無塵勞하면 智慧常現하야 不離自性이니라 悟此法者는 卽是無念無憶無著하야 不起誑妄하고 用自眞如性하야 以智慧觀照하야 於一切法에 不取不捨니 卽是見性成佛道니라

●

선지식아, 만약에 깊은 법계와 반야삼매에 들고자 하면 모름지기 반야행을 닦고 『금강반야경』을 지송하라. 곧 견성하리라. 마땅히 알라. 이 공덕이 무량무변함을 경 가운데서 분명히 찬탄하셨으니 이를 다 말할 수 없느니라.

이 법문은 이것이 최상승最上乘이라. 큰 지혜 있는 사람을 위하여 설한 것이며, 상근인上根人을 위하여 설한 것이니라. 그러므로 지혜가 적고 근기根機가 얕은 자는 이 법문을 들어도 마음에서 믿음이 나지 않느니라. 왜냐하면 비유를 들건대 큰 용이 염부제閻浮提50에 큰비를 내린다면 성읍이나 마을이 모두가 마치 대추나무 잎을 띄운 것과 같이 떠내려가겠지만 만약 큰바다에 비를 내린다면 늘지도 않고 줄지도 않나니 이와 같이 만약 대승인이나 최상승인이 『금강경』 설함을 들으면 곧 마음이 열려 깨치리라. 이 까닭에 마땅히 알지라. 원래 본성에는 스스로 반야의 지혜가 있어서 스스로의 지혜로써 항상 관조하므로 문자를 빌지 않나니, 비유하면 비와

같은 것이니라. 비는 본래 하늘에서 내리는 것이 아니라 원래 이것은 용이 일으켜서 일체 중생과 일체 초목과 유정 무정으로 하여금 모두 다 윤택하게 하고 모든 냇물은 바다로 흘러들어 마침내 하나로 합치게 되나니 중생 본성의 반야의 지혜도 또한 이와 같으니라.

선지식아, 근기가 낮은 사람이 이 돈교법문을 들으면 마치 뿌리가 약한 초목이 큰비를 맞으면 모두 다 쓰러져 자라지 못하는 것처럼 근기가 낮은 사람도 또한 이와 같으니라. 원래 반야 지혜를 갖추고 있기는 큰 지혜 있는 사람과 조금도 차별이 없거니 어찌하여 법문을 듣고 스스로 개오하지 못할까? 이는 사견과 중한 업장과 번뇌의 뿌리가 깊기 때문이니 마치 큰 구름이 해를 가렸을 때 바람이 불지 않으면 햇볕이 드러나지 않는 것과 같느니라. 반야의 지혜는 크고 작은 것이 없으나 일체 중생의 마음이 미迷와 오悟가 같지 않기 때문에 마음이 미혹하여 밖을 보고 수행하며 불을 찾으므로 자성은 보지 못하니 이것은 근기가 낮은 것이니라. 만약 돈교를 깨달아서 밖을 향하여 닦는 것을 국집하지 아니하고 다만 자기 마음에서 정견正見51을 일으켜서 항상 번뇌의 티끌에 물들지 않는다면 이것이 곧 견성이니라.

—

50

염부제(jambu-dvīpa) : 수미산 주위의 사주(四洲) 중 하나로서 수미산 남쪽에 있고 짠물 바다에 둘러싸여 있다고 함. 남염부제라고도 하고 이 세계를 가리킴.

51

정견 : 생각생각 자성을 여의지 않음을 말한다. 여기에는 깨달음도 없고 깨닫지 않음도 없으니 본성에는 미오(迷悟) 자타의 차별이 없다. 불법은 정견이 근본이니 필경 얻는 것이 아니며 오직 바른 지견을 열 뿐이다. 따라서 선지식의 제일 조건은 바로 정지견임은 앞서 말한 바이다.

善知識아 若欲入甚深法界와 及般若三昧者인댄 須修般若行하야 持
誦金剛般若經하면 卽得見性이니 當知此功德이 無量無邊하니라 經中
에 分明讚嘆하야 莫能具說이로다 此法門은 是最上乘이니 爲大智人說
이며 爲上根人說이라 小根小智人이 聞하면 心生不信이니 何以故오 譬
如大龍이 下雨於閻浮提하면 城邑聚落이 悉皆漂流하야 如漂棗葉이어
니와 若雨大海하면 不增不減이니라 若大乘人과 若最上乘人이 聞說金
剛經하면 心開悟解하니 故知本性이 自有般若之智니 自用智慧하야 常
觀照故로 不假文字니라 譬如雨水－不從天有라 元是龍能興致하야
令一切衆生과 一切草木과 有情無情이 悉皆蒙潤하고 百川衆流－却
入大海하야 合爲一體인달하야 衆生本性의 般若之智도 亦復如是하니라

善知識아 小根之人이 聞此頓敎하면 猶如草木의 根性小者
－若被大雨하면 悉皆自倒하야 不能增長인달하야 小根之人도 亦復如
是하니라 元有般若之智하야 與大智人으로 更無差別이언마는 因何聞法
에 不自開悟오 緣邪見障重하고 煩惱根深이니 猶如大雲이 覆盖於日에
不得風吹하면 日光이 不現이니라 般若之智도 亦無大小이언마는 爲一
切衆生의 自心迷悟－不同하야 迷心外見하야 修行覓佛하고 未悟自性
일세 卽是小根이니 若開悟頓敎하야 不執外修하고 但於自心에 常起正
見하야 煩惱塵勞에 常不能染하면 卽是見性이니라

선지식아, 안과 밖에 머물지 아니하고 가고 옴이 자유로워 능히 집
착심을 버리면 일체에 통달하여 걸림이 없으리니, 능히 이 행을 닦
으면 『반야경』과 더불어 본래부터 차별이 없으리라.

선지식아, 일체 수다라修多羅52와 모든 문자인 대소이승大

小二乘의 12부경[53]이 사람으로 인하여 있는 것이며, 지혜의 성품으로 말미암아 능히 건립된 것이니 만약 세간 사람이 없으면 일체 만법이 본래 있을 수 없느니라. 이 까닭에 알아라. 만법이 본래 사람으로 인하여 일어나는 것임을!

일체 경서도 사람을 위하여 설하게 되니 그 사람 가운데는 어리석은 자도 있고 슬기로운 자도 있어서 어리석은 자는 소인이라 하고 슬기로운 자는 대인이라 하느니라. 어리석은 자는 지혜 있는 사람에게 묻고, 지혜 있는 사람은 어리석은 사람과 더불어 법을 설하므로 어리석은 사람이 홀연히 마음이 열려 깨치게 되면 곧 지혜 있는 사람과 다를 바가 없느니라.

선지식아, 깨닫지 못하면 불이 곧 중생이요, 한 생각 깨달을 때 중생이 곧 불이니라. 이 까닭에 알아라. 만법이 모두가 자기 마음에 있는 것이거늘 어찌하여 자심 중에서 바로 진여眞如 본성을 보지 못하는가. 『보살계경菩薩戒經』[54]에 이르기를 '나의 본원 자성이 본래 청정하니 만약 자심을 알면 견성이라. 모두가 불도를 이루리라.' 하였으며, 『정명경淨名經』에 이르기를 '즉시에 활연豁然하면 도리어 본심을 얻는다.' 하였느니라.

선지식아, 내가 인忍 화상 회하에서 한 번 듣고 언하에 문득 깨달아 직하에 진여본성眞如本性을 보았으니 그러므로 이 교법을 널리 펴 내려가 도를 배우는 자로 하여금 보리를 단번에 깨닫도록 하여 각기 스스로 마음을 보고 스스로 본성을 보게 하느니라. 만약 스스로 깨닫지 못하거든 모름지기 최상승법을 아는 대선지식을 찾아서 바른길의 가르침을 받아라. 이러한 선지식은 큰 인연이 있어서 이른바 중생을 교화하고 인도하여 견성토록 하나니 일체 선법은 모두 선지식으로 인하여 능히 일어나느니라.

　　3세 제불의 12부경이 모든 사람의 성품 가운데에 본래 스스로 갖추어져 있으나 이를 능히 스스로 깨닫지 못하면 모름지기 선지식의 가르침을 구하여야 바야흐로 보게 되려니와 만약 스스로 깨친 자는 밖으로 구할 것이 없느니라. 그러나 만약 일향 모름지기 다른 선지식의 지시를 기다려 해탈을 바라볼 수 있다고 국집한다면 이도 또한 옳지 않으니 왜냐하면 자기 마음속에 선지식이 있어서 스스로 깨닫는 것인데, 만약 삿되고 미혹한 마음을 일으켜 망념으로 전도하면 비록 밖으로 선지식의 가르침이 있더라도 아무 소용이 없느니라. 만약 바르고 참된 반야를 일으켜 관조한다면 일찰나간에 망념이 모두 없어지나니 만약 자성을 알아 한번 깨달으면 단번에 불지佛地에 이르느니라.

　　52
수다라경 : sūtra. 부처님의 직설을 적은 경. 계경(契經), 정경(正經)이라 번역된다. 율(律)·논(論)과 함께 3장이라 한다.

　　53
12부경 : 부처님의 일대 교설을 그 경문의 성질과 형식으로 구분하여 열둘로 나눈 것. 수다라(經), 기야(祇夜 - 中頌), 화가라나(授記), 가타(孤起頌), 우타나(無問自說), 니타나(因緣), 아파타나(譬喻), 이제왈다가(本事), 자타카(本生), 비불략(方等), 아부타달마(未曾有), 우파제사(論議)의 12. 불타의 모든 경교를 가리킴.

　　54
『보살계경』:『범망경(梵網經)』이다.『정명경』은『유마경(維摩經)』.

●

善知識아 內外不住하고 去來自由하야 能除執心하야 通達無碍니 能修此行하면 與般若經으로 本無差別이니라

善知識아 一切修多羅와 及諸文字인 大小二乘의 十二部經이 皆因人置라 因智慧性하야 方能建立이니 若無世人이면 一切萬法이 本自不有라 故知萬法이 本自人興이며 一切經書 - 因人說有라 緣其人中에 有愚有智하야 愚爲小人하고 智爲大人이라 愚者는 問於智人하고 智者는 與愚人說法하나니 愚人이 忽然悟解心開하면 卽與智人으로 無別이니라

善知識아 不悟 卽佛 是衆生이요 一念悟時에는 衆生이 是佛이라 故知萬法이 盡在自心이니 何不從自心中하야 頓見眞如本性고 菩薩戒經에 云 我本元自性이 淸淨하니 若識自心見性하면 皆成佛道라하며 淨名經에 云 卽時豁然하면 還得本心이라하시니라

善知識아 我於忍和尙處에 一聞에 言下便悟하야 頓見眞如本性일새 是以로 將此敎法流行하야 令學道者로 頓悟菩提하야 各自觀心하야 自見本性케하노니 若自不悟인댄 須覓大善知識 解最上乘法者의 直示正路니 是善知識은 有大因緣이라 所謂化導하야 令得見性이니 一切善法이 因善知識하야 能發起故니라

三世諸佛의 十二部經이 在人性中하야 本自具有언마는 不能自悟일새 須求善知識의 指示하야사 方見이어니와 若自悟者는 不假外求니라 若一向執謂호대 須要他善知識하야 望得解脫者는 無有是處니 何以故오 自心內에 有知識自悟니 若起邪迷하야 妄念顚倒하면 外善知識이 雖有敎授라도 救不可得이어니와 若起正眞般若觀照하면 一刹那間에 妄念이 俱滅하니 若識自性 一悟하면 卽至佛地하리라

선지식아, 지혜로 비추어 보면 안과 밖이 밝게 사무쳐서 자기의 본심을 아나니 만약 본심을 알면 이것이 곧 본 해탈이며, 만약 해탈을 얻었으면 곧 그것이 반야삼매般若三昧며 또한 이것이 무념無念이니

라. 어찌하여 무념이라 할까? 만약 일체법을 보더라도 마음에 물들고 집착하지 않으면 이것이 무념이라. 작용을 일으킨 즉 일체처에 두루 하되 일체처에 착하지 않으며 다만 본심을 깨끗이 하여 육식六識55으로 하여금 육문六門으로 나오더라도 육진六塵 중에 들지 아니하고 섞이지도 아니하며, 오고 감에 자유롭고 통용에 걸림이 없으니 이것이 즉시 반야삼매며 자재해탈이니 그 이름이 무념행이니라.

그러나 만약 아무것도 생각하지 아니하고 생각을 끊는다면 이것은 법박法縛56이며 변견邊見57이니라.

선지식아, 무념법을 깨달은 자는 만법에 걸림없이 통하며, 무념법을 깨달은 자는 제불 경계를 보며, 무념법을 깨달은 자는 불지위에 이르느니라. 선지식아, 뒷날 나의 법을 얻은 자가 이 돈교 법문을 가지고 견해를 같이하며 행을 같이하기로 원을 발하며58, 받아 지니기를 부처님 섬기듯이 하며, 종신토록 물러서지 않는다면 결정코 성인 지위에 들리라. 그리고 나의 법을 얻은 자는 모름지기 위로부터 내려오면서 말없이 분부하심을 모두 전수하여 정법을 숨김이 없이 하라. 그러나 만약 견해가 같지 않고 행이 같지 않아 다른 법에 있는 자이거든 법을 전하지 마라. 그의 앞 사람을 손해하고 마침내 아무런 이익이 없으리니 저 어리석은 사람이 알지 못하고 이 법문을 비방함으로써 백겁百劫 천생千生으로 부처 종자를 끊을까 두려우니라.

—

55

육식 : 안식(眼識) · 이식(耳識) · 비식(鼻識) · 설식(舌識) · 신식(身識) · 의식(意識). 육문은 육식이 바깥으로 통하는 문이니 안근(眼根) · 이근(耳根) · 비근(鼻根) · 설근(舌根) · 신근(身根) · 의근(意根)의 6근.

육진은 육식의 대상이 되는 여섯이니 색진(色塵)·성진(聲塵)·향진(香塵)·미진(味塵)·촉진(觸塵)·법진(法塵).

56

법박 : 법은 상이 없는 것인데도 법상(法相)을 두고 아무것도 없는 것이 법이거니 하거나 또는 법이라는 한 물건을 두어 국집하면 법에 얽힘이 된다. 법은 실로 주체적인 것이요, 대상이 될 수 없는 것. 이를 모르면 법의 이름 밑에 법상을 내며 이론을 국집하여 도리어 결박이 되니 이것이 법박이다.

57

변견 : 변집견(邊執見)이라고도 한다. 극단으로 치우쳐 집착하는 견해. 아(我)가 영구불변이라는 상견(常見)이나 죽음과 함께 끊어진 듯 없다는 단견(斷見)이 모두 변견이다.

58

서원력이 공부의 진취 여부를 결정하는 동력이다. 서원 없이 구경의 승리 없다. 수행인은 첫째 깊은 서원을 발하여야 하는 것.

善知識아 智慧觀照하면 內外明徹하야 識自本心이니 若識本心하면 即本解脫이요 若得解脫하면 即是般若三昧며 即是無念이라 何名無念고 若見一切法하야도 心不染着이 是爲無念이니 用即徧一切處호대 亦不著一切處하고 但淨本心하야 使六識으로 出六門호대 於六塵中에 無染無雜하야 來去自由하야 通用無滯 — 即是般若三昧며 自在解脫이니 名無念行이어니와 若百物을 不思하야 當令念絶인댄 即是法縛이라 即名邊見이니라 善知識아 悟無念法者는 萬法盡通하며 悟無念法者는 見諸佛境界하며 悟無念法者는 至佛地位니라 善知識아 後代에 得悟法者 — 將此頓敎法門하야 於同見同行에 發願受持호대 如事佛故로 終身而不退者는 定入聖位하리라 然이나 須傳授從上以來默傳分付하야 不得匿其正法이나 若不同見同行하야 在別法中인댄 不得傳付니라 損彼前人하야 究竟無益이

니 恐愚人이 不解하고 謗此法門하야 百劫千生에 斷佛種性일까하노라

●

선지식아! 나에게 한 무상송無相頌이 있으니 모름지기 각기 외워 지녀라. 재가인이든 출가인이든 다만 이에 의하여 닦아라. 만약 스스로 닦지 아니하고 오직 내 말만 왼다면 또한 아무 이익이 없느니라, 나의 송頌을 들어라.

> 무애설법無碍説法59 진여眞如 마음 모두 통하니
> 태양이 허공에 있음과 같네.
> 오직 견성하는 이 법 전하여
> 세간에 드러내어 사종邪宗 깸[破]일세.
>
> 법인즉 돈頓도 점漸도 없는 것인데
> 중생의 미오迷悟 따라 늦고 빠르네.
> 성품 보아 부처 되는 이 수승한 문을
> 어리석은 무리들이 어찌 다 알까?
>
> 말로 하면 만 가지로 벌어지지만
> 이치에 들어서면 모두가 하나.
> 번뇌의 안개 속 어두운 집안에
> 지혜의 밝은 태양 항상 빛내라.
> 사념邪念일 때 번뇌가 이는 것이며
> 정념이면 번뇌가 가시는지라.
> 사邪와 정正 모두 여의어 쓰지 않을 때
> 생멸 없는 청정지에 이르렀더라.
>
> 보리는 본래 이 자성이니
> 마음을 일으킬 때 즉시 망妄이라.
> 정심淨心이란 망념60 중에 있는 것이니
> 다만 정심正心이면 삼장三障61이 없네.

세간 사람 만약에 수도하는 데는
일체 세간사가 방해 안 되니
항상 스스로 제 허물 보면62
도와 더불어 서로 맞으리.

일체 중생63 제각기 도가 있으니
서로서로 방해 없고 괴로움 없으리.
만약에 도를 떠나 도를 찾으면
목숨은 다하여도 도는 못 보리.
부질없이 바쁘게 일생 보내다
백발이 찾아드니 뉘우치누나.

만약에 참된 도를 보고자 하면,
행이 바름이여 이것이 도니
만약에 스스로 도심 없으면
어둠 속을 감이라 도는 못 보리.

참되게 도를 닦는 사람이라면
세간 사람 허물을 보지 않나니
만약 다른 사람 허물을 보면
도리어 제 허물이 저를 지나니
다른 사람 그르고 나는 옳다면
내가 그르게 여김이 제 허물 되리.

다만 스스로 비심非心 버리면64
번뇌는 부서져 자취는 없고
밉고 곱고에 마음 안 두니
두 다리 쭉 펴고 편히 쉬도다.

만약에 다른 사람 교화하려면65
모름지기 기틀 따라 방편을 써서
저들의 의심뭉치 버리게 하라.
즉시에 청정자성 드러나리라.

불법은 세간 중에 있는 것이니[66]
세간을 여의잖고 깨닫게 하라.
세간을 여의고서 보리 찾으면
흡사 토끼 뿔을 구함 같으니라.

정견正見은 세간에서 뛰쳐 남이요[67]
사견邪見은 세간 속에 파묻힘이라.
사邪와 정正[68]을 모두 다 쳐 물리치니,
보리자성 완연히 드러나누나.

이 게송의 가르침이 바로 돈교며
또한 이름하여 대법선大法船[69]이니
미迷하고 들으면 겁劫을 지내고
바로 들어 깨친즉 찰나 사인저.”

대사께서 다시 이르시기를
“이제 대범사에서 이 돈교를 설하니 바라건대 널리 법계
중생이 언하에 견성 성불하여지이다.” 하였다.

이때에 위사군과 모든 관료와 도속들이 대사의 설법을 듣
고 깨우치지 않는 이 없었으니 모두 다 일시에 일어나서 예배하면
서 찬탄하기를 “기쁘다! 어찌 영남에 부처님이 출세하심을 짐작
이나 하였으랴.” 하였다.

———

59
설통(說通)·심통(心通)이다. 불설에 달통하여 능히 중생을 위하여
걸림없이 연설함을 설통이라 하고, 자성을 요달하여 일체 허망 경
계를 여읨을 심통이라 한다. 여기서 불심에 통한 것을 허공에 비유
하고 걸림없는 설법을 빛나는 태양에 비유한다.

60
염이란 무엇일까? 본래 청정한 자성에서 형상을 인정하고, 분별을 일

으키는 것은 그 모두가 망념이다. 그러나 망념을 떠나서 따로 정심을 찾는다면 이도 또한 잘못이니 직하에 망념의 성품에 요달하여야 하니 망념이 즉 불성이다. 망념을 제하려 하지 말고 자성을 보아야 하는 것.

61

삼장 : 수행을 방해하는 세 가지 장애, 번뇌장(煩惱障)·업장(業障)·보장(報障)이다. 보장이라 함은 삼악도나 같은 인도(人道)라도 북구로주(北俱盧洲)나 천상의 무상천(無想天)에 태어남을 말한다. 이곳에 나면 극한 고통·안이(安易)·정신작용의 정지로 인하여 수행을 할 수 없다. 이들 3장은 한 생각 착각에서 벌어지는 것.

62

자성의 태양이 눈부시게 빛나는데 자기 허물은 찾을 길 없이 사라진다. 눈을 항상 안으로 살펴라. 도는 세간사 속에 살아 있다.

63

일체 중생 모두가 대도가 구족하다. 이것은 변할 수도 빼앗길 수도 없는 본래의 것이니 일체와 통하여 걸림이 없다. 이것을 버리고 바깥으로 헤매봐라. 소득은 공허일 뿐임을 강조한다.

64

스스로를 살펴서 자기의 허물을 비추면 허물의 성품이 본래 청정함이 드러나니 이것이 번뇌를 부수는 것이며, 이 청정심 위에는 밉고 곱고가 아무 상관이 없는 것. 이 활짝 개인 가을 하늘처럼 탁 터진 청정심체는 모두의 모두이니 무엇에 걸림이 있을까.

65

교화의 목표는 상대방의 자성현전에 두고 방법은 저들의 의심을 풀게 하되 방편을 시설하라 한다.

66

불법과 세간이 별것이 아니다. 세간성이 바로 불법이니 세간을 여의고 보리를 찾는다면 있을 수 없다.

67

세간에서 뛰쳐난다 함은 세간을 떠나는 것이니 실제로는 세간에 있되 상을 여의고 자성을 보는 것이어야 한다. 자성을 보지 못하였다면 세간을 떠났어도 역시 세간이다. 왜냐? 세간을 보는 상이 세간이며 실제로는 세간이 세간이 아니기 때문이다.

68

사(邪)와 정 : 상(相)이 있음에서 비롯한다. 상이 없는데 어느 곳에 정사(正邪)가 있을까? 이곳에는 자성 만월(滿月)이 명랑하게 빛날 뿐이다.

69

대법선 : 중생이 상에 머물러 지견을 일으키므로 생사고해가 깊어지는 것이나. 생사출몰의 성(性)을 요달하면 곧 생사에서 생사를 여의니 이는 생사고해를 벗어나는 대법선이다.

●

善知識아 吾有一無相頌하니 各須誦取하야 在家出家에 但依此修어다
若不自修하고 惟記吾言하면 亦無有盒이니라 聽吾頌하라 曰

說通及心通이여 如日處虛空하니
唯傳見性法하야 出世破邪宗이로다
法卽無頓漸이언마는 迷悟 - 有遲疾이니
只此見性門을 愚人이 不可悉이로다
說卽雖萬般이나 合理還歸一이니
煩惱暗宅中에 常須生慧日이어다
邪來는 煩惱至오 正來는 煩惱除니
邪正을 俱不用하면 淸淨至無餘하리라
菩提本自性이라 起心卽是妄이라
淨心이 在妄中하니 但正하면 無三障이로다
世人이 若修道인댄 一切 - 盡不妨이니
常自見己過하면 與道卽相當하리라
色類自有道하야 各不相妨惱니

離道別覓道하면 終身不見道하리라

波波度一生하야 到頭에 還自懊하나니

欲得見眞道인댄 行正이 卽是道니라

自若無道心이면 闇行不見道하나니

若眞修道人인댄 不見世間過니라

若見他人非하면 自非─却是左니

他非我不非인댄 我非─自有過니라

但自却非心하고 打除煩惱破하야

憎愛不關心하면 長伸兩脚臥하리라

欲擬化他人인댄 自須有方便이니

勿令彼有疑하면 卽是自性現하리라

佛法이在世間하야 不離世間覺이니

離世覓菩提하면 恰如求兎角이니라

正見名出世요 邪見是世間이니

邪正盡打却하면 菩提性完然하리라

此頌이 是頓敎며 亦名大法船이니

迷聞하면 經累劫이요 悟則刹那間이니라

師─復曰 今於大梵寺에 說此頓敎하니 普願法界衆生이 言下에 見性成佛이어다 時에 韋史君이 與官僚道俗으로 聞師所說하고 無不省悟하니 一時에 作禮하고 皆嘆善哉라 何期嶺南에 有佛出世리오하니라

공덕과 정토를 밝히다

다음날, 위자사가 대사를 위하여 큰 재회를 베풀었는데 자사가 재를 마치자 대사에게 청하여 법상에 오르시게 하였다. 이에 관료와 선비와 대중들이 일제히 위의를 가다듬고 엄숙히 재배드렸다. 그때에 자사는 물었다.

"제자가 화상의 설법을 듣자옵건대 참으로 불가사의하옵니다. 이제 작은 의심이 있사오니 바라옵건대 대자비로 해설하여 주십시오."

대사께서 말씀하였다.

"의심이 있으면 물어라. 내 설하여 주리라."

위공이 말하였다.

"화상께서 설하시는 법은 달마 대사의 종지宗旨가 아닙니까?"

대사 말씀이 "그렇다" 하였다. 공公이 이르기를

"제자가 듣자오니 달마 대사께서 처음 양무제梁武帝1를 교화하실 때 무제가 묻기를

'짐이 일생 동안 절을 짓고 스님을 공양하고 널리 보시布施를 하고 재齋를 베풀었는데 어떤 공덕이 있습니까?' 하니, 달마 대사의 말씀이 '실로 공덕이 없느니라.' 하셨다 하옵는데 제자는 그 이치를 알지 못합니다. 바라옵건대 화상께서는 말씀하여 주십시오." 하였다.

대사께서 말씀하였다.

"실로 공덕이 없느니라. 옛 성인의 말씀을 의심하지 마라. 무제가 마음이 삿되어 정법을 알지 못하고 절을 짓고 공양을 올리고 보시를 하며 재를 베푸니 이것은 복을 구하는 것이라 복이 공덕이 될 수는 없느니라. 공덕은 법신 중에 있는 것이요 복을 닦는 데 있는 것이 아니니라."[2] 하시고 다시 말씀하셨다.

"성품을 보는 것이 공功이요 평등은 이것이 덕德이니 생각 생각 막힘이 없어 항상 본성의 진실묘용眞實妙用을 보는 것이 공덕이 되는 것이니라. 안으로 마음이 겸양하여 낮추면 이것이 공이요 밖으로 예禮를 행하면 이것이 덕이며, 자성이 만법을 건립하는 것이 공[3]이요 심체心體가 생각을 여읜 것이 덕德이며, 자성을 여의지 않는 것이 공이요 응용에 물들지 않는 것이 덕이니, 만약 공덕 법신法身을 찾으려면 다만 이에 의하여 지어야 이것이 참 공덕이니라. 공덕을 닦는 사람은 마음이 가볍지 아니하여 항상 널리 공경[4]하나니 만약 마음으로 항상 남을 업수이 여기고 나를 내세우는 마음을 끊지 않으면 즉 스스로 공이 없는 것이요 자심이 허망부실하면 즉 스스로 덕이 없는 것이니 이것은 나를 내세우는[5] 생각이 스스로 커져서 항상 일체를 가벼이 여기기 때문이니라.

선지식아, 생각생각이[6] 끊임이 없는 것, 이것이 공이요 마음을 평등히 하고 곧게 쓰는 것이 덕이며, 스스로 성품[7]을 닦는 것이 공이요 스스로 몸을 닦는 것이 덕이니라. 선지식아! 공덕이란 모름지기 자성 안에서 볼 것이요8 보시9나 공양 올리는 데서 구할 바가 아니니라. 이와 같이 복과 공덕이 다른 것인데 무제가 진리를 알지 못하였을 뿐 우리 조사의 허물이 아니니라."

—

1

양무제 : 서기 502년 양(梁)을 세워 즉위한 후 재위 48년, 불법을 크게 믿고 불사를 지으며 스스로 경을 강하여 불심천자(佛心天子)라고 불리었다. 달마 대사와 서기 520년에 만났다지만 그는 달마 대사의 법을 알아듣지 못하고 곧 헤어졌으니 이야말로 대면불견(對面不見)이라 누구를 탓하랴.

2

자성 법신을 향하지 않고 닦는 선근(善根)은 모두가 변멸 무쌍한 상(相)에 착(着)한 것. 곧 유루(有漏)다. 이것을 복덕이라 한 것이고 자성 선근을 닦는 것은 무루(無漏)니 이것이 진공덕(眞功德)이다. 육조 스님은 이를 준열히 구별한다.

3

만법이 자성을 여의지 않으니 이는 자성이 만법을 건립한 까닭이다. 심체(心體)가 일체의 상을 여의었으니 그는 생멸이 아니며 일체는 심체의 자성유출(自性流出)이니 응용 자재하고 천변만화 하여도 물듦이 없어 영겁(永劫)으로 청정 본연이다.

4

법신 공덕을 짓는 자는 먼저 일체 중생이 불성시현(佛性示現)임을 믿어야 한다. 일체 중생의 불성을 믿어 널리 공경하여 평등하고 자신 또한 경망하지 아니하며, 불성이 상이 없으니 다시 불성상을 지어서는 안 된다. 보경(普敬)·평직(平直)을 강조한다.

5

나를 내세우는 아견(我見)·아애(我愛)·아만(我慢)은 자심(自心)에 허망한 것을 그릇 인정하여 주재를 삼기 때문이다. 이러고서는 진

실하여야 할 자성이 허망무실하니 비록 하심(下心)·보경·복덕을
지은들 무슨 효용이 있을까. 무공덕이 될 수밖에 없다.

6

생각은 생각으로 끊임이 있는 것이다. 생각이 자성에 즉할 때 생각
생각이 끊임이 없게 된다. 이러한 끊임이 없는 생각은 바로 자성동
용(自性動用)이며 지극히 평등하고 곧은 것이 된다.

7

여기 '스스로 성품' '스스로 몸'이라 함은 법계성(法界性)과 자성신
(自性身)을 의미한다. 이 자성신을 닦으므로 공덕이 되는 것. 이 자성
신을 닦는다는 것은 닦음이 아니니 곧 법신광명(法身光明)의 발휘다.

8

자성에서 본다면 보시와 공양은 무엇일까? 공덕이 아닌 유루 복덕
일까? 보시와 공양은 실로는 유루도 무루도 복덕도 아니다. 자성을
향할 때 법신공덕이요 상을 두었을 때 유루복덕(有漏福德)이다.

9

보시(布施) : dāna. 단나(檀那) 또는 단(檀)이라고 쓴다. 재물 등을
아낌없이 베풀어 주는 것. 재시(財施)와 법시(法施)를 이종시(二種
施)·무외시(無畏施)를 합하여 삼종시(三種施)라 하여 보살이 반드
시 닦아야 할 제일의 덕목이다.

●

二 釋功德淨土

●

次日에 韋刺史 - 爲師하야 設大會齋하고 齋訖에 刺史 - 請師升座하고
同官僚士庶로 肅容再拜하야 問曰 弟子 - 聞和尙說法이 實不可思議
로소이다 今有小疑하오니 願大慈悲로 特爲解說하소서 師曰 有疑어든 卽
問하라 吾當爲說호리라 韋公이 曰 和尙所說이 可不是達磨大師宗旨
乎이까 師曰 是니라 公曰 弟子 - 聞達磨 - 初化梁武帝에 帝 - 問云 朕
이 一生에 造寺供僧하고 布施設齋호니 有何功德이니고 達磨 - 言하사대

實無功德이라하시니 弟子 - 未達此理하오니 願和尙은 爲說하소서 師曰
實無功德이니 勿疑先聖之言이어다 武帝 - 心邪하야 不知正法하고 造
寺供養하며 布施設齋하니 名爲求福이라 不可將福하야 便爲功德이니
功德은 在法身中이오 不在修福이니라

師 - 又曰 見性이 是功이오 平等이 是德이니 念念無滯하야 常
見本性眞實妙用이 名爲功德이니라 內心謙下 - 是功이요 外行於禮 -
是德이며 自性이 建立萬法이 是功이요 心體離念이 是德이며 不離自性
이 是功이요 應用無染이 是德이니 若覓功德法身인댄 但依此作이 是眞
功德이니라 若修功德之人인댄 心卽不輕하고 常行普敬하나니 心常輕
人하야 吾我 - 不斷하면 卽自無功이요 自性이 虛妄不實하면 卽自無德
이니 爲吾我自大하야 常輕一切故니라 善知識아 念念無間이 是功이요
心行平直이 是德이며 自修性이 是功이요 自修身이 是德이니라 善知識
아 功德은 須自性內見이니 不是布施供養之所求也라 是以로 福德이
與功德으로 別이니 武帝 - 不識眞理이요 非我祖師有過니라

●

공公이 또 물었다.

"제자가 보옵건대 승속간에 항상 아미타불을 생각하여
서방극락에 태어나기를 원하고 있사온데 저곳에 가서 태어날 수
있사온지 화상께 알고자 하오니 말씀하여 주시어 저희들의 의심
을 풀어 주십시오."

대사께서 말씀하셨다.

"사군使君아, 잘 듣거라 내가 말하리라. 세존께서 사위성
舍衛城10 중에 계실 때에 서방국토로 인도하여 교화하심을 말씀하
셨는데 경문에 분명히 '여기서 멀지 않다'11 하셨고 또한 상相으로

논하여 말한다면 '거리가 10만 8천리라' 하였으니 즉 이 몸 가운데의 십악十惡12 팔사八邪13를 말함이라. 이것을 멀다고 말씀하신 것이다. 멀다고 말씀하신 것은 하근下根을 위함이요 가깝다고 말씀하신 것은 상근上根 대지大智를 위함이니 사람에게는 양종이 있어도 법에는 두 가지가 없느니라. 미迷와 오悟의 다름이 있으므로 견해에 늦고 빠름이 있는 것이니 미혹한 사람은 염불하여 저 땅에 나기를 구하거니와 깨달은 사람은 스스로 그 마음을 깨끗이 하느니라. 이 까닭에 부처님께서 말씀하시기를 '그 마음의 청정함을 따라서 곧 불토가 청정하다'14 하셨느니라.

사군아, 동방 사람이라도 다만 마음만 청정하면 죄가 없는 것이며, 서방 사람이라도 마음이 부정하면 또한 허물이 되는 것이니 만약 동방 사람이 죄를 지으면 염불하여 서방국토에 나고자 한다 하거니와 서방 사람은 죄를 짓고 어느 나라에 나고자 염불할 것인가?

어리석은 범부들은 자성을 밝히지 못하여 자기 몸 가운데에 정토淨土가 있는 것을 알지 못하고 혹은 동쪽 나라를 원하고 혹은 서쪽 나라를 원하나 깨달은 사람은 있는 곳마다 다 한가지니라.

이 까닭에 부처님께서 말씀하시기를 '머무는 곳마다 항상 안락하다' 하셨느니라.

사군아, 다만 마음 바탕에 착한 마음이 가득하면 서방정토가 여기서 멀지 않은 것이요, 만약 착하지 않은 마음을 품고 있다면 설사 염불하여도 서방극락에 가서 나기는 어렵느니라.

내 이제 선지식에게 권하노니 먼저 십악심十惡心을 제하라. 그러면 곧 10만 리를 감이요 다음에 팔사심八邪心을 제하면 곧 8천 리를 지난 것이니 생각생각 성품을 보아 항상 평등하고 곧게 행동하면 일탄지一彈指15 사이에 서방정토에 이르고 즉시에 아미타불을 뵙게 될 것이니라.

사군아, 다만 십선十善16만 행한다면 어찌 반드시 서방에 왕생往生하기를 원할 것이며 만약 10악심을 끊지 않는다면 비록 염불한들 어느 부처님이 와서 맞아 주실 것인가! 만약 무생無生17인 돈법頓法을 깨치면 서방을 찰나18 사이에 볼 것이나 깨치지 못하고 염불만 하며 가서 나기를 원한다면 길이 멀거니 어떻게 도달할 수 있으랴.”

10

사위성 : 파사익왕의 도성. 유명한 기수급고독원(祇樹給孤獨園), 즉 기원정사(祇園精舍)는 이 성 밖에 있다. 『아미타경』·『금강경』 등 많은 경전이 이곳에서 설해졌다.

11

법성(法性)에서 볼 때 사바세계가 곧 상적광토(常寂光土)이다. 그러므로 아미타불국토가 사바국토에서 먼 것이 아니다. 거리가 없다.

12

십악 : 몸·입·뜻[三業]으로 짓는 열 가지 악(惡). 지옥·아귀·축생 등 삼악도(三惡道)에 떨어지는 원인. 살생(殺生)·투도(偸盜)·사음(邪婬)·망어(妄語)·기어(綺語)·양설(兩說)·악구(惡口)·탐욕(貪欲)·진에(瞋恚)·사견우치(邪見愚痴) 등이다.

13

팔사 : 진리를 잘못 보는 여덟 가지 견해이니 생(生)·멸(滅)·단(斷)·상(常)·일(一)·이(異)·거(去)·래(來) 등이다. 이 8사를 여의고 얻음 없는 바른 견해[無得正觀]에 이르러야 진리에 드는 것이 된다. 또한 팔정도(八正道)를 어기는 여덟 가지를 말하기도 하는데 정견(正見)이 아닌 사견(邪見), 정사유(正思惟)가 아닌 사사유(邪思惟)를 위시하여 사어(邪語)·사업(邪業)·사정진(邪精進)·사정(邪定)·사념(邪念)·사명(邪命) 등이다.

14

『유마경』의 말씀[隨其心淨 卽佛土淨].

15

일탄지 : 손가락 튕기는 사이니 여기서는 견성 돈오(頓悟)를 말한다.

16

십선 : 십악의 반대되는 착한 행. 천상에 나는 원인이 된다. 방생(放生)·보시(布施)·범행(梵行)·실어(實語)·직어(直語)·연어(軟語)·화합관(和合觀)·부정관(不淨觀)·자비관(慈悲觀)·인연관(因緣觀).

17

무생 : 남[生]이 없다는 뜻. 남이 없으므로 멸도 없다. 그래서 무생무멸이라 하고 모든 사물이 본질에 있어 실체가 없으므로 생멸이 없어 변화하지 않음을 말한다. 또한 열반은 생멸 이전의 본제(本際)이므로 생멸이 없다. 그러므로 열반을 증득하는 것을 무생신(無生身)을 증한다고도 하는데 여기서도 그 뜻이다.

18

찰나 : 극히 짧은 시간. 75분의 1초에 해당. kṣaṇa. 일념이라 번역.

●

又問 弟子 — 常見僧俗이 念阿彌陀佛하야 願生西方하니 請和尙은 說하소서 得生彼否이까 願爲破疑하소서 師言하사대 使君아 善聽하라 惠能이 與說호리라 世尊이 在舍衛城中하사 說西方引化하사대 經文에 分明去此不遠이라하시고 若論相說인댄 里數 — 有十萬八千은 即身中十惡八邪니 便是說遠이니라 說遠은 爲其下根이요 說近은 爲其上智니 人有兩種이나 法無兩般이라 迷悟 — 有殊하야 見有遲疾일새 迷人은 念佛하야 求生於彼하고 悟人은 自淨其心하나니 所以로 佛言하사대 隨其心淨하야 即佛土淨이라하시니라 使君아 東方人이라도 但心淨하면 即無罪요 雖西方人이라도 心不淨하면 亦有愆이니 東方人이 造罪에 念佛하야 求生西方이어니와 西方人이 造罪하면 念佛하야 求生何國이리오

凡愚는 不了自性하야 不識身中淨土일새 願東願西어니와 悟
人은 在處一般이라 所以로 佛言하사대 隨所住處하야 恒安樂이라하시니
라 使君아 心地－但無不善하면 西方이 去此不遙어니와 若懷不善之心
하면 念佛하야도 往生難到니라 今勸善知識하노니 先除十惡하면 即行十
萬이오 後除八邪하면 乃過八千이니 念念見性하야 常行平直하면 到如
彈指하야 便覩彌陀니라 使君아 但行十善하면 何須更願往生이며 不斷
十惡之心하면 何佛이 即來迎請이리요 若悟無生頓法하면 見西方이 只
在刹那어니와 不悟하면 念佛求生하야도 路遙커니 如何得達이리요

“내가 이제 그대들을 위하여 서방 국토를 찰나 사이에 옮겨 눈앞
에 보게 하리니 다들 보기를 원하는가?”

이때 대중이 모두 다 이마를 조아려 예를 드리고 말하기를

“만약 이곳에서 볼 수 있을진대 어찌 다시 서방국토에 왕생
하기를 바라오리까? 화상이시여, 바라옵건대 자비를 베푸시어 곧 서
방국토가 나타나 저희들로 하여금 모두가 보게 하여 주십시오.” 한다.

대사는 말씀하셨다.

“대중들아, 세간 사람의 색신色身이 성城이요, 눈·귀·코·
혀가 문이니 밖으로 다섯 문이 있고 안으로 의문意門이 있으니 마
음은 이것이 국토요 성품은 이것이 왕이라. 왕이 마음 국토 위에
군림하니 성품이 있으면 왕이 있는 것이며 성품이 가면 왕이 없는
것이며 성품이 있으면 몸과 마음이 있고 성품이 가면 몸과 마음이
허물어지느니라.

그러므로 부처를 이루고자 할진댄 자기 성품을 향하여 지
을 것이요 몸 밖을 향하여 구하지 마라. 자성이 미혹하면 곧 이것

이 중생이요 자성을 깨치면 곧 이것이 불이니라. 자비는 즉시 관음이요 희사喜捨는 세지勢至가 되고 능히 청정하면 즉 석가요 평직平直하면 미타며 인아人我19는 이것이 수미산이요 사심邪心은 바닷물이요 번뇌는 이것이 물결이요 해독은 악한 용이며, 허망은 귀신이요 진로塵勞는 고기나 자라며 탐하고 성냄은 이것이 지옥이요 우치愚痴는 이것이 축생이니라. 선지식아, 항상 10선을 행하면 곧 천당에 이르고, 인아人我를 제하면 수미산이 쓰러지며, 사심邪心이 없으면 바닷물이 마르고, 번뇌가 없으면 물결이 없어지고, 해독심을 제하면 어룡魚龍이 없으니 이에 자심 왕국에 각성여래覺性如來가 대광명을 놓아 밖으로 육문을 비추면 육문이 청정하여 능히 육욕제천六欲諸天20을 파하고, 자성이 안으로 비추면 삼독三毒이 곧 없어져 지옥 등 죄가 일시에 소멸하며 내외가 명철하여 서방 국토와 다르지 않느니라. 만약 이 수행을 닦지 않는다면 어떻게 저 국토에 이를 수 있으랴!"

대중이 대사의 말씀을 듣고 모두가 자기 성품을 확연히 보고 예배하고 찬탄하기를,

"참으로 거룩하여라. 널리 법계의 모든 중생이 이 법을 듣는 자 모두가 일시에 깨쳐지이다." 하였다.

―
19

인아 : 아견(我見)의 뜻인데 아견이 있으면 거기에는 아상(我相)·인상(人相)이 뒤따른다. 본래 스스로 청정 평등한 자성 바다에서 일념을 세운다는 것은 바로 일체와의 사이에 장벽을 쌓는 것이 된다. 수미산이 이것. 그러므로 인아심이 끊이면 수미산이 쓰러진다고 하는 것이다. 수미산은 묘고산(妙高山)으로 번역되는데 세계를 형성하고 있는 중심되는 높은 산으로, 정상에 제석천, 중간에 사왕천이 위치한다고 한다.

20

육욕제천 : 욕계천(欲界天)을 말한다. 대개 탐심이 중심이 되어 보를 받은 세계를 욕계(欲界)라 하는데 그 중 탐욕이 극중(極重)하면 지옥·아귀·축생 등 삼악도에 나고 탐욕심이 담박하고 십선을 행하면 욕계천에 나나니 욕계에는 여섯 천상이 있다. 사왕(四王)·도리(忉利)·도솔(兜率)·야마(夜摩)·화락(化樂)·타화자재(他化自在)의 제천이다. 이 육욕천도 실제에서 말하면 모두가 공화(空花)다. 그래서 청정자성 앞에는 모두가 유지하지 못하게 된다.

●

惠能이 與諸人으로 移西方於刹那間하야 目前便見케하리니 各願見否와 衆皆頂禮云호대 若此處에서 見인댄 何須更願往生이리잇고 願和尙은 慈悲로 便現西方하야 普令得見케하소서 師言하사대 大衆아 世人의 自色身이 是城이오 眼耳鼻舌이 是門이니 外有五門하고 內有意門하니 心是地요 性是王이라 王居心地上하나니 性在하면 王在하고 性去하면 王無며 性在하면 身心이 存하고 性去하면 身心이 壞니 佛은 向性中作이언정 莫向身外求니 自性이 迷하면 卽是衆生이요 自性이 覺하면 卽是佛이니 慈悲는 卽是觀音이요 喜捨는 名爲勢至며 能淨은 卽釋迦요 平直은 卽彌陀며 人我는 是須彌요 邪心은 是海水며 煩惱는 是波浪이요 毒害는 是惡龍이며 虛妄은 是鬼神이요 塵勞는 是魚鼈이며 貪嗔은 是地獄이요 愚痴는 是畜生이라 善知識아 常行十善하면 天堂便至요 除人我하면 須彌倒요 無自心하면 海水 - 竭이요 煩惱 - 無하면 波浪이 滅이오 毒害 - 除하면 魚龍이 絶이니 自心地上에 覺性如來 - 放大光明하야 外照六門淸淨하야 能破六欲諸天하고 自性內照하야 三毒이 卽除하야 地獄等罪 - 一時消滅하니 內外明徹하야 不異西方이어니와 不作此修하면 如何到彼리요 大衆이 聞說하고 了然見性하야 悉皆禮拜하고 俱嘆善哉하야 唯言호대 普願法界衆生이 聞者 - 一時悟解하야지이다하니라

대사께서 말씀하셨다.

"선지식아, 만약 수도하고자 할진대 재가在家라도 또한 무방하니라. 도를 닦음은 절에 있는 것으로 말미암음이 아니니 재가인이라도 잘 행하면 저 동방인의 마음이 착한 것과 같고 절에 있으면서 닦지 않으면 저 서방인의 마음이 악한 것과 같나니 다만 마음이 청정하면 자성이 곧 서방 극락이니라."21

위공韋公이 또 물었다.

"재가인은 어떻게 수행하오리까? 바라옵건대 가르쳐 주십시오."

대사께서 말씀하셨다.

"내가 대중들을 위하여 무상송無相頌을 지으리니 다만 이에 의지하여 닦으면 항상 나와 더불어 함께 있는 거와 다르지 않거니와 만약 이에 의지하여 닦지 않는다면 비록 머리를 깎고 출가한들 도에 무슨 보탬이 되랴." 하시고 게송으로 이르셨다.

"마음이 평등하니 어찌 힘써 계戒22 가지며
행실이 정직하니 선禪을 닦아 무엇 하랴.
은혜 알아 부모님께 효성 공양 잊지 않고
의리 지켜 위아래가 서로 돕고 사랑하며
예양禮讓 알아 높고 낮음 서로서로 화목하고
인욕한즉 나쁜 일들 걸릴 것이 하나 없네.

만약 능히 나무 비벼[鑽木] 불23을 내듯 할지면
진흙 속에 붉은 연꽃 어김없이 피어나리.
입에 쓰면24 몸에는 반드시 양약良藥이요
거슬리는 말은 필시 마음에 충언忠言이라.
허물을 고칠지면 지혜가 살아나고

허물을 두호하면 마음 안은 어질지 않네.

일용생활 어느 때나 착한[25] 행을 앞세우라.
도道 이룸은 재물 보시하는 데에 있지 않다.
보리도는 한결같이 마음 향해 찾을 것을,
어찌 힘써 밖을 향해 현초을 구해 헤맬손가.

이 말 듣고 이를 따라 이 수행을 닦을지면
천당 극락 훤칠하게 눈앞에 드러나리."[26]

대사께서 다시 말씀하셨다.

"선지식아! 다들 이 게송에 의지하여 수행하고 자성을 보아 곧 불도를 이루게 하라. 법은 서로 대대對待[27]함이 없느니라. 대중은 이만 헤어져라. 나는 조계曹溪로 돌아가리라. 만약 의심되는 것이 있으면 와서 묻도록 하라." 하셨다.

그때에 자사와 관료와 그 밖의 회중에 있던 선남선녀가 각각 깨달음을 얻고 신수봉행信受奉行하였다.

—

21

'수도는 견성하는 데 목적이 있는 것이니 형상에 집착하지 마라. 다만 자성을 보라. 청정한 마음이 서방 극락이며 자성이 아미타불이다.' 함을 강조한다.

22

계(戒)는 본시 그릇된 짓을 막는 것이며 선(禪)은 본성을 바로 쓰자는 것인데 마음이 평등한 데 이르고 행실이 자성대로 바르다면 지계선정(持戒禪定)은 이미 갖춘 것. 그러나 그러지 못한다면 반드시 수행이 따를 수밖에 없다.

23

맹렬한 수행을 말한다. 견성해야겠다는 생각만으로 되는 것이 아니다.

24

수행 과정에는 마음에 거슬리고 뜻에 안 맞는 것이 많다. 이런 중에서 자기 허물을 찾아 고쳐야 한다. 자기 마음에 맞는 순경계만 쫓아서 지낸다면 자기 흠은 덮어지고 수행은 무력해진다.

25

남에게 베풀고 사랑을 행한다는 것은 본성의 흘러남이다. 여기에는 자비심이 근본이요 겉에 나타나는 물건에 있지 않다. 자성의 자비를 위시, 6바라밀을 행하며 바깥 현상에 한눈 팔지 말고 자성 본분행을 밝힐 것을 강조하고 있다.

26

견성한다는 말. 일체고가 미치지 못한다. 천당은 여기에서는 불국토의 의미이다.

27

견성에 이르는 법문은 일체 상대성을 초월한 불이(不二)의 법이다. 그러므로 반드시 육조 스님 설법에만 매일 것도 없다. 자성이 위없는 선지식이니, 오직 견성하도록만 하라 함이다.

師言하사대 善知識아 若欲修行인댄 在家亦得이라 不由在寺니 在家能行하면 如東方人心善이요 在寺不修하면 如西方人心惡이니 但心淸淨하면 卽是自性西方이니라 韋公이 又問호대 在家는 如何修行하리잇고 願爲敎授하소서 師言하사대 吾與大衆으로 說無相頌하리니 但依此修하면 常與吾로 同處無別이어니와 若不依此修인댄 剃髮出家한들 於道에 何益이리오 頌曰

心平에 何勞持戒며	行直에 何用修禪이리오
恩則親養父母하고	義則上下相憐하며
讓則尊卑和睦하고	忍則衆惡無喧이니
若能鑽木出火하면	淤泥에 定生紅蓮하리라
苦口的是良藥이요	逆耳必是忠言이니
改過必生智慧하고	護短心內非賢이니라

日用에 常行饒益하면　　成道-非由施錢이라

菩提只向心覓이어늘　　何勞向外求玄이리오

聽說依此修行하면　　天堂只在目前이니라

師-復曰 善知識아 總須依偈修行하야 見取自性하면 直成
佛道하리라 法不相待니라 衆人은 且散하라 吾歸曹溪호리니 衆若有疑
어던 却來相問하라 時에 刺史官僚와 在會善男信女 各得開悟하야 信
受奉行하니라

정과 혜는 일체임

대사께서 대중에게 이르셨다.

"선지식아! 나의 이 법문은 정혜定慧1 로써 근본을 삼느니라. 대중은 미혹하여 정定과 혜慧가 다르다고 말하지 마라. 정혜는 일체요 둘이 아니니 정은 이것이 혜의 체體요 혜는 이것이 정의 용用이니라. 혜에 즉할 때 정이 혜에 있고, 정에 즉할 때 혜가 정에 있나니 만약 이 도리를 알면 정혜를 함께 배우게 되리라. 대개 도를 배우는 이들이 정을 먼저 하고 다음에 혜를 일으킨다거나 혜를 먼저 하고 다음에 정을 일으킨다거나 하여 정과 혜가 각각 다르다고 말하지 마라. 이와 같은 견해를 갖는 자는 법에 두 모양이 있는 것이니라. 이는 입으로는 선하나 마음속은 선하지 아니함이니2 공연히 정혜가 있다 하고 정혜가 같지 않은 것이요, 만약 말과 마음이 함께 선하여 내외가 한가지면 곧 정과 혜가 한가지리라. 스스로 깨닫고 수행함은 입다툼에 있는 것이 아니니라.

만약 먼저다 후後다 하여 다툰다면 이는 곧 미혹한 사람과 같으니 승부를 끊지 못하고 도리어 아我에 대한 국집만 더해 가니 사상四相3을 여의지 못하리라.

　선지식아, 일행삼매一行三昧라 하는 것은 어느 곳에서나 행주좌와行住坐臥에 항상 한결같은 곧은 마음을 행하는 것이니라. 『정명경』에 이르기를 '곧은 마음 이것이 도량道場4이며, 곧은 마음이 정토淨土'라 하였으니 마음으로는 첨곡諂曲하면서 입으로는 다만 곧은 것을 말하며, 입으로는 일행삼매一行三昧를 말하나 직심直心은 행行하지 않는 일이 없어야 하느니라. 다만 직심直心을 행하여 일체법에 집착을 갖지 마라.

　미혹한 사람은 법상法相5에 착하여 일행삼매에 국집하면서 곧 말하기를, '앉아 동動함이 없고 망령되이 마음을 일으키지 않는 것이 즉 일행삼매一行三昧라' 하나니, 이와 같은 견해를 갖는 자는 곧 무정물無情物과 같으니 이는 도리어 도를 장애하는 인연이 되느니라.

1

정혜 : 마음을 하나의 대상에 집중하고 통일시켜 산란하지 않는 정신작용 또는 그러한 상태를 정(定)이라 하며 이에 반하여 마음이 산란하여 동요하는 것을 산(散)이라 한다. 대개 정은 삼마제(三摩提)[三昧, samādhi]의 번역된 말이나 선(禪)[dhyna, 禪那]과 합하여 선정이라 불린다. 혜는 프라쥬냐(prajña)의 번역인데 사물의 도리를 인식·추리·판단하는 정신작용이다. 그러므로 모든 생각을 끊어서 마음을 한 대상에 집중하고 여기에서 나는 바른 지혜로써 대상을 보는 것을 정혜 또는 지관(止觀, Śamatha-vipaśyanā)이라 하는 것이 보통이다. 그러나 여기서는 보다 근본적인 체성을 말하고 있다. 본연적이며 절대적인 자성(진여성)의 본체성의 상태를 정, 그 작용을 혜라 보고 그 나눌 수 없는 관계를 세밀히 말한다. 그러므로 여기의 정은 짓는거나 집중이 아님에 주의하여야 한다.

2

말하는 것과 자증(自證)의 경계가 다르다는 말이니 말은 옳은 듯 잘하나 실제 깨달음은 없으니 마음이 말과 같지 않은 것이다. '말과 마음이 함께 선하다'는 것은 깨달음을 말하는 것. 여기의 선(善)을 능(能)으로 바꾸어서 '잘한다'의 의미로 보면 뜻이 명료해진다.

3

사상 : 여기서는 아상(我相)·인상(人相)·중생상(衆生相)·수자상(壽者相)을 말한다. 중생이 그의 심신인 개체를 그릇 집착하는 네 가지 형식.

4

도량(道場) : 도를 닦는 환경을 이루고 있는 일정한 지역. 따라서 사찰 경내를 말하기도 하고 또는 사찰 자체를 말하기도 한다. 우리나라 관례상 도량으로 발음.

5

법상 : 만상이 가지는 본질적인 체상 또는 그 의미 내용을 말하는 것이나, 여기서는 법에 국집하고 있는 상태를 뜻한다.

●

三　定慧一體

●

師－元衆云 善知識아 我此法門은 以定慧로 爲本이니 大衆은 勿迷하야 言定慧別이어다 定慧는 一體요 不是二니 定是慧體요 慧是定用이라 卽慧之時에 定在慧하고 卽定之時에 慧在定이니 若識此義하면 卽是定慧等學하리라 諸學道人은 莫言先定發慧하며 先慧發定이 各別이니 作此見者는 法有二相하야 口說善語호대 心中不善이라 空有定慧하야 定慧不等이어니와 若心口俱善하야 內外一種이면 定慧卽等하리라 自悟修行은 不在於諍이니 若諍先後하면 卽同迷人이라 不斷勝負하야 却增我法하야 不離四相하리라 善知識아 一行三昧者는 於一切處 行住坐臥에

常行一直心이 是也니라 如淨名經云 直心이 是道場이요 直心이 是淨
土라하시니 莫心行諂曲하야 口但說直하며 口說一行三昧하야 不行直
心하고 但行直心하야 於一切法에 勿有執着이어다 迷人은 着法相하야
執一行三昧하야 直言坐不動하고 妄不起心이 卽是一行三昧라하나니
作此解者는 卽同無情이라 却是障道因緣이니라

●

선지식아! 도는 모름지기 흘러 통해야 하거늘 어찌하여 도리어 체
滯하랴.6 마음이 법에 머물지 아니하면 도가 곧 통하여 흐르고 만
약 마음이 법에 머무르면 이것을 스스로 얽매인다 하느니라. 만약
앉아 동하지 않는 것이 옳다고 말한다면 저 사리불7과 같이 숲 속
에서 좌선하고 있다가 도리어 유마힐의 꾸짖음을 당하리라. 선지
식아! 또 어떤 사람이 좌선을 가르치되 마음을 보고 고요를 관하
며 동하지 아니하고 일어나지 아니하여 이것으로 공부를 삼는다
하거늘 미혹한 사람은 알지 못하고 곧 이에 국집하여 전도顚倒하
게 되나니 이와 같은 자들이 적지 아니하여 이와 같이 서로 가르치
니 그러므로 이것은 크게 그릇됨임을 알아야 하느니라.

　　　선지식아, 정혜는 무엇과 같을까? 비유하면 마치 등불과
같으니 등이 있으면 빛이 있고 등이 없으면 곧 어두우니 등은 빛의
본체요 빛은 등의 작용이라. 이름은 비록 둘이나 체는 본래 동일하
니 이 정혜의 법도 또한 이와 같으니라.

　　　선지식아, 정교正敎에는 본래 돈점頓漸이 없건만 사람 따라
성품이 영리함과 우둔함이 있어 미혹한 이는 점차 계합하고 깨친
이는 단번에 닦아서 스스로 본심을 알게 된다. 그러나 본성을 봄에
는 차별이 없으니 여기서 돈점이라는 거짓 이름이 있게 되느니라.

선지식아, 나의 이 법문은 위로부터 내려오면서 먼저 무념無念을 세워서 종宗을 삼고 무상無相으로 체體를 삼으며 무주無住로써 본本을 삼느니라. 무상無相이라 함은 상相에서 상相을 여읨이요, 무념이라 함은 생각에서 생각이 없음이요, 무주無住라 함은 사람의 본성이 세간의 선이나 악이나 밉거나 곱거나 원수거나 친하거나 모질고 거친 말을 하거나 속이고 다툼을 당하거나 할 때 그 모두를 공空으로 돌려 버리고 상대하여 해칠 생각을 하지 않고 생각생각 중에 앞 경계를 생각하지 않음이니라. 만약 먼저 생각, 지금 생각, 뒷생각이 생각마다 상속하여 끊임이 없으면 이것을 얽매임이라 하는 것이요 만약 모든 경계를 대함에 생각생각에 머물지 않으면 곧 얽매임이 없는 것이니 이 까닭에 무주無住가 근본이 된다 하느니라.

—

6

말 자취에 떨어져 뜻을 잊고, 참 이치는 모르고 형상만 지키며 또는 도(道)나 법(法)이라는 관념을 국집한다면 이는 체하는 것이며 자승자박이다.

7

사리불(Śāriputra) : 불타 제자 중 지혜가 제일이라 불린다. '마하목건련'과 함께 부처님 당시의 교단 2대 지주다. 『유마경』 제자품에는 '사리불'이 숲 속에서 참선하고 있는데 '유마' 거사가 와서 꾸짖는 고사가 보인다. '직심(直心)이 도량(道場)이며……삼계가 도량인데 하필 고요한 숲 속에서 좌선이냐'는 것.

●

善知識아 道須通流어늘 何以却滯오 心不在法하면 道卽通流어니와 心若住法이면 名爲自縛이니라 若言坐不動이 是인댄 只如舍利弗하야 宴坐林中이라가 却被維摩詰訶하리라 善知識아 又有人敎坐하되 看心觀靜하

야 不動不起하야 從此置功이라하면 迷人이 不會하고 便執成顚하나니 如
此者ㅡ 衆하야 如是相敎할새 故知大錯이로다 善知識아 定慧는 猶如何等
고 猶如燈光하야 有燈卽光이요 無燈卽暗이라 燈是光之體요 光是燈之
用이니 名雖有二나 體本同一인달하야 此定慧法도 亦復如是하니라 善知
識아 本來正敎는 無有頓漸이언마는 人性이 自有利鈍할세 迷人은 漸契하
고 悟人은 頓修하야 自識本心하며 自見本性하야 卽無差別이니 所以로 立
頓漸之假名이니라 善知識아 我此法門은 從上以來로 先立無念爲宗하고
無相爲體하며 無住爲本이니 無相者는 於相而離相이요 無念者는 於念
而無念이요 無住者는 人之本性이 於世間善惡好醜와 乃至寃之與親과
言語觸刺欺爭之時에 並將爲空하야 不思酬害하야 念念之中에 不思前
境이니 若前念今念後念이 念念相續不斷하면 名爲繫縛이요 於諸法上에
念念不住하면 卽無縛也니 此是以無住로 爲本이니라

●

선지식아, 밖으로 일체 상을 여읨을 무상이라 하나니 능히 상을 여
의면 곧 법체가 청정하니라. 이 까닭에 무상으로 체를 삼느니라.
선지식아! 모든 경계에 마음이 물들지 않는 것이 무념이니 스스로
의 생각이 항상 모든 경계를 여의어 경계에서 마음을 내지 않느니
라. 그러나 만약 다만 아무것도 생각하지 않고 모든 생각을 없애어
버리면 한 생각마저 끊어지면서 곧 죽게 되어 다른 곳에 몸을 받는
다 한다면 이는 큰 잘못이라, 도를 배우는 사람은 경계하여야 하느
니라. 만약 법의 뜻을 바로 알지 못하면 자기 혼자 잘못되는 것은
오히려 어쩔 수 없거니와 다시 타인에게 권하여 그르치게 하며, 또
한 자기가 미혹한 것은 알지 못하고 오히려 부처님 경전을 비방까
지 하게 되니 이 까닭에 무념을 세워서 종을 삼느니라.

선지식아, 어찌하여 무념을 세워서 종을 삼는다 하랴. 다만 입으로만 견성하였다 하는 사람이 있으므로 미혹한 사람은 경계 위에서 생각을 내게 되어 생각 위에서 문득 사견을 내니 일체 진로 망상이 이로부터 생기느니라. 자성은 본래 한 법도 가히 얻을 것이 없는 것을 만약 얻을 바가 있다 하여 망령되이 화복[8]을 말한다면 이것은 곧 진로며 사견이라. 그러므로 이 법문은 무념을 세워서 종을 삼느니라.

선지식아! 무無라 함은 무엇이 없는 것이며 염念이라 함은 무엇을 생각하는 것일까? '무'라 함은 두 가지 상二相이 없는 것이니 모든 번거로운 망상이 없는 것이요, '염'이라 함은 진여본성眞如本性을 생각함이니 진여는 곧 생각의 본체요, 생각은 곧 진여의 작용이니라. 진여자성이 생각을 일으킴이요 눈이나 귀·코·혀가 능히 생각하는 것이 아니니 진여에 성품이 있으므로 생각이 일어날 수 있거니와 만약 진여가 없다면 눈이나 귀나 빛깔이나 소리가 당장에 없어지리라.

선지식아, 진여자성이 생각을 일으키므로 육근六根이 비록 보고 듣고 깨닫고 앎이 있더라도 모든 경계에 물들지 아니하며 진성眞性[9]이 항상 자재하느니라. 이 까닭에 경[10]에 이르기를 '능히 모든 법상[11]을 밝게 분별하나 제일의第一義[12]에 있어서는 동함이 없다' 하였느니라."

<hr>

8

자성은 본래 얻을 바가 없는 것인데[無所得], 만약 견성이니, 이것이 견성의 법이니 하고 말하여 이 법을 얻은 자는 복을 받고, 그렇지 못한 자는 생사에 부침(浮沈)한다고 하는 것은 바로 사견이다. 예로부터 소득이 있는 마음으로 대승의 법을 말하는 것을 대죄라 하고 있다.

9

진성이 견문각지(見聞覺知)에 있어도 견문각지에 물들지 아니하고 번뇌 경계에 있어도 번뇌에 걸림이 없다. 이것은 견문각지가 자성의 기용인 까닭이니 『금강경』의 '머문 바 없이 마음을 낼지니라(應無所住而生其心)'를 생각하게 한다. '(머문 바 없다)'는 무념이며 '(마음을 내라)'는 기념(起念)이다. 그러므로 진성이 항상 자재한다는 것.

10
『유마경』「불국품」.

11
법상 : 이 법상은 만법의 차별상이다.

12
자성의 진리를 뜻한다.

●

善知識아 外離一切相이 名爲無相이라 能離於相하면 卽法體淸淨이니 此是以無相으로 爲體니라 善知識아 於諸境上에 心不染曰 無念이라 於自念上에 常離諸境하야 不於境上에 生心이니 若只百物을 不思하야 念盡除却하면 一念이 絶하매 卽死하야 別處受生이라하면 是爲大錯이라 學道者는 思之어다 若不識法意인댄 自錯猶可어니와 更勸他人하야 自迷不見하고 又謗佛經할세 所以로 立無念爲宗이니라 善知識아 云何立無念爲宗고 只緣口說見性이니 迷人은 於境上에 有念하고 念上에 便起邪見하야 一切塵勞妄想이 從此而生이라 自性이 本無一法可得이어늘 若有所得하야 妄說禍福인댄 卽是塵勞邪見이니 故로 此法門은 立無念爲宗이니라 善知識아 無者는 無何事며 念者는 念何物고 無者는 無二相이니 無諸塵勞之心이요 念者는 念眞如本性이니 眞如는 卽是念之體요 念은 卽是眞如之用이라 眞如自性이 起念이요 非眼耳鼻舌能念이니 眞如有性일세 所以起念이려니와 眞如若無하면 眼耳色聲이 當時卽壞하리라 善知識아 眞如自性이 起念일세 六根에 雖有見聞覺知라도 不染萬境하고 而眞性이 常自在니 故云 能善分別諸法相호대 於第一義에 而不動이라하시니라

좌선법을 가르치다[1]

대사께서 대중에게 이르셨다.

　"선지식아! 어떠한 것을 좌선[2]이라 하느냐? 이 법문 중에는 걸림도 없고 막힘도 없나니 밖으로 일체 선악 경계를 당하여도 심념心念이 일어나지 않는 것이 좌坐가 되며 안으로 자성이 원래 동함이 없음을 보는 것이 선禪이 되느니라.

　선지식아! 어떠한 것을 선정禪定[3]이라 하느냐? 밖으로 상相을 여의면 선禪이 되고 안으로 어지럽지 않음이 정定이 되니 만약 밖으로 상에 착하면 곧 안으로 마음이 어지럽고 만약 밖으로 상을 여의면 곧 마음이 어지럽지 않느니라. 본성은 스스로 깨끗하고 스스로 정定에 있는 것이건만 다못 경계를 대하고 경계를 생각하므로 곧 어지러워지나니 만약 모든 경계를 보아도 마음이 어지럽지 않으면 이것이 참된 정定이니라.

　선지식아! 밖으로 상을 여의면 즉 선이요 안으로 어지럽지 않으면 곧 정이니 밖으로 선하고 안으로 정한 것이 바로 선정禪

定이 되느니라. 『정명경』에 이르기를 '즉시에 활연하면 도리어 본심을 얻는다' 하였으며 『보살계경』에 이르기를 '나의 본성이 원래 스스로 청정하다' 하였느니라.

선지식아! 일체 생각생각 중에 스스로 본성의 청정을 보아 스스로 닦고 스스로 행하여 스스로 불도를 이루게 하라. 그러나 이 법문의 좌선은 원래 마음에 착著하지 않으며 또한 깨끗함에도 착하지 않으며 또한 동하지 않는 것도 아니니라. 만약 마음에 착한다면 마음은 원래 이것이 망령된 것이니 마음이 환幻과 같은 것임을 아는 고로 집착하지 않느니라. 만약 깨끗한 것에 착한다면 원래 사람의 성품은 청정하나 다만 망념으로 말미암아 진여가 덮인 것이니 망상만 없애면 성품은 스스로 청정하거늘 다시 마음을 일으켜 청정에 착한다면 이것은 도리어 정망淨妄4을 일으키는 것이니라. 망妄은 본래 처소가 없는 것인데 이에 착한다면 이것은 망이요, 청정은 형상이 없는 것인데 도리어 깨끗하다는 상[淨相]을 세워서 이것을 공부로 삼는다면 이런 견해를 짓는 자는 스스로 본성을 막고 도리어 정박淨縛이 되느니라.

선지식아, 또한 부동을 닦는 자는 다못 모든 사람을 볼 때에 다른 사람의 시비와 선악과 허물을 보지 않나니 이것이 곧 자성부동自性不動5이니라.

선지식아! 미혹한 사람은 몸은 비록 부동이나 입만 열면 곧 타인의 시비 장단과 호오好惡를 말하여 도道와 등지니 만약 마음에 집착하거나 청정에 집착한다면 도리어 도를 막느니라."

1

여기서는 좌선할 때의 용심을 말하며 아울러 평상시 공부를 밝힌다.

가부좌하고 좌선하는 것을 폐하자는 것이 아니다. 상(相)을 보지 않는 이 법문에는 좌(坐)도 상이 아니며, 부좌(不坐)도 상이 아니란 것을 말함이다. 일체시 일체처 행주좌와(行住坐臥)가 선 아님이 없음에 이르는 것이 요긴하다.

2

상을 보지 않을 때 일체 선악 경계가 없는 것이니 생각이 일어날 리가 만무하다. 이 일어나지 않는 것이 좌(坐)라는 것이며 또한 바깥 모든 경계 모든 상이 자성을 여의지 않았으니 비록 동하여도 동(動)이 아니라 이 동하지 않음이 선이라는 것.

3

선정 : 여기서도 상을 여읨을 더욱 강조한다. 바깥 경계 일체상(一切相)이 상이 아니니 걸림없이 일체에 불심(佛心)이 현전한다. 이 불심 경계는 불심인 자성의 자약(自若)한 동용(動用)일 뿐이다.

4

정망 : 본래, 청정에서 청정이라는 한 생각이라도 일으킨다면 이는 이미 청정이 아니다. 본성은 잃고 본래 청정이라는 상(相)에 떨어진 것이니 이것은 망(妄)이다. 동시에 자성의 청정, 자성의 무한, 자성의 자율은 잃게 된다. 이것이 정박(淨縛)이라는 것.

5

상(相)을 여읠 때 자성은 현전한다. 상(相)을 여의니 동(動), 부동(不動)이 없다. 이에서는 일체가 자성의 나툼일 뿐이므로 자타(自他)의 분별도 평등한 자성 차별이다. 타인의 시비(是非)·호오(好惡)·선악(善惡)을 보면서도 눈감고 평등하다는 것이 아니다.

●

四 教授坐禪

●

師示衆云 善知識아 何名坐禪고 此法門中에는 無障無碍하야 外於一切善惡境界에 心念不起 - 名爲坐요 內見自性不動이 名爲禪이니라

善知識아 何名禪定고 外離相이 爲禪이요 內不亂이 爲定이니 外若着相하면 內心卽亂이요 外若離相하면 心卽不亂이라 本性이 自淨自定이언마는 只爲見境思境하야 卽亂이니 若見諸境호대 心不亂者는 是眞定也니라 善知識아 外離相이 卽禪이요 內不亂이 卽定이니 外禪內定이 是爲禪定이라 淨名經에 云 卽時豁然하면 還得本心이라하시며 菩薩戒經에 云 我本性이 元自淸淨이라하시니 善知識아 於念念中에 自見本性淸淨하야 自修自行하면 自成佛道하리라 然이나 此門坐禪은 元不着心이며 亦不着淨이며 亦不是不動이니 若言着心인댄 心元是妄이니 知心如幻일새 故無所着也니라 若言着淨인댄 人性이 本淨커늘 由妄念故로 盖覆眞如니 但無妄想하면 性自淸淨이라 起心着淨하면 却生淨妄하나니라 妄無處所라 著者是妄이며 淨無形相이어늘 却立淨相하야 言是工夫라하면 作此見者는 障自本性하야 却被淨縛하리라 善知識아 若修不動者인댄 但見一切人時에 不見人之是非善惡過患이니 卽是自性不動이니라 善知識아 迷人은 身雖不動이나 開口에 便說他人의 是非長短好惡하야 與道違背하나니 若著心著淨하면 却障道也니라

오분향과 참회법을 전하다

그때에 대사께서는 광주廣州 소주韶州의 2군을 비롯한 사방의 선비와 백성들이 모두 산중에 모여 청법하고자 함을 보시고 이에 법좌에 오르사 대중에게 말씀하셨다.

"오라. 선지식아, 이 일1은 모름지기 자성自性으로부터 일어나 일체시에 스스로 생각생각 그 마음을 조촐히 하고 스스로 닦고 스스로 행하여 자기 법신2을 보며 자기 마음 부처를 보아 스스로 제도하고 스스로 경계하여야 비로소 얻는 것이니 구태여 이곳에 올 것까지 없느니라.3 그러나 이미 먼 곳에서 이와 같이 와 이곳에 함께 모였음은 이는 모두가 다 인연이 있음이다. 이제 모두 꿇어앉아라. 먼저 자성自性 오분법신향五分法身香4을 전하고 다음에 무상 참회를 주리라."

대중이 일제히 꿇어 앉으니 대사께서는 말씀하셨다.

"첫째는 계향戒香이니 자기 마음 가운데에 그름[非]이 없고 악함이 없고 질투가 없고 탐냄과 성냄이 없으며 또한 빼앗고 해치는 마음이 없는 것이 계향이요, 둘째는 정향定香이니 모든 선악 경계나 형상을 보고 자기 마음이 어지럽지 않는 것이 정향이요, 셋째는 혜향慧香이니 자심이 걸림이 없어 항상 지혜로써 자성을 비춰 보아 모든 악을 짓지 아니하고 비록 많은 선을 행하더라도 마음에 집착하지 않으며 위를 공경하고 아래를 보살피며 외롭고 가난한 사람을 불쌍히 여기는 것이 혜향이니라. 넷째는 해탈향解脫香이니 마음에 반연攀緣하는 바가 없이 선善도 생각하지 않으며 악惡도 생각하지 아니하여 자재무애한 것이 해탈향이요, 다섯째는 해탈지견향解脫知見香이니 자심에 이미 선악에 반연하는 바가 없다 하더라도 공空에 잠겨 고요를 지켜서는 아니 되니 모름지기 널리 배우고 많이 들어야 하며 자기 본심을 알아서 모든 불법 이치에 통달하며 빛을 화和5하여 사물을 접하되 아我도 없고 인人도 없어 바로 보리菩提에 이르러 참 성품에 변함이 없는 것이 해탈지견향이니라. 선지식아! 이 향香은 각자 안에서 풍기는 것이니 결코 밖을 향하여 찾지를 마라.

1

이 일은 자성을 닦고 자성을 행하는 것을 가리킴. 본분사(本分事)임.

2

자기 법신이란 자성을 몸으로 하는 것임. 생각생각이 자성이 활발하니 처처에 청정하고 사사(事事)에 자재하다. 이것이 제도임.

3

이미 자성 법신을 알았을진대 다시 육조 스님에게 와서 배울 것이 없다.

4

오분법신향 : 이 향은 성품의 향이다. 이 향이 일체 제불 국토에 두루하고 공덕이 한량없다. 성품의 향이 가지는 공능을 다섯으로 나눈다. 계(戒), 정(定), 혜(慧), 해탈(解脫), 해탈지견(解脫知見)의 오분 법신 공덕이다. 이하에 이를 차례로 밝힌다.

화광접물(和光接物)이다. 빛을 화한다고 하는 것은 자성을 세우지 않는 것을 말하고 사물을 접한다는 것은 경계를 대상으로 보지 않는 것이다. 즉 자성과 대상이 일매가 되어 오로지 자성의 절대적 상황일 뿐이다. 이곳에 보고 보아지고 하는 능소(能所) 피아(彼我) 대립이 있을 리 만무하다. 경에는 아도 없고 인도 없다 하였다.

五 傳香懺悔

時에 大師 ㅣ 見廣韶二郡과 洎四方士庶 ㅣ 駢集山中하야 聽法하시고 於是에 升座告衆曰來하라 善知識아 此事는 須從自性中起니 於一切時에 念念自淨其心하야 自修自行하면 見自己法身하며 見自心佛하야 自度自戒하야 始得이니 不假到此니라 既從遠來하야 一會于此인댄 皆共有緣이니 今可各各胡跪하라 先爲傳自性五分法身香하고 次授無相懺悔호리라

衆이 胡跪어늘 師 ㅣ 曰 一은 戒香이니 卽自心中에 無非無惡하며 無嫉妬하며 無貪嗔하며 無劫害 ㅣ 名戒香이니라 二는 定香이니 卽觀諸善惡境相하야도 自心不亂이 名定香이니라 三은 慧香이니 自心無礙하야 常以智慧로 觀照自性하야 不造諸惡하며 雖修衆善이나 心不執着하고 敬上念下하야 矜恤孤貧이 名慧香이니라 四는 解脫香이니 卽自心에 無所攀緣하야 不思善不思惡하야 自在無碍 ㅣ 名解脫香이니라 五는 解脫知見香이니 自心에 既無所攀緣善惡호대 不可沈空守寂하고 卽須廣學多聞하야 識自本心하며 達諸佛理하야 和光接物하며 無我無人하야 直至菩提眞性不易이 名解脫知見香이니라 善知識아 此香은 各自內薰이오 莫向外覓이니라

다음으로 이제부터 너희들을 위하여 무상참회無相懺悔6를 주어서 삼세三世에 지은 죄를 멸하여 삼업三業이 청정하게 해주리니 선지식아, 내 말을 따라서 함께 일러라.

'제자들이 전념前念·금념今念·후념後念7의 염념 중念念中에 어리석고 미혹한 데 빠지지 않아지오며, 이제까지 지은바 악업인 어리석고 미혹하였던 죄를 모두 다 참회하오니 바라옵건대 일시에 다 소멸되고 다시는 영영 일어나지 않아지이다.

제자들이 전념·금념·후념의 염념 중에 교만하고 진실하지 못한 데 물들지 않아지오며 이제까지 지은바 악업인 교만하고 속이고 하던 모든 죄를 다 참회하오니 바라옵건대 일시에 소멸하여 영영 다시는 일어나지 않아지이다.

제자들이 전념·금념·후념으로 염념 중에 질투심에 물들지 않아지오며 이제까지 지은바 악업인 질투 등 죄를 모두 다 참회하오니 바라옵건대 일시에 소멸하여 다시는 영영 일어나지 않아지이다.' 하라.

선지식아! 이상을 무상참회라 하나니 어떤 것이 '참'이며 어떤 것이 '회'일까? '참'이라 함은 이제까지의 지은 허물을 뉘우치는 것이니 이제까지의 지은 모든 악업惡業인 어리석고 미혹하고 교만하고 속이고 질투하는 등 죄를 모두 다 참회하여 영영 다시는 일으키지 않는 것 이것이 '참'이며, 회라 함은 미래의 허물을 뉘우침이니 지금부터 이후의 짓는바 악업인 어리석고 미혹하고 교만하고 속이고 질투하는 등 죄를 지금 미리 깨닫고 모두 다 영영 끊고 다시는 짓지 않는 것, 이것이 '회'이니 이 까닭에 참회라 하느니라. 범부는 어리석고 미혹하여 다만 전前 허물만 뉘우칠 줄 알 뿐 미래의 허물을 뉘우칠 줄 모르나니 미래의 허물을 뉘우치지 않으므로 앞의 허물도 멸하지 아니하고 또한 뒤의 허물이 생기나니 이미 앞 허물이 없어지지 않고 뒤 허물이 또 생기니 어찌 참회라 할 것이냐.

6

오분법신향으로 제불 국토를 장엄하였으므로 이제 참회의 차례다. 대개 불사를 지으매 먼저 향을 사르고 다음에 작법에 들어가는 참뜻을 알 만하다.

7

이 전념, 금념, 후념이 과거, 현재, 미래의 삼세다.

●

今與汝等으로 授無相懺悔하야 滅三世罪하야 令得三業淸淨케호리니 善知識아 各隨語하야 一時道하라 弟子等이 從前念今念及後念으로 念念에 不被愚迷染하여지오며 從前所有惡業인 愚迷等罪를 悉皆懺悔하오니 願一時消滅하고 永不復起하야지오며 弟子等이 從前念今念及後念으로 念念에 不被憍誑染하야지오며 從前所有惡業인 憍誑等罪를 悉皆懺悔하오니 願一時消滅하고 永不復起하야지이다 弟子等이 從前念今念及後念으로 念念에 不被嫉妬染하여지오며 所有惡業인 嫉妬等罪를 悉皆懺悔하오니 願一時消滅하고 永不復起하여지이다 善知識아 已上이 是爲無相懺悔니 云何名懺이며 云何名悔오 懺者는 懺其前愆이니 從前所有惡業인 愚迷憍誑嫉妬等罪를 悉皆盡懺하야 永不復起 ─ 是名爲懺이오 悔者는 悔其後過니 從今已後所有惡業인 愚迷憍誑嫉妬等罪를 今已覺悟하야 悉皆永斷하야 更不復作이 是名爲悔라 故稱懺悔니라 凡夫는 愚迷하야 只知懺其前愆하고 不知悔其後過하나니 以不悔故로 前愆이 不滅하고 後過又生이라 前愆이 旣不滅하고 後過 ─ 復又生이어니 何名懺悔리오

선지식아, 이미 참회를 마쳤으니 이제 선지식과 더불어 사홍서원四弘誓願8을 발하리라. 각각 모름지기 지극한 마음으로 바로 듣거라.

'자심중생自心衆生이 가없으나 맹세코 제도하리라. 자심번뇌自心煩惱가 끝없으나 맹세코 끊으리라. 자성법문自性法門이 한없으나 맹세코 배우리라. 자성불도自性佛道가 위없으나 맹세코 이루리다.' 하라.

선지식아, 부처님은 어찌 '가없는 중생衆生을 맹세코 제도한다'고 말씀하시지 않았더냐고 한다면 이는 이 혜능이 말하는 제도의 뜻을 잘못 아는 것이니라.

선지식아, 중생이라 함은 마음 가운데 중생이니 이른바 저 삿되고 미혹한 마음, 속이고 망령된 마음, 착하지 않은 마음, 질투심 모질고 독한 마음 등 이러한 마음이 모두 다 중생이니 각기 모름지기 자성으로 스스로 제도하는 것, 이것이 참 제도니라. 어떤 것이 '자성을 스스로 제도한다' 하는 것일까? 즉 자기 마음속의 사견邪見·번뇌煩惱·우치愚痴 등 중생을 정견正見을 가지고 제도하는 것이니라. 이미 이 정견이 있으니 반야般若의 지혜로 하여금 우치愚痴·미망중생迷妄衆生을 쳐부수어 각기 스스로 제도하는 것이니 삿된 것이 오면 바른 것으로 제도하고, 미혹한 것이 오면 깨달음[悟]으로 제도하고, 어리석음이 오면 지혜로 제도하며, 악惡이 오면 선善으로 제도9하나니 이와 같이 제도하는 것을 참된 제도라 하느니라.

또 '번뇌가 끝없으나 맹세코 끊는다' 함은 자성의 반야지로써 허망한 마음을 쳐 없애 버리는 것을 말함이요, 또 '법문이 한이 없으나 맹세코 다 배운다' 함은 모름지기 자기의 성품을 보아

항상 정법正法을 행하는 것을 말함이니 이것을 참으로 배운다 하
는 것이니라. 또 '위없는 불도를 맹세코 이루겠다' 함은 이미 항상
능히 하심下心하고 참된 바름[正]을 행하며 미迷와 각覺을 함께 여
의어 항상 반야를 내며 진眞도 제하고 망妄도 제하여 즉시에 불성
을 보아 언하言下에 불도를 이룸을 말하는 것이니 항상 수행을 생
각하는 이것이 원력법願力法이니라.

8

사홍서원 : 참회 다음에 서원을 발한다. 이 서원력(誓願力)이 불행(佛
行)을 성취할 힘이며 길잡이다. 서원은 '중생이 가없지만 맹세코 제
도한다(衆生無邊 誓願度), 번뇌가 끝없지만 맹세코 다 끊는다(煩惱無
盡 誓願斷), 법문이 한없지만 맹세코 다 배운다(法門無量 誓願學), 불
도가 위없지만 맹세코 이룬다(佛道無上 誓願成)'의 이른바 네 가지
큰 서원인데 여기서 육조 스님은 자심중생(自心衆生), 자심번뇌(自
心煩惱), 자성법문(自性法門), 자성불도(自性佛道)를 말한다. 법계 중
생이 바로 자기 심중의 중생이다. 이 서원이 자기 성품으로 스스로
를 제도하는 것이다.

9

여기의 사(邪)에 대한 정(正), 미(迷)에 대한 오(悟), 우치(愚痴)에 대한
지(智)가 상대가 되는 듯이 보인다. 그러나 그런 뜻이 아니다. 자기 마
음에 만약 사(邪)가 오면 곧 사(邪)의 성(性)에 착안하여야 하니 이것
이 바른 것으로 제도하는 것이다. 사(邪)와 대대(對待)가 되는 정(正)
이 아님을 주의할 일이다. 미오(迷悟), 선악(善惡)에도 마찬가지다.

善知識아 既懺悔己인댄 與善知識으로 發四弘誓願호리니 各須用心正
聽하라 自心衆生無邊誓願度하며 自心煩惱無邊誓願斷하며 自性法門
無盡誓願學하며 自性無上佛道誓願成이니라 善知識아 大家ㅣ 既不道
衆生無邊誓願度아 恁麼道는 且不是惠能度라 善知識아 心中衆生은

所謂邪迷心과 誑妄心과 不善心과 嫉妬心과 惡毒心 如是等心이 盡是
衆生이니 各須自性自度 - 是名眞度니라 何名自性自度오 卽自心中에
邪見煩惱愚痴衆生은 將正見度니 旣有正見인댄 使般若智로 打破愚
痴迷妄衆生하야 各各自度호대 邪來에 正度하고 迷來에 悟度하고 愚來
에 智度하고 惡來에 善度니 如是度者 - 名爲眞度니라 又煩惱無邊誓願
斷은 將自性般若智하야 除却虛妄思想心이 是也니라 又法門無盡誓願
學은 須自見性하야 常行正法이 是名眞學이니라 又無上佛道誓願成은
旣常能下心하야 行於眞正하고 離迷離覺하야 常生般若하면 除眞除妄
하야 卽見佛性하야 卽言下에 佛道成하리니 常念修行이 是願力法이니라

●

선지식아, 이제 네 가지 크고 넓은 원을 발하였으니 다시 선지식들
에게 무상無相 삼귀의계三歸依戒10를 주리라.

선지식아, 깨달으신 이족존二足尊께 귀의하며 바르신 이욕
존離欲尊께 귀의하며 정淨하신 중중존衆中尊께 귀의하라. 금일부터
이후는 깨달은 이를 스승을 삼고 다시는 사마邪魔 외도外道에 귀의
하지 아니하며 자성삼보三寶로써 항상 스스로 증명을 삼아라.

선지식에게 권하노니 자성삼보에 귀의하라. 불이라 함은
깨달음[覺]이요 법은 바름[正]이요 승僧은 청정[淨]을 말함이니 자
기 마음이 깨달음에 귀의하여 삿되고 미혹한 것이 나지 않으며 욕
심이 적고 족함을 알아 능히 재색財色을 여읨을 이족존二足尊이라
하는 것이요, 자기 마음이 바른 것[正]에 귀의하여 생각생각 가운
데 사견이 없으므로 곧 아상我相 인상人相으로 스스로를 높이 떠받
치거나 탐애貪愛와 집착이 없는 것, 이것을 이욕존離欲尊이라 하는
것이며 자기 마음이 청정에 귀의하여 일체 진로塵勞와 애욕 경계

에 자성이 전혀 물들거나 집착하지 않는 것을 중중존衆中尊이라 하느니라. 만약 이와 같은 행을 닦는다면 이것이 스스로 귀의하는 것인데도 범부는 이 도리를 알지 못하고 종일토록 삼귀의계를 받나니 만약 불에게 귀의한다고 말한다면 불이 어느 곳에 있는가? 만약 불을 보지 못한다면 무엇에 빙거하여 귀의한다는 것인가? 말이 될 수 없는 것이다.

선지식아! 각자 살펴보아 마음을 잘못 쓰지 않도록 하라. 경문[11]에 분명히 말씀하기를 '스스로의 부처님께 귀의한다' 하였고 '다른 부처님께 귀의한다'[12] 하지 않았으니 만약 자불自佛에 귀의하지 않는다면 의지할 곳이 없으리라. 너희들은 이미 스스로 깨쳤으니 각각 모름지기 자심삼보自心三寶에 귀의하여 안으로 심성을 고르게 하고 밖으로 다른 사람을 공경하면 이것이 스스로 귀의하는 것이니라.

—
10

삼귀의계 : 이를 설하는 것이 이 품의 핵심이다. 이 삼귀의와 앞의 사홍서원이 불교도 신앙의 기본이다. 귀의불양족존(歸依佛兩足尊), 귀의법이욕존(歸依法離欲尊), 귀의승중중존(歸依僧衆中尊)이다. 이 불·법·승이 삼보다. 여기서는 자성삼보를 들어 말한다.

11

『화엄경』(華嚴經) 「정행품(淨行品)」.

12

자기 불을 모르고 타불에만 매이므로 이를 강조한다. 그러나 실에 있어서는 자타가 없는 것.

善知識아 今發四弘願了인댄 更與善知識으로 授無相三歸依戒호리라 善知識아 歸依覺二足尊하며 歸依正離欲尊하며 歸依淨衆中尊이니 從

今日去하야 稱覺爲師하고 更不歸依邪魔外道니라 以自性三寶로 常自
證明하라 勸善知識하노니 歸依自性三寶하라 佛者는 覺也오 法者는 正
也오 僧者는 淨也라 自心歸依覺하야 邪迷不生하고 少欲知足하야 能離
財色이 名二足尊이오 自心이 歸依正하야 念念無邪見하고 以無邪見故
로 卽無人我貢高와 貪愛執著이 名離欲尊이오 自心이 歸依淨하야 一
切塵勞愛欲境界에 自性이 皆不染着이 名衆中尊이니라 若修此行하면
是自歸依어늘 凡夫는 不會하고 從日至夜토록 受三歸戒하나니 若言歸
依佛인댄 佛在何處오 若不見佛인댄 憑何所歸리오 言却成妄이로다 善
知識아 各自觀察하야 莫錯用心이어다 經文에 分明言 自歸依佛하고 不
言歸依他佛하시니 自佛不歸하면 無所依處니라 今旣自悟인댄 各須歸
依自心三寶하야 內調心性하고 外敬他人이 是自歸依也니라

●

선지식아, 이미 자기삼보에 귀의하였으니 다시 각각 마음을 가다
듬어라. 내 이제 너희들을 위하여 일체一體이면서 삼신三身13인 자
성불自性佛을 말하여 너희들로 하여금 밝게 삼신三身을 보고 스스
로 자성을 깨닫게 하리니 모두 나를 따라 일러라.

　　'자기 색신色身의 청정 법신불에 귀의하오며, 자기 색신의
천백억화신불千百億化身佛께 귀의하오며, 자기 색신의 원만보신불
圓滿報身佛께 귀의합니다.'

　　선지식아, 색신은 이것이 사택舍宅이니 여기에 귀의한다
고 말할 수 없느니라. 앞서 말한 삼신불三身佛은 자성 가운데에 있
는 것인데 세간 사람이 다 가졌건만 자기 마음을 미혹한 까닭에 안
으로 성품을 보지 못하고 밖으로 삼신불을 찾아 헤매어 자신 가운
데의 삼신불을 보지 못하느니라. 너희들은 자세히 듣거라. 너희들

로 하여금 자신 중에서 자신에 삼신불이 있음을 보게 하리라. 이 삼신불은 자성으로부터 남[生]이요, 밖에서 얻는 것이 아니니라.

어떠한 것이 청정법신淸淨法身인가? 세간 사람의 성품이 본래 청정하여 만법萬法이 자성으로부터 남이라, 만약 일체 악한 일을 생각하고 헤아리면 곧 악한 행이 나오고 일체 착한 일을 생각하고 헤아리면 곧 착한 행이 나오나니 이와 같이 모든 법이 자성 가운데에 있는 것이 마치 저 하늘이 항상 맑고 해와 달이 항상 밝으나 구름에 덮이면 위 하늘은 밝고 아래는 어둡다가도 문득 바람이 불어 구름이 흩어지면 위아래가 함께 밝아 만상이 모두 나타나나니 세간 사람의 성품도 이와 같아서 항상 들떠 있는 것이 마치 저 하늘의 구름과 같으니라. 선지식아! 지智는 해와 같고 혜慧는 달과 같아서 지혜智慧가 항상 밝건만, 밖으로 경계에 착하여 망념의 뜬구름에 자성이 덮이므로 자성이 명랑하지 못하나니 만약 선지식을 만나 참된 정법을 듣고 스스로 미망迷妄을 제하면 내외內外가 명철하여 자성 가운데에 만법이 모두 나타나니 견성한 사람도 또한 이와 같으니라. 이것이 청정법신불이니라. 선지식아, 자심이 자성에 귀의하는 것 이것이 진불眞佛에 귀의하는 것이니라. 이 스스로 귀의한다 함은 자성 가운데의 착하지 않은 마음과 질투심과 교만심, 오아심吾我心과 허황한 마음과 남을 업수이 여기는 마음과 거만한 마음과 삿된 소견과 아만심과 모든 경우에 일체 착하지 않은 행 등, 이 모두를 버리고 항상 자기 스스로의 허물을 보며 남의 호오好惡를 말하지 않는 것, 이것이 스스로 귀의하는 것이며 또한 항상 하심下心하고 널리 공경하면 곧 성품을 보아 일체에 통달하여 다시는 막히거나 걸림이 없나니 이것이 스스로 귀의하는 것이니라.

삼신불은 법신불(法身佛), 보신불(報身佛), 화신불(化身佛)인데 불신(佛身)을 3면에서 설명한 것. 법신은 영겁 불변의 본체라 할 비로자나불이고, 보신(報身)은 완전 수행에서 이루어진 자성 자체의 완전 무결한 수용신(受用身)으로 대혜(大慧), 대정(大定), 대비(大悲)를 본체로 하고 무량한 색상(色相) 공덕과 정토(淨土) 공덕이 구족하다. 노사나불이다. 화신은 교화를 받을 중생들의 선천적 능력이나 성격에 맞추어 그를 제도하기 위하여 나신 불이니 석가모니불을 화신불이라 한다. 이 3신의 관계는 달과 빛과 그림자에 비유하는 것이 보통이다. 달은 법신, 빛은 보신, 화신은 물에 비친 달그림자로. 여기서 육조 스님은 역시 자성삼보와 같이 자성삼신(自性三身)을 설명한다.

●

善知識아 旣歸依自三寶竟인댄 各各至心하라 吾與說一體三身自性佛하야 令汝等으로 見三身了然하야 自悟自性케호리라 總隨我道호대 於自色身에 歸依清淨法身佛하며 於自色身에 歸依千百億化身佛하며 於自色身에 歸依圓滿報身佛하나이다하라 善知識아 色身은 是舍宅이라 不可言歸向者니라 三身佛은 在自性中하니 世人이 總有언마는 爲自心迷하야 不見內性일새 外覓三身如來하고 不見自身中에 有三身佛하나니 汝等은 聽說하라 令汝等으로 於自身中에 見自性有三身佛케호리라 此三身佛은 從自性生이오 不從外得이니라

何名清淨法身고 世人이 性本清淨하야 萬法이 從自性生이니 思量一切惡事하면 卽生惡行하고 思量一切善事하면 卽生善行이라 如是諸法이 在自性中하야 如天常清에 日月이 常明이언마는 爲浮雲에 盖覆하야 上明下暗이라가 忽遇風吹雲散하면 上下俱明하야 萬象이 皆現이니 世人의 性常浮遊도 如彼天雲하니라 善知識아 智如日이오 慧如

月이니 智慧常明이언마는 於外着境하야 被妄念浮雲에 盖覆하야 自性이 不得明朗이라가 若遇善知識하야 聞眞正法하고 自除迷妄하면 內外明徹하야 於自性中에 萬法이 皆現이라 見性之人도 亦復如是니 此名淸淨法身佛이니라 善知識아 自心이 歸依自性하면 是歸依眞佛이니 自歸依者는 除却自性中의 不善心嫉妬心驕慢心吾我心誑妄心輕人心慢人心邪見心貢高心과 及一切時中에 不善之行하야 常自見己過하고 不說他人好惡ㅡ是自歸依요 常須下心하야 普行恭敬하면 卽是見性通達하야 更無滯碍니 是自歸依니라

●

다음에 어떠한 것을 천백억화신千百億化身이라 하는가? 만약 만법을 생각하지 않으면 성품이 본래 허공과 같으나 한 생각 헤아리면 이것이 변화니라. 악한 일을 생각하면 화하여 지옥이 되고 착한 일을 생각하면 화하여 천당이 되고 독해심毒害心은 화하여 용龍이나 뱀이 되고 자비는 화하여 보살이 되고 지혜는 화하여 높은 경계가 되며 우치는 화하여 낮은 세계가 되나니 자성의 변화가 심히 많으니라. 미혹한 사람은 이 도리를 깨치지 못하고 생각마다 악을 일으켜 항상 악도에 떨어지느니라. 그러나 만약 한 생각을 선으로 돌이키면 곧 지혜가 생기리니 이것이 자성의 화신불이니라.

원만보신圓滿報身이란 무엇일까? 비유해 말하면 한 등불이 능히 천년 동안의 어둠을 밝히듯이 한 지혜가 능히 만년의 어리석음을 없애느니라. 지나간 일은 생각하지 마라. 이미 지났으므로 가히 얻을 수 없느니라. 항상 뒤를 생각하라.14 생각생각 두렷이[圓] 밝게 하여 스스로 본성을 보라. 선과 악이 비록 다르나 본성은 둘이 없으니 둘이 없는 성품, 이것이 실다운 성품[實性]이니라. 이 실다운

성품 가운데서 선악에 물들지 않는 이것이 원만보신불이니라.

자성이 한 생각이라도 악을 생각하면 만겁 동안 쌓은 착한 선善 종자가 없어지며 자성이 일념一念의 선을 생각하면 항하의 모래수 같은 수없는 악이 모두 없어져 곧 무상보리에 이르나니, 생각마다 자성을 보아 본념을 잃지 않는 것이 보신이니라.

선지식아! 법신이 사량思量하면 이것이 즉 화신불化身佛이요, 생각마다 스스로 자성을 보는 이것이 보신불이며 자성 공덕을 스스로 깨닫고 스스로 닦는 이것이 참된 귀의니라. 가죽과 살로 싸인 이 육신은 곧 색신色身이고 색신은 사택舍宅이니 색신에게 귀의한다고 말할 수 없느니라. 다만 자성의 3신을 깨달으면 곧 자성불을 아느니라.

14

여기에 앞이라 함은 앞 생각이요, 뒤라 함은 당장의 생각이다. 지나간 생각에 잡히지 말고 항상 당장 생각이 밝게 드러나되 또한 현재 생각에 매이지 않으며 다시 현재를 떠난 생각도 없으며 오직 현재 생각에서 두렷이 자성을 보라 함이 요지이다.

●

何名千百億化身고 若不思萬法하면 性本如空하고 一念思量하면 名爲變化니 思量惡事하면 化爲地獄이요 思量善事하면 化爲天堂이요 毒害는 化爲龍蛇요 慈悲는 化爲菩薩이요 智慧는 化爲上界요 愚痴는 化爲下方이라 自性이 變化甚多어늘 迷人이 不能省覺하고 念念起惡하야 常行惡道하나니 廻一念善하면 智慧卽生이니 此名自性化身佛이니라

何名圓滿報身고 譬如一燈이 能除千年暗하고 一智 - 能滅萬年愚하나니 莫思向前하라 已過라 不可得이니라 常思於後하야 念念圓明하야 自見本性이니 善惡이 雖殊나 本性은 無二라 無二之性이 名爲實性이니 於實性中에 不染善惡이 此名圓滿報身佛이니라 自性이 起一

念惡하면 滅萬劫善因이오 自性이 起一念善하면 得恒沙惡盡이니 直至無上菩提하야 念念自見하야 不失本念이 名爲報身이니라 善知識아 從法身思量하면 卽是化身佛이요 念念自性自見하면 卽是報身佛이요 自悟自修自性功德이 是眞歸依니라 皮肉은 是色身이니 色身은 是舍宅이라 不言歸依也니라 但悟自性三身하면 卽識自性佛이니라

●

이제 나에게 한 무상송無相頌이 있으니 너희들이 능히 외고 마음에 지녀라. 그러면 언하에 누겁累劫 동안 미혹하여 지은 죄가 일시에 소멸하리라.” 하시고 송을 이르셨다.

"미迷한 사람15 복을 닦고 도는 안 닦고
복만을 닦으면서 도라고 하네.
보시하고 공양함은 복은 많으나
마음속 삼악三惡은 짓고 있으니
복을 닦아 지은 죄를 없애려 해도
후세에 복은 받고 죄는 또 남네.

다만 마음 가운데 죄연罪緣 없애면
각자 성품에서 진참회眞懺悔 되니
대승법 깨달아서 진참회하고
사邪 없애고 행 바르면 즉시 무죄라.
학도자는 어느 때나 자성 관하라.
즉시에 제불들과 동일류同一類 되리.

우리 조사16 바라심은 돈법頓法 전하여
모든 중생 견성하여 한 몸 됨이니
오는 세상 누구든지 법신 보려면
모든 법상法相 여의고 마음 씻어라.
노력하라 살펴라 노닐지 마라.
뒷 생각 끊어지면 한 세상 가네.

대승을 깨달아서 견성하려면
경건히 합장하고 지성 다하라.

선지식아! 누구나 모름지기 이 게송을 외워라. 이에 의지하여 수행하면 언하에 견성할 것이니 비록 내게서 천리를 떨어져 있더라도 항상 내 곁에 있는 것과 같으려니와 만약 이 말 아래 깨치지 못하면 비록 나와 얼굴을 맞대고 있어도 천리를 떨어져 있는 것이니 어찌 힘들여 먼 데서 찾아오랴. 수고[17]들 했다. 잘들 가거라.” 하였다.

때에 함께한 대중이 대사의 법을 듣고 깨치지 않는 자가 없었으니 모두가 환희하여 받들어 행하였다.

[15]
유루(有漏) 유한의 세간복으로 무루(無漏) 무한의 공덕이 될 수 없는 것.
[16]
우리 조사 : 달마 이래 오조에 이르는 역대조사.
[17]
진중(珍重)인데 헤어질 때, 또는 편지 끝에 쓰는 인사말. ‘수고했다’ 또는 ‘안녕히 계십시오’ 정도의 뜻.

●

吾有一無相頌하니 若能誦持하면 言下에 令汝로 積劫迷罪를 一時消滅하리라 頌曰,

迷人은 修福하고 不修道하며　　只言修福을 便是道하나니
布施供養福無邊이나　　心中三惡元來造로다
擬將修福欲滅罪인댄　　後世에 得福罪還在니
但向心中除罪緣하면　　各自性中眞懺悔니라
忽悟大乘眞懺悔하야　　除邪行正卽無罪니

學道에 常於自性觀하라　卽與諸佛同一類이리

吾祖ㅣ惟傳此頓法하사　普願見性同一體하니

若欲當來覓法身인댄　離諸法相心中洗니라

努力自見莫悠悠하라　後念忽絶一世休니라

若悟大乘得見性인댄　虔恭合掌至心求니라

師言하사대 善知識아 總須誦取하야 依此修行하면 言下에 見性하리니 雖去吾千里라도 如常在吾邊이어니와 於此言下에 不悟하면 卽對面千里니 何勤遠來리오 珍重好去어다 一衆이 聞法하고 靡不開悟하야 歡喜奉行하니라

청정한 기연

대사께서 황매黃梅에서 법을 받고 소주韶州 조후촌曹侯村에 이르시니, 아무도 아는 이가 없었으나 다만 유지략劉志略이라는 유가의 선비가 있어서 매우 후하게 예우하였다. 지략의 고모 중에 여승이 된 이가 있어 이름을 무진장無盡藏이라 하였는데 항상 『대열반경』을 지송하고 있었다. 대사는 경 읽는 것을 잠시 듣고, 곧 그 오묘한 뜻을 아시고 그에게 해설하여 주었더니 그 비구니가 경을 듣고 와서 글자를 물었다.

대사는 말씀하시기를 "글자는 모르니 뜻을 물어라" 하셨다.

비구니가 말하기를 "글자도 모르고서 어찌 뜻을 압니까?" 한다.

대사께서 말씀하셨다. "모든 부처님의 묘한 진리는 문자에 상관없느니라."

이에 비구니는 놀라고 이상하게 여겨 온 동리 노덕에게 이 이야기를 퍼트렸다. 그리고 "이분은 필시 도인이니 마땅히 잘 받들어 공양하여야 한다." 하였다.

　그때에 진무후晋武侯의 현손玄孫이 되는 조숙량曹叔良이 그 곳에 살고 있었는데 주민들과 함께 다투어 찾아와서 예배드렸다. 그 무렵 보림寶林의 옛 절은 수隋나라 말엽의 병화로 타 버려 빈터만 남아 있었는데 이 옛터에 다시 정사를 짓고 대사를 맞아 계시게 하니 얼마 안 되어 보방寶坊이 다 이룩되었다.

　대사께서 이곳에 머무신 지 9개월 남짓하여 또 악당 무리들이 쫓아왔다. 대사께서 앞산으로 피하시니 저들이 불을 질러 초목이 모두 타올랐다. 대사께서는 돌 틈으로 밀고 들어가 몸을 숨기어 난을 면하셨다.

　지금 그 돌에는 대사께서 가부좌하고 앉으신 무릎 흔적과 옷자락 무늬가 남아 있어 '피난석'이라고 부르고 있다. 대사께서는 오조께서 '회懷를 만나면 머물고 회會를 만나면 숨으라' 하신 부촉을 생각하시고 두 고을[二邑]1 에 몸을 숨기셨던 것이다.

1

이읍 : 회집현(懷集縣)과 사회현(四會縣).

●

六　參請機緣

●

師自黃梅得法하사 回至韶州曹侯村하시니 人無知者이나 有儒士劉志略하야 禮遇甚厚러라 志略이 有姑하야 爲尼러니 名無盡藏이라 常誦大涅槃經이러니 師ー暫聽하시고 卽知妙義하사 遂爲解說하신데 尼乃執卷問字어늘 師ー曰 字卽不識이니 義卽請問하라 尼曰 字尙不識이어니 曷能會義리잇고 師曰 諸佛妙理는 非關文字니라 尼驚異之하야 遍告里中耆德云호되 此是有道之士니 宜請供養하라한데 有晋武侯玄孫曹叔良

과 及居民이 競求瞻禮러라

時에 寶林古寺ㅣ自隋末로 兵火已廢러니 遂於故基에 重建梵
宇하고 延師居之하니 俄成寶坊이라 師住九月餘日에 又爲惡黨의 尋逐
하야 師乃遁于前山이라가 被其縱火 焚燒草木하야 師隱身挨入石中하야
得免이러시니 石에 於是에 有師趺坐膝痕과 及衣布之紋이라 因名避難
石하니라 師憶五祖의 懷會止藏之囑하시고 遂行하야 隱于二邑焉하시니라

●

승 법해法海[2]는 소주韶州 곡강曲江 사람이다. 처음 조사께 참례하여
물었다.

"즉심즉불卽心卽佛의 뜻을 가르쳐 주십시오."

조사께서 말씀하셨다.

"전념前念[3]이 나지 않는 것이 마음에 즉卽함이요, 후념後念
이 멸하지 않는 것이 불에 즉함이며, 일체상一切相을 이룸은 마음
에 즉함이요 일체상을 여읨이 불에 즉함이니 내가 이를 다 말하자
면 겁을 다하여도 다 말하지 못하느니라. 내 게송을 들어라.

　　마음에 즉함[4]이 이것이 혜慧요
　　불에 즉함이 이것이 정定이니
　　정과 혜과 서로 같아서
　　그 뜻이 항상 청정하니라.
　　나의 이 법문을 깨달음은
　　너의 습성習性[5]을 말미암이니
　　용用[6]은 본래 남이 없음[無生]이라.
　　쌍雙[7]으로 닦음, 이것이 정正이니라."

법해는 언하에 대오하고 게송을 지어 찬탄하였다.

"이 마음이 원래 불인 것을

깨닫지 못하고서 스스로 굴屈하였네.
내 이제 정과 혜의 원인을 알아서
쌍으로 닦으니 모든 상을 여읜다.”

2

법해 : 『단경』의 편집자.

3

전념이 나지 않았으니 불생(不生)이요, 후념은 아직 나지 않았으니
불멸이다. 여기 전념에서 불생하고 후념에서 불멸한 당체가 무엇인
가에 착안하여야 이 일단의 법문에 해득이 간다. 이 한 물건이 일체
상을 이루고, 또는 일체상을 여읜다.

4

즉한다는 말이 앞에 수차 용례가 보인다. ‘그것으로 본성불이(本性
不二)를 이룬 것’이라고나 할까. 그것이란 무엇일까? 마음이며, 불이
며, 생이며, 멸이며, 현실이다. 다시 뒤의 용례를 보자.

5

생의 습성으로 말미암아 법문을 깨닫는다. 습성이 성(性)에 즉한 까닭
이니 습성은 본성에 통하고 불이(不二)를 이룬 것임을 착안하게 한다.

6

용 : 본체의 작용이다. 본체가 본시 그 존재가 절대적인 때, 그 용이
또한 절대적인 것, 여기에 생이니 멸이니 분주히 일어나지만 다만
이름뿐 생도 멸도 없는 것이어서 무생(無生)이라 한다.

7

쌍 : 본체의 면과 작용의 면이다.

●

一僧法海는 韶州曲江人也라 初參祖師하고 問曰 卽心卽佛을 願垂指
諭하소서 師曰 前念不生이 卽心이요 後念不滅이 卽佛이며 成一切相이
卽心이요 離一切相이 卽佛이니 吾若具說인댄 窮劫이라도 不盡이니라
聽吾偈하라 曰

即心名慧요 即佛乃定이니

定慧等等하야 意中清淨이라

悟此法門은 由汝習性이니

用本無生이라 雙修是正인저

法海 – 言下에 大悟하야 以偈讚曰

即心이 元是佛이어늘 不悟而自屈이로다

我知定慧因하야 雙修離諸物이로다

●

승 법달法達은 홍주洪州 사람이다. 7세에 출가하여 항상 『법화경』을 외워 왔다. 조사를 뵈옵고 예배할 적에 머리가 땅에 닿지 않으니 조사께서 꾸짖었다.

"절을 하여도 머리를 땅에 붙이지 않으니 절을 아니 함과 같지 않느냐? 네 마음속에 반드시 한 물건이 있구나! 네가 익혀 온 일이 무엇이냐?"

법달이 여쭈었다.

"『법화경』을 3천 번 외웠습니다."

조사께서 이르셨다.

"네가 만약 경을 만 번 외워 경의 뜻을 알았더라도 그것으로 자랑을 삼지 않으면 나와 더불어 함께 행하려니와, 네가 이제 그 일을 자부하여 도무지 허물되는 줄을 모르는구나! 내 게송을 들어라.

예배는 본래 아만我慢 콧대 꺾자는 것.
어찌하여 머리가 땅에 닿지 않는가?

아我가 있으면 곧 죄가 생기고

공功을 잊으면 복이 한량없네."

조사께서 또 말씀하셨다.

"네 이름이 무엇이냐?"

"법달입니다."

"네 이름이 법달이기는 하나 아직 법에는 달하지 못하였구나! 다시 내 게송을 들어라.

너 이제 이름을 법달이라 하나
부지런히 외울 뿐 쉬지[8] 못했네.
공연히 외움은 소리만을 따르는 것.
마음을 밝혀야만 보살이 된다.
너 나와 더불어 인연 있으니
내 이제 너 위하여 말하노라.
부처님은 말 없음을 오직 믿어라.[9]
입에서 연꽃이 피어나리라."

—

8

쉰다 함은 소리와 빛깔 등 경계에 끄달려 생각을 내는 것을 쉰다는 뜻이다. 마음을 밝혀 법을 보아야 쉬게 된다.

9

8만 4천 법문은 그만두고 여기 『법화경』 7권은 무엇인가? 설에 즉(即)하여 설함이 없는 것, 그래서 세존은 "내 일찍이 한 법도 설함이 없다." "여래가 법을 설한다고 한다면 여래를 비방하는 것"이라 했다. 법도 없고 설함도 없는 무법(無法)·무설(無說)이 진설(眞說)이다.

●

僧法達은 洪州人이라 七歲에 出家하야 常誦法華經이러니 來禮祖師에 頭不至地어늘 祖訶曰 禮不投地하니 何如不禮리요 汝心中에 必有一

物이니 蘊習何事耶 日 念法華經을 已及三千部호이다 祖曰 汝若念至
萬部하야 得其經意라도 不以爲勝則 與吾偕行이어니와 汝今負此事業
하야 都不知過하니 聽吾偈하라 曰

　　禮本折慢幢이어늘 頭奚不至地오
　　有我면 罪卽生이요 亡功하면 福無比니라

　　師又曰 汝名이 什麼오 曰 法達이니다 師曰 汝名法達이나 何
曾達法이리요 復說偈曰

　　汝今名法達이나 勤誦未休歇하니
　　空誦하면 但循聲이요 明心하면 號菩薩이니라
　　汝今有緣故로 吾今爲汝說하노니
　　但信佛無言하면 蓮華 – 從口發하리라

　　　　　●

법달이 게송을 듣고 깊이 뉘우치고 사과하였다.

　"이제부터는 마땅히 겸손하고 일체를 공경하겠습니다. 제
자는 『법화경』을 외워도 아직 경의 뜻을 알지 못하므로 마음 한구
석에 항상 의심이 있사옵니다. 화상께서는 지혜가 광대하시니 바
라옵건대 경의 뜻을 간략히 말씀하여 주십시오."

　"법달아, 법인즉 본래 심히 달하였으나 네 마음이 달하지
못하였으며, 경은 본래 의심할 여지가 없는데 네 마음이 스스로 의
심하는구나! 네가 이 경을 왼다니 이 경은 무엇으로 종宗을 삼는다
고 생각하느냐?"

　"학인은 근성이 어둡고 둔하여 이제까지 다만 겉으로 글
자만 따라 외웠을 뿐이오니 어찌 종취를 아오리까?"

"그렇다면 나는 글자를 모르니 네가 경을 한번 외워 보아라. 내 마땅히 너를 위하여 해설하리라."

이에 법달이 고성으로 경을 외워 비유품까지 이르니 조사 말씀하셨다.

"그만 그쳐라, 이 경은 원래 인연출세因緣出世로 종을 삼는 것이니, 비록 여러 가지 비유를 들어 말씀하시나 다시 이를 넘지 않는다. 인연이라 함은 무엇일까? 경에 이르기를 '제불 세존이 오직 일대사인연一大事因緣으로 이 세상에 출현하신다' 하였으니 일대사라 함은 부처님의 지견知見이다. 세상 사람들이 밖으로 미혹하여 상相에 착하고 안으로 미혹하여 공空에 착하니 만약 능히 상에서 상을 여의고 공에서 공을 여의면 즉시 내외로 미혹하지 않을 것이니 만약 이 법을 깨달아 한 생각 마음이 열리면 이것을 불지견佛知見을 열었다 하느니라.

불佛이란 깨달음[覺]이라는 뜻이니 나누면 네 가지가 되느니라. 깨달음의 지견을 열며, 깨달음의 지견을 보이며, 깨달음의 지견을 깨닫게 하며, 깨달음의 지견에 들어가게 함이니, 만약 깨달음의 지견을 열어 보임을 듣고 문득 능히 깨달아 들어가면 곧 깨달음의 지견이 본래의 참 성품의 나타남이게 되나니, 너는 경의 뜻을 그릇 알지 않도록 삼가라. 경에 '열어 보이고 깨달아 들어간다' 이르심을 보고 '이것은 부처님의 지견일 뿐, 우리들 분수에는 맞지 않는다' 하는 이런 견해를 짓는다면 이는 바로 경전을 비방하고 부처님을 허[毀]는 것이니라.

達이 問偈悔謝曰 而今而後에 當謙恭一切하리다 弟子ㅣ 誦法華經호대 未解經義하야 心常有疑로니 和尙은 智慧廣大하시니 願略說經中義理

하소서 師曰 法達아 法卽甚達이나 汝心不達하야 經本無疑어늘 汝心自
疑로다 汝念此經에 以何爲宗고 達曰 學人은 根性이 暗鈍하야 從來로
但依文誦念이어니 豈知宗趣니잇고 師曰 吾不識文字하니 汝試取經하
야 誦之一徧하라 吾當爲汝解說호리라 法達이 卽高聲念經하야 至譬喩
品이어늘 師曰 止하라 此經은 元來以因緣出世로 爲宗이니 縱說多種譬
喩라도 亦無越於此니라 何者因緣고 經云 諸佛世尊이 惟以一大事因
緣故로 出現於世라하시니 一大事者는 佛之知見也라 世人이 外迷着相
하고 內迷着空이어니와 若能於相에 離相하고 於空에 離空하면 卽是內
外不迷니 若悟此法하야 一念心開하면 是爲開佛知見이니라 佛은 猶覺
也라 分爲四門하니 開覺知見하며 示覺知見하며 悟覺知見하며 入覺知
見이라 若聞開示하고 便能悟入하면 卽覺知見本來眞性이 而得出現이
니 汝愼勿錯解經意호대 見他道開示悟入하고 自是佛之知見이라 我輩
는 無分이라하야 若作此解하면 乃是謗經毁佛也니라

●

저가 이미 불이며 이미 지견을 갖추었으니 어찌 다시 열[開] 것이
있으랴. 마땅히 너는 불지견이라는 것은 다만 너 자신의 마음일 뿐
다시 다른 불이 없는 것임을 믿어라.

　　대개 일체 중생이 스스로 자기 광명을 가리고 육진六塵 경
계를 탐애하여 밖으로 반연하고 안으로 흔들리면서 온 생애를 쫓
고 쫓기며 시달려도 도리어 달게 여기니, 이에 세존께서 삼매三昧
에서 일어나시어 여러 가지 간곡한 말씀으로 저들에게 권하여 편
안히 쉬도록 짐짓 수고하시는 것이다.

　　부디 밖을 향하여 구하지 마라. 불과 더불어 둘이 아니기 때
문이니 이 까닭에 '불지견을 열라' 하신 것이며 나도 또한 모든 사람

에게 권하기를 '자기 마음속에서 항상 불지견을 열라' 하는 것이다.

세간 사람이 마음이 삿되고 어리석으며 미혹하여 죄를 짓되, 입은 선하고 마음은 악하며 탐심貪心·진심嗔心·질투심과 아첨과 아만으로 남을 침해하고 일을 해쳐서 스스로 중생지견을 여나니, 만약 능히 마음을 바르게 하고 항상 지혜를 내어 자기 마음을 비추어 보아 악한 짓을 그치고 착한 일을 행하면 이것이 스스로 불지견을 여는 것이니라. 너는 모름지기 생각마다 불지견을 열고 중생지견을 열지 않도록 하라. 불지견을 열면 이것은 즉시 세간에서 뛰어남이요, 중생지견을 열면 이것이 곧 세간이니라. 네가 만약 다만 힘들여 경이나 외고 그것으로 공과를 삼는다면 이우犛牛10가 제 꼬리를 사랑하는 거와 무엇이 다르랴!"

10

이우 : 설산에 있다 한다. 꼬리가 길고 칼처럼 날카롭다. 이우가 꼬리를 아끼고 핥다가 혀를 베어 피가 난다. 꼬리에 맛이 있다 하고 핥다가 마침내 죽어 간다.

●

彼旣是佛이라 己具知見이어니 何用更開리요 汝今當信 佛知見者인댄 只汝自心이요 更無別佛이니라 盖爲一切衆生이 自蔽光明하고 貪愛塵境하야 外緣內擾하야 甘受驅馳할세 便勞他世尊이 從三昧起하사 種種苦口로 勸令寢息이니 莫向外求하면 與佛無二라 故云 開佛知見이라하시니라 吾亦勸一切人하노니 於自心中에 常開佛之知見이어다 世人이 心邪하야 愚迷造罪하야 口善心惡하야 貪嗔嫉妬와 諂侫我慢으로 侵人害物하야 自開衆生知見이어니와 若能正心으로 常生智慧하야 觀照自心하야 止惡行善하면 是自開佛之知見이니 汝須念念에 開佛知見하고

勿開衆生知見이어다 開佛知見하면 即是出世요 開衆生知見하면 即是
世間이니 汝若但勞勞執念하야 以爲功課者인댄 何異犛牛愛尾리요

법달이 여쭈었다.

"만약 그러하오면 다만 뜻만 알도록 하고 수고롭게 경을
외울 것은 없겠습니까?"

조사께서 말씀하셨다.

"경에 무슨 허물이 있건대 너의 경 외는 것을 못하게 하랴.
대개 미와 오悟가 사람에게 있고 손해되고 이익되는 것이 모두 자
기에게 달렸으니 입으로 외고 마음으로 행하면 곧 이것이 경을 굴
리는 것이요, 입으로는 외워도 마음으로 행하지 않으면 이것은 경
이 너를 굴리는 것이니 다시 내 게송을 들어라.

> 마음이 미혹하매 『법화경』에 굴리고
> 마음을 깨달으니 『법화경』을 굴리누나.
> 아무리 경 외워도 자성을 못 밝히면
> 뜻과는 오히려 원수같이 등이 졌네.
> 무념無念으로 경 외우니 바른길이 두렷하고
> 유념有念으로 경 외우니 그릇된 길 헤매누나.
> 유념 무념 모두 다 계교計較 않으니
> 길이 길이 백우거白牛車11를 타고 노니네."

법달이 이 게송을 듣고 곧 크게 깨치고 저도 모르게 슬피
울면서 조사께 여쭈었다.

"법달은 이제까지 실로 한 번도 『법화경』을 굴리지 못하
고 『법화경』에 굴리어 왔습니다." 하고 다시 여쭈기를

"경에 이르기를 '모든 대성문大聲聞12들과 보살들이 다 함

께 생각을 다하여 헤아리더라도 부처님의 지혜는 측량하지 못한다.' 하였사온데 이제 범부가 다만 자기 마음만 깨달으면 곧 불지견을 이루는 것이라 하시니 스스로 상근기上根機가 아닌 자는 의심하거나 비방하지 않을 수 없을 것입니다. 또 경에 삼거三車를 말씀하셨사온데 양녹거羊鹿車와 백우거白牛車를 어떻게 구별하올지 바라옵건대 화상께서는 다시 가르쳐 주십시오."

조사께서 말씀하셨다.

"경에는 뜻이 분명한데 네가 스스로 미혹하여 모르는구나. 모든 삼승인三乘人13이 부처님의 지혜를 측량하지 못하는 것은 그 허물이 헤아리고 짐작하는 데 있나니, 비록 저들이 있는 힘을 다하여 생각하고 함께 추구하더라도 더욱더 멀어지느니라.

11

백우거 : 백우는 사람이 본래부터 갖추고 있는 자성을 가리킨다.『법화경』에 불집에서 어린 것들을 달래어 밖으로 끌어내기 위하여 집 밖에 양거(羊車), 녹거(鹿車), 백우거(白牛車)를 대어 놓고 마침내 어린 것을 구해 내는 비유가 있다. 여기 양거·녹거는 힘이 약하여 근근이 한 사람이 탄 수레일 뿐이다. 이것은 성문·연각의 2승을 가리키는 말씀이고 백우거는 '수레는 높고 넓으며 보배로 장식했고……화려하게 장엄되었으며 이 수레를 끄는 흰 소는 살결이 희고 몸매가 뛰어났고 걸음걸이가 반듯하고 의젓하며 달릴 때는 바람과 같이 빠른' 수레라 하였으니 일불승(一佛乘)을 가리킨 것이다. 누구든지 번뇌 화택에 살고 있는 듯하지만 실로는 백우거를 타고 노닐고 있는 것이 만인의 실상이라는 것이 뒤에 거듭 자세하다.

12

성문 : 자기 수행만을 위주로 수행하는 출가의 성자.

13

삼승 : 승이라 함은 타는 것, 수레를 타고 깨달음에 이르는 것이다.

불교의 참 가르침은 오직 하나이니, 모두가 한결같이 성불할 것을
설하는 것을 일승이라 한다. 그러나 중생의 성질과 능력에 따라 성
문(聲聞), 연각(緣覺), 보살(菩薩)의 세 가지 수행의 길이 있으니 이
것이 삼승이다.

●

達曰 若然者인댄 但得解義요 不勞誦經耶리잇고 師曰 經有何過완대
豈障汝念이리요 只爲迷悟 – 在人하고 損益이 由己니 口誦心行하면 卽
是轉經이요 口誦心不行하면 卽是被轉經이니라 聽吾偈하라 曰

心迷에 法華轉이요　　心悟에 轉法華니
誦經久不明하니　　與義作讐家로다
無念念하면 卽正이요　有念念하면 成邪니
有無俱不計하면　　長御白牛車하리라

達이 聞偈하고 不覺悲泣하야 言下大悟하야 而告師曰 法達은
從昔己來로 實未曾轉法華하고 乃被法華轉이로소이다하고 再啓曰 經에
云호대 諸大聲聞과 乃至菩薩이 皆盡思共度量하여도 不能測佛智라하
야시늘 今令凡夫로 但悟自心하면 便名佛之知見이라하시니 自非上根이
면 未免疑謗이로소이다 又經에 說三車하시니 羊鹿之車 – 與白牛之車로
如何區別이니고 願和尙은 再垂開示하소서

師曰 經意分明이어늘 汝自迷背로다 諸三乘이 不能測佛智者
는 患在度量也니 饒伊盡思共推라도 轉加懸遠이니라

●

부처님은 본래 범부를 위하여 말씀하신 것이요 결코 부처님을 위
하여 말씀하신 것이 아닌데 이 도리를 믿지 않는 자는 자리에서 물

러가는[14] 대로 맡겨 두거니와 이들은 또한 스스로 백우거白牛車에 앉아 있으면서 다시 문 밖으로 삼거三車를 찾아 헤매는 것을 알지 못하는구나. 하물며 경문에 분명히 너희에게 이르기를 '오직 일불승一佛乘이 있을 뿐 다른 승乘인 이승二乘·삼승三乘이 없다' 하였고 '내지 무수한 방편과 가지가지 인연과 비유의 말씀이 모두가 일불승인 이 법을 위함이라' 말씀하시지 않았더냐? 너는 어찌하여 3거는 거짓이며 예전[15]을 위함이요, 일승一乘은 실지며 이것이 지금을 위한 것임을 살피지 못하느냐? 이는 다만 너로 하여금 거짓을 버리고 실지에 돌아오게 하려 함이니 실지에 돌아와서는 실지라는 이름조차 또한 없는 것이니라.

마땅히 알아라. 있는바 모든 보물과 재물이 모두 네게 속하고 네 마음대로 쓰일 것이요 다시는 아버지니 아들이니 하는 생각도 할 것이 없으며 또한 쓴다는 생각도 하지 마라.[16] 이렇게 알면 이것이 『법화경』을 수지하는 것이니 겁劫과 겁이 다하도록 손에서 경을 놓지 않는 것이며 낮이나 밤이나 외우지 않는 때가 없는 것이 되느니라."

이에 법달이 가르침을 받고 환희용약하며 게송을 지어 찬양하였다.

"법화경 3천 번 읽는 것이
조계曹溪 한 마디에 자취 조차 없어졌네.
부처님 오신 뜻을 알지 못하거니
다생 동안 미친[狂] 짓 어찌 쉬오리.
양거·녹거·백우거로 방편을 삼아
초初·중中·후後로 잘도 설했네.
누가 있어 알았던가 이 화택火宅[17] 속의
이 몸이 원래부터 법왕法王인 것을."

조사께서 말씀하셨다.

"너는 바야흐로 경을 외는 중이라 할 수 있으리라."18

법달은 이때부터 깊은 뜻을 알고 송경하기를 쉬지 않았다.

—

14

법화회상에서 부처님은 사리불에게 정중하고 은근한 세 차례의 청을 받고 나서 이제까지 설하지 않은 심심미묘한 법을 설하실 것을 승낙하시고 사리불에게 "자세히 듣고 잘 생각하라. 내가 말하리라" 말씀하시니 거기 있던 비구·비구니·우바새·우바이 등 5천의 무리가 자리에서 물러갔던 것이다. 이들은 얻지 못한 것을 얻었다고 자긍하고 그것으로 만족을 삼는 무리로서 부처님은 말씀하시기를 "저들은 죄의 근원이 깊고 중하여 증상만(增上慢)이라……" 하시면서 자리에서 물러가는 것을 막지 않으셨다

15

여기에 옛적이라 함은 실지인 불성자리에 돌아오기 이전인 2승·3승의 시절을 말함이고 지금이란 일불승에 돌아온 시절이다.

16

모든 보물, 모든 공능이 모두가 자성의 것. 자성이 화수분이다. 다음의 아버지는 부처님, 아들은 중생.

17

화택 : 찰나 무상(無常)의 중생, 번뇌의 불길은 쉴 사이 없이 타오르니 세계와 몸이 쉴 새 없이 허물어져 죽음을 향하여 치닫고 있다. 이것이 어찌 불집이 아닐까.

18

법달이 깨쳤음을 인정한다.

●

佛은 本爲凡夫說이요 不爲佛說이니 此理를 若不肯信者는 從他退席이어니와 殊不知坐却白牛車하야 更於門外에 覓三車로다 況經文에 明向

汝道하사대 惟一佛乘이오 無有餘乘의 若二若三이며 乃至無數方便과
種種因緣과 譬喩言詞ㅡ 是法이 皆爲一佛乘故라하시니 汝何不省고 三
車는 是假라 爲昔時故요 一乘은 是實이라 爲今時故니 只教汝로 去假
歸實이언정 歸實之後엔 實亦無名이라 應知所有珍財ㅡ 盡屬於汝하야
由汝受用이니 更不作父想하며 亦不作子想하며 亦無用想이 是名持法
華經이라 從劫至劫토록 手不釋卷하며 從晝至夜토록 無不念時也니라

　　達이 蒙啓發하고 踊躍歡喜하야 以偈讚曰

經誦三千部	曹溪一句亡이로다
未明出世旨하면	寧歇累生狂이리요
羊鹿牛는 權設이요	初中後善揚이라
誰知火宅內ㅡ	元是法中王이리오

　　師曰 汝今後에 方可名念經僧也로다하시니 達이 從此領玄旨
하고 亦不輟誦經하니라

　　　●

승 지통智通은 수주壽州 안풍安豊 사람이다. 처음에 『능가경楞伽經』19
을 천여 편이나 보았으나 삼신三身 사지四智20를 알 수 없었다. 그
래서 조사께 예배하고 그 뜻을 물었다. 조사께서 말하셨다.

　　"삼신이라는 것은 청정법신清淨法身은 너의 성품이요 원
만보신圓滿報身은 너의 지혜요 천백억화신千百億化身은 너의 행이니
만약 본성을 여의고 따로 삼신을 말한다면 이것은 몸은 있어도 지
혜가 없다 할 것이요 만약 3신이 제각기의 성품이 없음을 깨달으
면 곧 사지보리四智菩提에 밝을 것이다. 나의 게송을 들어라."

　　"자성이 삼신을 갖추었으니

이를 밝혀 알면 사지四智를 이루나니
보고 듣는 인연을 여의지 않고
단번에 불지佛地에 뛰어오르리.
내 이제 너를 위해 말하노니
밝게 믿어 길이길이 미迷하지 말고
마음 밖을 향하여 구하는 자의
입에 바른 보리도菩提道 배우지 마라."

통通이 다시 여쭈었다.

"4지의 뜻을 더 알고자 하옵니다."

"네가 이미 3신을 알았다면 곧 4지에 밝을 터인데 어찌하여 다시 묻느냐? 만약 3신을 여의고 따로 4지를 논한다면 이것은 지혜는 있어도 몸이 없다 할 것이니, 이 지혜가 있다는 것이 도리어 지혜가 없는 것이 되느니라." 하시고 다시 게송으로 이르셨다.

"대원경지大圓鏡智21는 성품의 청정이요
평등성지平等性智22는 마음에 병 없음이며
묘관찰지妙觀察智23는 봄[見]이 공功 아님이며
성소작지成所作智24는 원경圓鏡과 같도다.
5·8·6·7식識25이 과果와 인因으로 전하나
다만 말과 이름이 있을 뿐 실성이 없으니
만약 전轉하는 곳 따라26 뜻을 두지 않으면
번거로이 오고 감이 나가정那伽定27에 있음이리."

[위 말씀은 식(識)을 굴려서 지혜를 이룸을 말씀함이다. 경에 이르기를 "전5식(前五識)을 굴려서 성소작지를 만들고, 제6식을 굴려서 묘관찰지를 만들고, 제7식을 굴려서 평등성지를 만들며, 제8식을 굴려서 대원경지를 만든다. 비록 6·7식은 인(因) 가운데에서 굴리고 5·8식은 과상(果上)에서 굴린다고 하나 다만 이름이 굴리는 것이요 그 체(體)가 구르는 것이 아니다." 하였다.]

이에 통이 즉시에 성지性智[28]를 깨닫고 드디어 게송을 지어 올렸다.

"3신은 원래 내 몸이 그요
4지는 원래 본마음 밝음이라.
3신 4지 원융하여 걸림 없으니
사태에 응하고 형세 따름에 맡겨 두네.
수행을 일으킴은 모두가 망동이요
머물러 지킨대도 또한 참이 아니라.
스승 인因해 묘한 뜻 이제 밝으니
마침내 염오染汚[29]의 말조차 없네."

—

19

『능가경』: 세존이 마라야산(摩羅耶山) 능가성 중에서 대혜(大慧) 등 보살을 위하여 세존 자증(自證)의 경계를 설한다.

20

4지 : 유루(有漏) 번뇌신(煩惱身)을 굴려서 얻어지는 4종의 무루지(無漏智). 제8아뢰야식(阿賴耶識)을 굴려서 대원경지(大圓鏡智)를, 제7말나식(末那識)을 굴려서 평등성지(平等性智)를, 제6의식(意識)을 굴려서 묘관찰지(妙觀察智)를, 전5식(前五識)을 굴려서 성소작지(成所作智)를 이룬다. 이것이 4지다. 그러나 실로는 4지는 본심의 밝음일 뿐이다. 여기서는 이 도리를 거듭 밝히고 있다.

21

원경지 : 자성 본래를 가리킨 이름. 자성 법계는 두루하지 않음이 없고, 마치 맑은 거울과도 같이 능히 만상을 나타내되, 자취를 남기지 않으며 본체가 스스로 여여(如如)하다. 이를 일체종지(一切種智)라고 한다. 뒤의 원경(圓鏡)도 같은 말이다.

22

평등성지 : 본성에 사사로운 욕심이 없음을 가리킴. 본성에는 대소 현우(賢愚)의 상이 없다. 모두가 평등한 일체이기 때문이다. 여기서 불평등의 그릇된 마음병에 걸려 있는 중생을 보고 대비심을 일으킴

을 평등성지라 한다. 본성이 본래 평등하여 어긋남이 없는 것이므로
여기서 '마음에 병 없음'이라 한 것이다.

23

묘관찰지 : 보되 보는 상이 없는 자성의 지혜를 가리킨다. 대비심이
끊임이 없으므로 선방편을 써서 제법을 분별하며 공교하게 법을 설
한다. 그러나 분별하는 상이 없으며 또한 자성을 여의지 않는다. '봄
이 공(功)이 아니라' 함은 보되 보는 상이 없음을 말한다.

24

성소작지 : 어묵동정(語默動靜) 일체 동작 중에 자성의 청정을 드러
내는 지혜다. 그래서 '대원경지와 같다'고 한 것이다.

25

중생의 마음에 8식이 있어 이 식이 서로 엇바뀌어서 본성을 미혹하
게 하고 생사에 빠지게 한다. 이 8식을 굴려서 사지(四智)를 이루는
것이다. 안(眼)·이(耳)·비(鼻)·설(舌)·신(身)에 각각 식이 있어 이
것을 전오식(前五識)이라 하고 의식(意識)은 제6식. 분별을 일으키
지 않고 일체 사리를 함장한 본체를 제8아뢰야식이라 한다. 이 8식
과 6식 사이를 연결하는 것이 제 7말나식(末那識)이다. 불과(佛果)
를 이루었을 때 전5식은 성소작지가 되고 제8식은 대원경지가 된다.
그리고 제6식은 묘관찰지가 되고 제7식은 평등성지가 되나 앞의 8
식과 전5식은 불(佛)을 이룬 때에[果上], 뒤의 7식과 6식은 불을 이
루기 위하여 닦아 가는 중에[修因] 굴리게 된다. 그러나 실제에 있어
이러한 각 식이 각각 자기 고유의 주재성(主宰性)이 있어서 굴려지는
것은 아니다. 다만 이름뿐이다. 왜냐하면 본래 4지에 자성이 없기 때
문이다. 육조 스님이 '이름일 뿐 실재성이 없다' 한 소이가 이것이다.

26

27조 '반야다라' 존자의 게송에 '흐름에 따라서 성품을 보니, 구르는
곳마다 그윽하고 고요하다(隨流認得性 轉處悉能幽).' 하였다.

27

나가정 : 대룡삼매(大龍三昧)라 번역. 부처님의 정(定)의 의미. 용이
항상 고요를 취하고 생각을 거둬 정력이 있어 신변(神變)을 나툰다
는 데서 온 말.

성지 : 사지(四智).

염오 : 번뇌·산란·죄·무명·장애 등 자성의 청정과 자재를 더럽히고 결박한다고 생각되는 것들.

●

僧智通은 壽州安豊人이라 初看楞伽經을 約千餘遍호대 而不會三身四智하야 禮師하고 求解其義한대 師曰 三身者는 淸淨法身은 汝之性也요 圓滿報身은 汝之智也요 千百億化身은 汝之行也니 若離本性하고 別說三身하면 卽名有身無智어니와 若悟三身 無有自性하면 卽名四智菩提니라 聽吾偈하라 曰

自性이 具三身하야　　發明成四智하나니
不離聞見緣하고　　超然登佛地로다
吾今爲汝說하노니　　諦信永無迷하야
莫學馳求者의　　終日說菩提어다

通再啓曰 四智之義를 可得聞乎이가 師曰 旣會三身인댄 便明四智니 何更問耶아 若離三身하고 別談四智하면 此名有智無身也니 卽此有智 – 還成無智니라 復偈曰

大圓鏡智는 性淸淨이오　　平等性智는 心無病이며
妙觀察智는 見非功이오　　成所作智는 同圓鏡이로다
五八六七은 果因轉이나　　但用名言無實性이니
若於轉處에 不留情하면　　繁興永處那伽定하리라

[如上은 轉識爲智也니라 敎中云호대 轉前五識하야 爲成所作

智하며 轉第六識하야 爲妙觀察智하며 轉第七識하야 爲平第
性智하며 轉第七識하야 爲平等性智하며 轉第八識하야 爲大
圓鏡智니라 雖六七은 因中轉하고 五八은 果上轉이나 但轉其
名이요 而不轉其體也니라하시니라]

通이 頓悟性智하야 遂呈偈曰

三身이 元我體요	四智는 本心明이라
身智 - 融無碍하야	應物任隨形이로다
起修는 皆妄動이요	守住도 匪眞精이라
妙旨를 因師曉하니	終亡染汚名이로다

●

승 지상智常은 신주信州 귀계貴溪 사람이다. 어려서 출가하여 견성하기
를 뜻하더니 하루는 조사께 찾아와 예배드렸다. 조사께서 물으셨다.

"너는 어디서 왔으며 무슨 일을 하고자 하느냐?"

"학인이 근자에 홍주洪州 백봉산白峰山으로 대통大通 화상
을 찾아뵙고 견성성불의 뜻을 배웠사오나 아직도 의심을 끊지 못
하여 이제 멀리서 찾아와 뵈옵니다. 바라옵건대 화상께서는 자비
로 가르쳐 주십시오."

"그곳에서 어떻게 배웠는가? 나에게 말해 보아라."

"지상이 그곳에 이르러 석 달이 되어도 가르침을 받지 못
하였기에 법을 위한 생각이 간절하여 하루 저녁에 홀로 방장실에
들어가 물었습니다. '어떤 것이 저의 본심 본성입니까?' 하니 대통
화상 말씀이 '네가 허공을 보았느냐?' '네 보았습니다.' '네가 허공
에서 어떤 모양을 보았느냐?' '허공은 형상이 없는데 어찌 무슨 모

양이 있겠습니까?' 하였더니, 화상께서 말씀하시기를 '너의 본성은 마치 저 허공과 같아서 마침내 한 물건도 가히 볼 수 없는 것이니 이 것이 정견이며 한 물건도 알 수 없으면 이것이 참으로 아는 것이며 청靑·황黃·장長·단短도 없고 다만 본원이 청정하고 각체覺體가 두렷 이 밝은 것을 보면 이것을 견성성불이라 하며 또한 여래지견如來知 見이라 하느니라.' 하셨습니다. 학인이 비록 이 말씀을 들었사오나 아직도 알지 못하오니 바라옵건대 화상께서는 가르쳐 주십시오."

조사께서 말씀하셨다.

"그 스님의 말씀에는 아직도 봄[見]과 앎[知]이 있었으므 로 네가 알지 못하였구나. 내가 너에게 게송 하나를 주리라.

한 법도 보지 않는30 무견無見을 둠이여
흡사 뜬구름이 해[日]를 가림과 같고
한 법도 알지 않는31 공지空知를 지킴이여
허공에서 도리어 번개를 침이라.
이와 같은32 지견이 잠시라도 일어나면
그릇된 앎이거니 어찌 방편을 다 알손가.
너 마땅히 일념에서 자기 잘못 알면
자기의 신령한 빛이 언제나 드러나리."

지상이 게송을 듣고 마음이 활연히 열려 곧 게송을 지었다.

"무단히33 지견을 일으켜
상相에 착하여 보리를 구하였네.
마음에 한 생각 '깨달음' 두면
미혹했던34 옛날보다 무엇이 나으리.
깨달음의 본원체 이 자성이
경계를 따라서 떠돌아다니니
만약에 조사실에 들지 않았던들

아득히 두 갈림길35 헤매었으리."

30

한 법도 보지 않는다는 것은 그것이 한 법도 보지 않는다는 견해를
두는 것이다. 이것이 자성의 태양을 가리는 큰 구름이다.

31

한 법도 앎이 없다는 것도, '한 법도 앎이 없다'는 앎이 있는 것이니
이런 경우를 '귀를 막고 방울을 흔든다'는 것이다.

32

무견(無見)과 공지(空知)가 근본이 되어서 모든 견해가 일어나는 것,
이것을 모르고 깨달음이라 한다면 큰 잘못임.

33

한 물건도 '봄이 없다' '앎이 없다' 한 것이 모두가 부질없이 일으킨
지견이다. 이런 것은 한 물건이 있다 없다는 상을 여의지 못한 것이
니 이런 상과 상관하여 얻어진 무견(無見), 무지(無智)로 깨달음을
삼는 것은 바로 상에 착하여 보리를 구하는 것임.

34

본래 막힘없는 실상은 모르고 '깨달음'이라는 한 조각구름에 눈을
가린 것을 상상해 보자.

35

앎과 경계의 대대(對待)의 관계(두 갈림길)에서는 언제나 자기는 본
래의 제자리에서는 멀리 떨어지는 것, 그러므로 본원의 참경지에 설
때가 비로소 주체적 자기를 확립한 때다.

●

僧智常은 信州貴溪人이라 髫年에 出家하야 志求見性이러니 一日에 參

禮한대 師曰 汝從何來며 欲求何事오 曰 學人이 近往洪州白峯山하야

禮大通和尙하옵고 蒙示見性成佛之義이오나 未決疑일새 遠來投禮로

소니 伏望和尙은 慈悲指示하소서 師曰 彼有何言句오 汝試擧看하라 曰

智常이 到彼하야 凡經三月호대 未蒙示誨라 爲法切故로 一夕에 獨入丈

室하야 請問如何是某甲의 本心本性이러니 大通이 乃曰 汝見虛空否와
對曰 見이니이다 彼曰 汝見虛空에 有相貌否아 對曰 虛空은 無形이어니
有何相貌리잇고 彼曰 汝之本性이 猶如虛空하야 了無一物可見이 是名
正見이오 了無一物可知 - 是名眞知며 無有靑黃長短하고 但見本源淸
淨한 覺體圓明이 卽名見性成佛이오 亦名如來如見이라하야시늘 學人이
雖聞此說이나 猶未決了로서니 乞和尙은 開示하소서 師曰 彼師所說이
猶存見知일새 故로 令汝未了니 吾今示汝一偈호리다

不見一法存無見이여　　大似浮雲遮日面이로다
不知一法守空知여　　還如太虛에 生閃電이로다
此之知見이 瞥然興하면　　錯認이라 何曾解方便이리요
汝當一念自知非하면　　自己靈光이 常顯現하리라

常이 聞偈已하고 心意豁然하야 乃述偈曰

無端起知見하야　　着相求菩提하나니
情存一念悟하면　　寧越昔時迷이리요
自性覺源體 -　　隨照枉遷流하나니
不入祖師室이면　　茫然趣兩頭로다

　●

하루는 지상이 조사에게 물었다.

"부처님은 삼승법三乘法을 말씀하셨사온데 이제 조사께서
는 또 최상승법最上乘法을 말씀하시니 제자는 알 수 없습니다. 바라
옵건대 가르쳐 주십시오."

"너 스스로 본심을 볼 것이요 바깥 경계에 착하지 마라. 법
에는 사승四乘이 없는 것인데 사람 마음에 스스로 등차를 두는 것이

다. 보고 듣고 마냥 외는 것은 소승이고 법을 깨달아 뜻을 아는 것은 중승이며 법에 의지하여 수행하는 것은 대승이요 만법을 다 통하여 만법을 다 갖추어 일체에 물 안 들고 모든 법상을 여의어 하나의 얻음도 없는 것은 최상승이니라. 승乘이라 함은 행한다는 뜻이요 말로 다투는 데 있는 것이 아니니라. 너는 모름지기 스스로 닦을 것이요 나에게 묻지 마라. 언제나 자성은 스스로 여여如如하니라.”

이에 상이 예배드리고 조사께서 세상을 떠나실 때까지 항상 곁에서 모시었다.

●

智常이 一日에 問師曰 佛說三乘法하고 又言最上乘하시니 弟子未解로서니 願爲敎授하소서 師曰 汝觀自本心하고 莫著外法相하라 法無四乘이언마는 人心이 自有等差니 見聞轉誦은 是小乘이요 悟法解義는 是中乘이요 依法修行은 是大乘이요 萬法盡通하여 萬法俱備호대 一切不染하고 離諸法相하야 一無所得이 名最上乘이니라 乘是行義라 不在口爭이니 汝須自修하고 莫問吾也니라 一切時中에 自性自如니라하니라 常이 禮謝執侍하야 終師之世하니라

●

승 지도志道는 광주廣州 남해南海 사람이다. 조사에게 청익請益36하여 말씀드렸다.

“학인은 출가하면서 『열반경』을 보아 이제 10여 년이 되었사온데 아직 대의를 밝게 알지 못하옵니다. 바라옵건대 화상께서는 가르쳐 주십시오.”

“네가 어느 대목을 모르느냐?”

“모든 행行37은 무상하니 이것은 생멸하는 법이라. 생멸

이 없어지니 적멸寂滅이 낙樂이 된다고 한 데 의심이 있습니다.”

“네가 어떻게 의심이 드느냐?”

“제가 알기에는 일체 중생은 모두가 두 몸이 있사온데 그 것은 색신色身과 법신法身입니다. 색신은 무상無常하여 나기도 하고 멸하지도 하지만, 법신은 유상有常하여 앎도 없고 깨달음도 없다고 하옵는데 경에 이르기를 ‘생멸이 없어지니 적멸이 낙이 된다’ 하였으니 이는 어느 몸이 적멸이며 어느 몸이 낙을 받는 것이온지 모르겠습니다. 만약 색신이라 할진대 색신은 멸하면 사대四大38로 분산하는 것이오니 이것은 온전히 고가 있을 뿐 낙이라 말할 수 없사오며, 만약 법신이라 할진대 법신은 적멸하여 곧 초목이나 와석瓦石과도 같사옵거늘 누가 있어 낙을 받겠사오며 또한 법성은 이것이 생멸의 체體요, 오온五蘊은 생멸하는 작용이오니 한 체에 다섯 작용[五用]으로 생멸이 떳떳[常]할지니 생이란 체에서 작용을 일으킴이요, 멸이란 작용을 거두어 체로 돌아감이옵니다. 만약 다시 생한다고 한다면 유정有情의 무리가 끊어지지 않고 멸하지 않을 것이요, 만약 다시 생하지 않는다고 한다면 영영 적멸로 돌아가 무정지물無情之物과 같은 것입니다. 이러하온즉 일체 제법이 열반에 묶이게 되어 오히려 나지도 못하거늘 어찌 낙이라 할 수 있사옵니까?”

36
청익 : 학인이 조사 앞에 나아가 특별히 법을 청하는 것.

37
『열반경』 4구게를 묻고 있다. 행(行)은 원래 조작의 뜻인데 일체 유위법(有爲法)을 말한다. 이것은 항상 변화하여 생멸하는 것이므로 천류(遷流)의 뜻으로 해석된다.

38
4대 : 육체의 구성 요소인 지수화풍(地水火風).

●

一僧志道는 廣州南海人也라 請益曰 學人이 自出家로 覽涅槃經이 十載有餘로대 未明大意하오니 願和尙은 垂誨하소서 師曰 汝何處를 未明고 曰 諸行이 無常이라 是生滅法이니 生滅이 滅已하면 寂滅이 爲樂이라 하시니 於此에 疑惑하나이다 師曰 汝作麽生疑오 曰 一切衆生이 皆有二身하니 謂色身法身也라 色身은 無常하야 有生有滅이어니와 法身은 有常하야 無知無覺이어늘 經云 生滅이 滅已하면 寂滅이 爲樂者는 不審커라 何身이 寂滅이며 何身이 受樂이니잇고 若色身者인댄 色身이 滅時에 四大分散하야 全然是苦니 苦不可言樂이오 若法身인댄 寂滅하야 卽同草木瓦石이어니 誰當受樂이리잇고 又法性은 是生滅之體요 五蘊은 是生滅之用이니 一體五用에 生滅이 是常이라 生則從體起用하고 滅則攝用歸體하나니 若聽更生인댄 卽有情之類 - 不斷不滅이요 若不聽更生인댄 則 永歸寂滅하야 同於無情之物이니 如是則 一切諸法이 被涅槃之所禁伏하야 尙不得生이어니 何樂之有리잇고

●

조사께서 말씀하셨다.

　"너는 부처님의 제자인데 어찌 외도의 법을 배워서 단상斷常39의 그릇된 견해를 가지고 최상승법을 의논하느냐? 너의 말에 따른다면 색신 밖에 따로 법신이 있으며 생멸을 여의고 적멸을 구한다는 것이며 또한 열반이 항상되고 즐겁다는 것도 짐작하기를 몸에 있어 수용하는 것이라 말하니 이것은 곧 생사에 집착하고 세간락에 탐착하는 것이다.

너는 이제 마땅히 알라. 부처님께서는 세간의 모든 미혹한 사람들이 오온五蘊이 화합한 모양을 가져 참된 자기 모양으로 삼고 일체법을 분별하여 바깥 모양을 삼아서 생은 좋아하고 죽음은 싫어하여 끊임없이 생각생각 흘러가며, 이것이 모두가 몽환夢幻이며 허무한 거짓임을 알지 못하고 부질없이 윤회輪廻를 받아서 상락常樂인 열반을 도리어 괴로운 것으로 잘못 알고, 종일 밖을 향하여 달리며 구하여 헤매고 있으므로 부처님은 이를 불쌍히 보시고 마침내 열반진락涅槃眞樂을 보이신 것이다.

찰나 동안의 나는 상[生相]도 없으며, 찰나 동안의 없어진 상[滅相]도 없으며 다시 가히 없앨 생멸도 없는 이것이 적멸이 현전한 것이다. 현전하였을 때 또한 현전하였다는 헤아림도 없으니 이것이 이른바 상락이니라. 이 낙을 받을 자도 없으며 또한 받지 않은 자도 없으니 어찌 하나의 체에 다섯 가지 용이라는 이름이 있으랴. 그렇거늘 하물며 다시 열반이 모든 법을 묶어서 영영 나지 못하게 한다고 하랴. 이런 말은 바로 부처님을 비방하고 법을 허는 것이 되느니라. 내 게송을 들어라.

위없는 대열반40이 두렷이[圓] 밝아
언제나 고요히 항상 비침을
범부는 이를 들어 죽음이라 하고41
외도는 집착하여 단멸斷滅을 삼고
이승二乘42을 구하는 모든 이들은
이를 가리켜 무작無作이라 하나
뜻으로43 헤아리는 이들 모두는
62견見을 일으키는 근본이 되며
망령스레 거짓 이름 세움이 되니
이를 어찌 진실한 뜻이라 하랴.

오직 하나 과량인過量人44 여기에 있어
통달하여 취함이나 버림이 없어
오온법과 오온의 그 속의 나[我]와
밖으로 나타나는 온갖 색상色像과
여러 가지 낱낱의 음성의 상이
모두가 평등한 몽환임을 알아
범부니 성인이니 견해 안 내고
열반이란 알음알이 짓지 않으며
이변二邊45과 삼제三際를 모두 다 끊어
모든46 근根에 응하여 항상 쓰지만
쓴다는 생각을 안 일으키며
일체법을 낱낱이 분별하면서
분별하는 생각을 내지 않으니
겁화劫火47로 바다 밑이 불태워지고
폭풍이 불어닥쳐 산끼리 부딪쳐도
이것이 진상眞常이며 적멸락寂滅樂이라
열반의 모양이 이러하니라.

내 이제 억지로48 말을 지어서
너에게 삿된 소견 버리게 하니
말을 따라 알음알이 내지 않으면
소분少分이나 알았다 허락하리라."

지도가 게송을 듣고 크게 깨닫고 뛸 듯이 기뻐하며 절을 하고 물러갔다.

―
39

단상견(斷常見)인데 변견(邊見)이라고도 한다. 한쪽에 치우친 극단적인 것을 집착하는 견해이니, 아(我)는 죽은 후라도 영구불변이라고 하는 것을 상견(常見), 아는 죽은 후 단멸하여 아무것도 없다는 것을 단견(斷見)이라 한다.

40

열반에 삼덕(三德)을 갖추었으니 법신·반야·해탈이다.

41

상에 집착하는 한, 상이 없는 열반을 알지 못한다.

42

이승 : 성문·연각인데 이들은 열반을 공(空)으로 보아 지음이 없다
[無作] 한다.

43

생각으로 헤아리는 것은 그 모두가 식정(識情)의 분별이니 외도의
62견을 넘지 않는다. 외도들은 단상견(斷常見)으로 62견을 벌린다.

44

일체에 뛰어나고 만법에 사무쳐 취하거나 버림이 없으니 일체분단
적인 유(有)를 초과하여 그 마음 그릇에 한량이 없다. 이는 견성한
사람이니 이를 과량인(過量人)이라 한다. 다음에 '통달'이라 함은 자
성 진실에 통달함을 말한다.

45

이변 : 유무(有無)·단상(斷常)의 이변이며 삼제는 과거·현재·미래
를 말하나 여기서는 유나 무의 중간을 가리킴.

46

근 : 감각기관을 근이라 한다.

47

겁화 : 세계가 성립기·존속기를 거쳐 파괴기[壞劫]에 들면 세계가
허물어지는 천재지변이 생긴다. 화재(火災)·수재(水災)·풍재(風災)
가 그것인데 화재는 욕계(欲界)를 불태우고 색계(色界)의 초선천(初
禪天)까지 불태우니 이 괴겁에 일어나는 화재를 겁화라 한다.

48

열반상은 말로 할 수 없는 것인데 이를 말하게 됨은 범부를 위하여
억지로 말해 보는 것이다. 그러기에 말을 따라 알음알이 내지 말라
고 경고한다.

師曰 汝是釋子어늘 何習外道의 斷常邪見하야 而議最上乘法고 據汝所說컨댄 卽色身外에 別有法身이며 離生滅하고 求於寂滅이로다 又推涅槃常樂하야 言有身受用이라하니 斯乃執吝生死하야 耽著世樂이로다 汝今當知하라 佛이 爲一切迷人이 認五蘊和合하야 爲自體相하고 分別一切法하야 爲外塵相하야 好生惡死하야 念念遷流하야 不知夢幻虛假하고 枉受輪廻하야 以常樂涅槃으로 翻爲苦相하야 終日馳求할새 佛이 愍此故로 乃示涅槃眞樂하시니 刹那에도 無有生相하며 刹那에도 無有滅相하야 更無生滅可滅이 是則寂滅現前이니라 當現前時하야 亦無現前之量일새 乃謂常樂이라하시니 此樂은 無有受者며 亦無不受者어니 豈有一體五用之名이며 何況更言涅槃이 禁伏諸法하야 令永不生가 斯乃謗佛毁法이로다 聽吾偈하라 曰

無上大涅槃이	圓明常寂照어늘
凡愚는 謂之死하고	外道는 執爲斷하며
諸求二乘人은	目以爲無作하나니
盡屬情所計라	六十二見本이로다
妄立虛假名이어니	何爲眞實義이리오
唯有過量人하야	通達無取捨하고
以知五蘊法과	及以蘊中我와
外現衆色象과	一一音聲相이
平等如夢幻하야	不起凡聖見하고
不作涅槃解하야	二邊三際斷하야
常應諸根用호대	而不起用想하며
分別一切法호대	不起分別想하나니
劫火－燒海底하고	風鼓山相擊이라도

眞常이어 寂滅樂이어　涅槃相이 如是니라
吾今强言說하야　令汝捨邪見하노니
汝勿隨言解하면　許汝知少分호리라
志道 ─ 聞偈大悟하야　踊躍作禮而退하니라

●

행사行思 선사는 성이 유劉씨니 길주吉州 안성安城 사람이다.

조계의 법석이 성황함을 듣고 곧바로 와서 참례하면서 조사에게 물었다.

"마땅히49 어떻게 힘써야 계급에 떨어지지 않으오리까?"

"너는 이제까지 어떻게 지어 왔느냐?"

"성제聖諦50도 또한 짓지 않았습니다."

"그렇다면 너는 무슨 계급에 떨어졌느냐?"

"성제도 오히려 안 하옵거늘 무슨 계급이 있사오리까!"

이에 조사께서 그가 법그릇[法器] 됨을 깊이 인정하시고 행사를 대중의 상수上首로 삼으셨다.

그 후 어느 날 행사에게 이르시기를 "너는 이제부터 마땅히 일방을 나누어 맡아 교화하여 이 법이 끊어지지 않게 하라." 하셨다. 행사는 법을 받고는 드디어 길주 청원산靑原山에 들어가 법을 펴고 크게 교화하였다.

─

49

이 물음은 단번에 여래 땅에 들어감을 묻는다. '계급'은 범부니 보살이니의 차별.

50

성제 : 불법 최상의 도를 말함.

行思禪師는 姓은 劉氏니 吉州安城人也라 聞曹溪法席이 盛化하고 徑來參禮하야 遂問曰 當何所務하야사 卽不落階級이니고 師曰 汝曾作什麼來오 曰 聖諦도 亦不爲니다 師曰 落何階級인다 曰 聖諦도 尙不爲어니 何階級之有리잇고 師 - 深器之하사 令思首衆하시니라 一日에 師謂曰 汝當分化一方하야 無令斷絶하라 思旣得法에 遂回吉州靑原山하야 弘法紹化하니라

회양懷讓51 선사는 금주金州 두杜씨의 아들이다. 처음에 숭산崇山 안 국사安國師를 찾아갔더니 안 국사는 회양을 조계로 인도하여 조사에게 참배하게 하였다.

조사께서 물었다.

"어디서 왔느냐?"

"숭산에서 왔습니다."

"어떤 물건이 이와 같이 왔는가?"

"설사 한 물건이라고 말하여도 맞지 않습니다."52

"가히 닦아서 증득할 수 있는 것이냐?"

"닦고 증득함이 없지는 않사오나 때 묻거나 물들여지지는 않습니다."

조사께서 말씀하셨다.

"때 묻지도 물들지도 않는 이것이 모든 부처님께서 두호하여 생각하시는 바이시니라. 네가 이미 이러하고 내가 또한 이러하다. 서천 반야다라般若多羅53 존자가 예언하시기를 '네 발밑에 한 망아지가 나와서 천하 사람을 밟아 죽이리라.' 하였으니 너는 마땅

히 명심하고 속히 법을 펴려고 서두르지 마라.”

이에 양이 활연히 계합하고 조사를 좌우에서 모시기를 15
년에 이르면서 날로 깊고 오묘한 경지를 더하여 갔다. 후에54 남악
南嶽으로 가서 선종을 크게 드날렸다.

―

51

회양 : 행사(行思) 선사와 같이 앞의 덕이(德異) 서(序) 주 참조. 안
국사는 오조 스님의 제자인데 수(隋) 초에서 당 초(709) 사이를 재세
교화하였으니 세수는 128이었다.

52

“어떤 물건이 이와 같이 왔느냐?”의 물음을 당하여 아무 대답 못 하
고 궁구하기 8년 만에 이 대답을 하였다고 전한다.

53

반야다라 존자 : 27조며 달마 조사의 스승이 된다. 이 예언은 달마
에게 준 것. ‘한 망아지’라 함은 마조(馬祖), ‘천하인을 밟아 죽인다’
함은 널리 사람을 제도한다는 뜻.

54

당 현종 2년(713).

懷讓禪師는 金州杜氏의 子也라 初謁崇山安國師한대 安이 發之曹溪
參扣어늘 讓至禮拜한대 師曰 甚處來오 曰 崇山이니다 師曰 什麼物이
恁麼來오 曰 說似一物이라도 卽不中이니다 師曰 還可修證否아 曰 修
證은 卽不無어니와 汚染은 卽不得이니다 師曰 只此不汚染이 諸佛之所
護念이라 汝旣如是하니 吾亦如是하니라 西天般若多羅 ― 讖하사대 汝
足下에 出一馬駒하야 踏殺天下人이라하시니 應在汝心하고 不須速說이
어다 讓이 豁然契會하야 遂執侍左右를 一十五載에 日益玄奧러니 後往
南嶽하야 大闡禪宗하니라

영가현각永嘉玄覺 선사는 젊어서부터 경론을 배워 천태지관天台止觀55 법문에 정통하였는데『유마경』을 보다가 심지心地를 밝혔다.

마침 조사의 제자 현책玄策과 서로 만나 법을 담론하니 그의 하는 말이 은근히 여러 조사의 뜻에 맞음을 보고 현책이 말하였다.

"인자의 법사는 누구입니까?"

"제가 방등경론方等經論56을 배울 때는 각각 스승이 계셨으나 뒤에『유마경』에서 불심종佛心宗을 깨치고는 아직 증명하신 분이 없습니다."

"위음왕불威音王佛57 이전에는 그럴 수도 있었지만 위음왕불 이후에는 스승 없이 혼자 깨친 것은 모두가 천연외도天然外道라 하였습니다."

"그렇다면 인자가 나를 위하여 증거하여 주십시오."

"나의 말로는 경솔하오. 지금 조계에는 육조 대사가 계셔서 사방에서 학자가 운집하여 법을 받는 터이니 만약 인자가 가겠다면 함께 가리다."

이에 현각이 드디어 현책과 함께 와서 조사께 참례하였는데 각은 조사를 세 번 돌고 석장錫杖을 떨치고 서 있었다.

그때 조사께서 말씀하셨다.

"대개 사문沙門58이라는 자는 3천 위의威儀59와 8만 세행細行을 갖추어야 하는데 대덕은 어디에서 왔기에 이와 같이 큰 아만을 부리는가?"

각은 대답하였다.

"생사生死 일이 크며 무상이 신속합니다."

"어찌하여 남이 없음60을 체달體達하여 신속한 무상이 없음을 알지 못하느냐?"

"체달한즉 남[生]이 없고 요달한즉 본래 빠름이 없습니다."

조사께서 "옳다. 옳다" 하시니 이에 현각이 위의를 갖추어 예배하고 곧 하직을 드리니 조사가 말씀하였다.

"너무 속하지 않느냐?"

"본래 스스로 동함이 없거니 어찌 속함이 있겠습니까?"

"누가 동하지 않는 것을 아느냐?"

"스님께서 스스로 분별을 내십니다."

"네가 참으로 무생無生의 뜻을 알았구나!"

"무생에 어찌 뜻이 있겠습니까?"

"뜻이 없는 것을 누가 분별한다는 말이냐?"

"분별이 또한 뜻이 아닙니다."

"좋다. 하룻밤 쉬어 가거라."

이로부터 사람들은 현각을 일숙각一宿覺이라 하였으며, 각은 후에 『증도가證道歌』를 지었는데 세상에 크게 성행하였다.

55

천태지의(天台智顗) 선사의 마하지관(摩訶止觀). 천태종의 실천적 관심문(觀心門)을 밝힌다.

56

방등 : 여기서는 대승경전 Vaipulya. 광대 심심한 뜻을 자세히 설한다는 뜻. 방등부 경전이란 유마(維摩) · 사익(思益) · 능가(楞伽) · 능엄(楞嚴) · 승만(勝鬘) 등의 경전.

57

위음왕 : 맨 처음 성불하신 부처님인데 한없이 오랜 옛적, 맨 처음이란

뜻으로 쓰인다. 여기서는 부처님을 가리키고 부처님이 나시기 전에는
혼자 깨침을 인정하나 그 이후는 반드시 스승의 인가를 받아야 한다는
것. 종문에서는 흔히 '위음왕 이전'을 천지개벽 이전의 뜻으로도 쓴다.

58

사문 : Śramaṇa. 근식(勤息)이라 번역된다. 부지런히 모든 선에 힘
쓰고 악을 행하지 않는다는 뜻. 출가 수행자를 가리킴.

59

3천 위의 : 비구가 일상생활에서 지킬 법도를 세분한 것.

60

무생 : 남[生]이 없는 법이니, 실상 열반을 뜻함.

●

永嘉玄覺禪師는 少習經論하야 精天台止觀法門이러니 因看維摩經이
라가 發明心地러니 偶師弟子玄策이 相訪하야 與其劇談에 出言이 暗合
諸祖어늘 策云 仁者의 得法師誰오 曰 我聽方等經論에 各有師承이오
나 後於維摩經에 悟佛心宗에는 未有證明者로라 策云 威音王已前에
는 卽得이어니와 威音王已後에 無師自悟는 盡是天然外道라 云호대 願
仁者 - 爲我證據하라 策云 我言輕이라 曹溪에 有六祖大師하시니 四方
雲集하야 幷是受法者니 若去인덴 則與偕行호리라 覺이 遂同策來參하
야 繞師三匝하고 振錫而立한대 師曰 夫沙門者는 具三千威儀와 八萬
細行이어늘 大德은 自何方而來완대 生大我慢고 覺曰 生死事大하고 無
常이 迅速하니다 師曰 何不體取無生하야 了無速乎아 曰 體卽無生이오
了本無速이니다 師曰 如是如是하다 玄覺이 方具威儀하야 禮拜하고 須
臾에 告辭한대 師曰 返太速乎ㄴ저 曰 本自非動이어니 豈有速耶잇고 師
曰 誰知非動고 曰 仁者自生分別이니다 師曰 汝甚得無生之意로다 曰
無生이 豈有意耶잇가 師曰 無意면 誰當分別고 曰 分別도 亦非意니다
師曰 善哉라 少留一宿하라하시니 時에 謂一宿覺이라하니라 後에 著證道

●

선자禪者 지황智隍은 처음 오조께 참례하고 스스로 삼매를 얻었다 생각하여 암자에서 20년 동안을 장좌長坐61하고 있었는데 조사의 제자 현책이 행각하던62 중 하삭河朔에 이르러 지황의 이야기를 듣고 암자를 찾아가서 물었다.

"당신은 여기서 무엇을 하고 계시오?"

황隍이 대답하였다.

"정定에 드오."

"당신이 정에 들 때 유심有心으로 들어가오? 무심無心으로 들어가오? 만약 무심으로 든다 할진대 생각 없는 일체 초목이나 돌 부스러기까지 모두가 마땅히 정을 얻었을 것이요, 만약 유심으로 정에 든다 한다면 일체 생명 있는 것이 모두 정을 얻을 것이 아니겠소?"

"내가 바로 정에 들 때는 있다 없다 하는 마음이 있는 것을 보지 못합니다."

"있다 없다 하는 마음이 있음을 보지 못한다면 이것은 바로 항상 변함없이 있는 정인데 여기에 어찌 출입이 있다 하겠소? 만약 출입이 있으면 이것은 참으로 큰 정은 아닌 것이 아니겠소?"

황이 이에 이르러 아무 대답도 못하고 한참 있더니 책에게 물었다.

"스님은 누구의 법을 이었습니까?"

"우리 스님은 육조이십니다."

"육조께서는 무엇으로 선정을 삼습니까?"

"우리 스님이 말씀하시는 바에 따른다면 묘하게 맑고[63] 뚜렷하고 고요하여 체體와 용用이 여여如如[64]하고 오음五陰[65]이 본래 공하며 육진六塵[66]이 있는 것이 아니며[67] 들어오는 것도 나가는 것도 아니며 정定도 아니며 어지러움[亂]도 아니니 선성禪性이 머묾이 없으므로 머묾을 여의어 선적禪寂[68]하며 선정[69]이 남[生]이 없으므로 남을 여의고 선상禪想하니 마음이 허공과 같되 또한 허공이라는 헤아림도 없습니다."

황이 이 말을 듣고 곧바로 조사에게 와서 뵈오니 조사께서 물으셨다.

"인자는 어찌 왔는가?"

황이 앞서의 인연을 자세히 말씀드리니 조사께서 말씀하셨다.

"참으로 그 말과 같다. 다만 네 마음을 허공과 같이 하되 공했다는 견해에도 집착하지 아니하면 사물에 응하고 씀에 걸림이 없으며 동정動靜에 무심하여 범부니 성인이니 하는 생각이 없어져 능能과 소所[70]가 다 함께 없어지며 성품과 모양이 여여하여 정이 아닌 때가 없게 되리라."

이에 황이 크게 깨달으니 20년 동안 닦아 얻은 마음이 도무지 그림자조차 없었다.

그날 밤 하북에 살던 선비와 백성들이 공중에서 소리가 나기에 들으니, "황 선사가 오늘 도를 얻었다" 하였다 한다.

그 뒤 황은 조사를 하직하고 다시 하북으로 돌아가 4중[71]을 교화하였다.

장좌 : 마냥 앉아 있고 눕지 않는 것.

62

행각 : 수행인이 수행의 깊이를 굳히고, 밝은 스승을 찾아 제방으로
다니는 것.

63

묘담원적(妙湛圓寂)이니 맑되 맑은 상이 없고, 그 용이 뚜렷이 밝고,
고요하되 또한 그런 상이 없는 것. 묘라 함은 상이 없어 형용할 수 없
음을 이름.

64

여여 : 체(體)와 용(用)에 상이 없어 한결같음을 뜻함.

65

오음 : 오온(五蘊).

66

육진 : 진(塵)은 감각 인식의 대상으로서 마음을 어지럽히는 소재이
니 색(色)·성(聲)·향(香)·미(味)·촉(觸)·법(法)의 여섯 가지.

67

대개 4대와 5음으로 몸을 삼고 6진의 그림자를 마음이라 하는 것이
범부인데, 이 오음과 육진이 공하여 설 곳이 없으니 출입 정란(定亂)
이 없다.

68

선하는 성[禪性]은 무주(無住)다. 그러므로 주(住)·부주(不住)에 상
관이 없다. 이것을 선적이라 한다.

70

능소 : 주(主)와 빈(賓), 또는 주관과 객관 같은 말로 표현되는 능히 동
작하는 주체와 객체(대상)를 말하는 것. 불법의 실지는 절대적인 것이
므로 이와 같은 대대(對待)가 있으면 불법은 모르는 것이다. 그러므로
불법수행에는 이 능과 소를 요달하는 것이 중요한 고비가 된다.

71

4중 : 사부중, 불교교단 구성 4분류. 출가 남녀의 2중과 재가 남녀 2중.

禪者智隍은 初參五祖하고 自謂已得正受라하야 庵居長坐를 積二十年이러니 師의 弟子玄策이 遊方이라가 至河朔하야 聞隍之名하고 造庵問云호대 汝在此하야 作什麼오 隍云 入定이로라 策云 汝云入定은 爲有心入耶아 無心入耶아 若無心入者인댄 一切無情草木瓦石이 應合得定이오 若有心入者인댄 一切有情含識之流도 亦應得定이로다 隍曰 我正入定時에 不見有有無之心이로라 策云 不見有有無之心인댄 卽是常定이어니 何有出入이리오 若有出入인댄 卽非大定이로다 隍이 無對라가 良久에 問日 師嗣誰耶아 策云 我師는 曹溪六祖이니이다 隍云 六祖는 以何爲禪定고 策云 我師所說은 妙湛圓寂하고 體用이 如如하야 五陰이 本空하고 六塵이 非有라 不出不入하고 不定不亂하야 禪性이 無住라 離住禪寂하며 禪性無生이라 離生禪想하야 心如虛空호대 亦無虛空之量이니다 隍이 聞是說하고 徑來謁師한대 師問云 仁者何來오 隍이 具述前緣한대 師云 誠如所言이니 汝但心如虛空호대 不着空見하면 應用無礙하야 動靜無心하며 凡聖情忘하야 能所俱泯하며 性相如如하야 無不定時也니라 隍이 於時에 大悟하야 二十年所得心이 都無影響이러니 其夜에 河北士庶 - 聞空中에 有聲云 隍禪師 - 今日得道라하더라 隍이 後에 禮辭하고 復歸河北하야 開化四衆하니라

●

한 승이 조사께 물었다.

　　"황매의 뜻을[72] 어떤 사람이 얻었습니까?"

　　"불법을 안 사람이 얻었느니라."[73]

　　"그러면 화상께서는 얻으셨습니까?"

　　"나는 불법을 알지 못하느니라."[74] 하였다.

　　조사께서 어느 날 받으신 법의를 세탁하려고 하였으나 마

땅한 샘이 없었다. 절 뒤로 약 5리쯤 가니 숲이 우거지고 서기가 감도는 곳이 있었다. 조사께서 그곳에 이르러 석장錫杖을 떨쳐 땅을 찍고 손을 드시자 샘이 솟구쳐 나와 삽시간에 못을 이루었다. 조사께서 무릎을 꿇고 돌 위에 옷을 빠시는데 이때 홀연히 한 승이 앞에 와서 예배하고 말씀드렸다.

"제자는 이름을 방변方辯이라 하옵는데 서촉西觸 사람이옵니다. 어제75 남천축국에서 달마 대사를 뵈었더니 저에게 말씀하시기를 '속히 당토로 가거라. 내가 전한 대가섭大迦葉의 정법안장正法眼藏과 승가리76가 현재 소주 조계의 제6대조에 전하여져 있으니 너는 가서 참배하라'고 하시기에 이제 제가 멀리서 왔습니다. 바라건대 우리 조사가 전하신 의발을 보여 주십시오."

조사께서 곧 내보이셨다. 그리고 물었다.

"그대는 무슨 일을 익혔는가?"

"소상塑像을 잘합니다."

조사가 정색하며 말씀하시기를

"너 내 모양을 만들어 보라." 하시니 방변이 망설이다가 며칠 만에 진상을 만드니77 높이는 약 7촌인데 묘하기가 곡진하였다. 조사에게 바치니 조사는 웃으시면서

"너는 다만 흙을 빚는 도리塑性만을 알고 불성을 모르는구나." 하시고 손을 펴 방변 이마를 만지시면서 "길이 인간과 천상의 복전이 되라." 하셨다.

—

72

황매의 의지다. 오조홍인 대사의 법, 즉 불조단전(單傳)의 법.

73

불법을 얻었다면 이는 소득이 있는 마음이니 불법을 안 것이 아니다.
또한 불법의 유무(有無)·지(知)·부지(不知)에 속하지 않은 것이므
로 소득심으로 짐작할 바가 아니다.

74

타본에는 이 사이가 다음과 같다.
"화상은 얻으셨습니까?"
"나는 못 얻었느니라."
"화상은 어째서 못 얻었습니까?"
조사 말씀하셨다.
"나는 불법을 알지 못하느니라."

75

육조 스님의 입멸이 713년이고 달마 대사의 입멸은 528년이다. 방
변이 어제 남인도에서 달마를 만나 보고 오늘 당에 왔다고 하니 방
변은 또 다른 시공(時空) 속에 살고 있음을 보인다.

76

승가리 : 가사(袈裟, kaṣāya)이니 비구가 입는 9조(條) 이상의 대
의(大衣)의 총칭이다. 5조는 안타회(Antarvāsa), 7조는 울다라승
(Uttarāsaṇgha)이라 한다.

77

조사의 모양을 어떻게 만들까? 방변은 조사의 뜻을 몰랐으니 조사
의 겉 형상을 흙으로 빚었을 뿐이다.

●

一僧이 問師云호대 黃梅意志를 甚麼人이 得이닛고 師云 會佛法人이
得이니라 僧云 和尙은 還得否잇가 師曰 我不會佛法이로라

師一日에 欲濯所授之衣이나 而無美泉이라 因至寺後五里許
하야 見山林鬱茂하며 瑞氣盤旋하고 師振錫卓地하신대 泉이 應手而出하
야 積以爲池어늘 乃跪膝하고 浣衣石上이러시니 忽有一僧이 來前하야 禮

拜云 方辯은 是西蜀人이라 昨於南天竺國에 見達摩大師러니 囑方辯하야 速往唐土호대 吾傳大迦葉의 正法眼藏과 及僧迦梨－見傳六代於韶州曹溪하나니 汝去瞻禮하라하실새 方辯이 遠來로소니 願見我師 傳來衣鉢하노이다 師乃出示하시고 次問 上人은 攻何事業고 方辯曰 善塑하노이다 師正色曰 汝試塑看하라 方辯이 罔措이라가 數日에 塑就眞相하니 可高七寸이오 曲盡其妙라 呈似師한대 師笑曰 汝只解塑性이오 不解佛性이로다하시고 師舒手하야 摩方辯頂曰 永爲人天福田이어다하시니라

●

어떤 승이 와륜臥輪 선사의 게송을 외는데 이르기를

> "와륜은 기량伎倆78이 있어
> 능히 백 가지 생각을 끊네.
> 경계를 대하여도 마음 일지 않으니
> 보리가 나날이 자라도다."

하였다.

조사께서 이를 듣고 말씀하시었다.

"이 게송은 아직 마음자리[心地]를 밝히지 못한 것이니 만약 이에 의지해서 행하면 더욱 결박만 더할 것이다."

하시고 이에 한 게송을 보이셨다.

> "혜능은 기량이 없어79
> 온갖 생각을 끊지 않네.
> 경계 대함에 마음 자주 일어나니
> 보리菩提가 어찌 자라랴!"

78

여기의 기량은 선정력(禪定力). 선정력으로 모든 상념을 끊는다 한다.

79

생각과 보리를 둘로 보고 생각을 일으키고 끊는 이것이 생사의 근본이다. 그러나 실지 본분에 있어서는 생각도 보리도 기량도 별것이 아니니 끊고 말고 할 여지가 없다. 자주 일어나는 생각이 무엇인가에 착안하여야 한다. 이 물건을 떠나 다시 무엇이 자란다고 할까! 본분에서 말하는 육조의 명쾌한 대답이다.

●

有僧이 擧臥輪禪師偈云

　臥輪은 有伎倆하야 能斷百思想이라 對境心不起하니 菩提日月長이라하야늘

　師聞之日 此偈는 未明心地니 若依而行之하면 是加繫縛이라하시고 因示一偈日

　惠能은 沒伎倆하야 不斷百思想이라
　對境에 心數起하니 菩提作麼長이리오

남돈과 북점
(南頓)　　　(北漸)

때에 조사께서는 조계의 보림사寶林寺에 계셨고, 신수神秀 대사는 형남荊南의 옥천사玉泉寺에 계셔서 양종이 크게 교화하니 사람들이 모두 말하기를 '남능북수南能北秀'라 하였다. 그러므로 남북 2종이 있어서 돈頓과 점漸1 으로 나뉘니 배우는 이들이 그 종지의 취향을 알지 못하였다.

조사께서는 대중에게 이르시기를

"법은 본래 한 종이건만 사람이 남북을 두고, 법은 곧 한가지인데 지견이 늦고 빠름이 있느니라. 무엇을 돈점頓漸이라 하는가?

법에는 돈점이 없건만 사람에게 영특과 우둔이 있으므로 돈점의 이름이 있게 되느니라." 하였다.

그러나 신수의 문도들은 왕왕 남종조사를 비방하기를 "글 한 자도 모르니 무엇이 그리 대단한 것이 있으랴?" 하였으나 수秀 대사는 말하기를,

"그분은 스승 없는 지혜2를 얻고 깊이 상승의 법을 깨달

았으나 나는 그러하지 못하며, 또한 나의 스승이신 오조께서 친히 의법을 전하신 것이 어찌 공연하랴! 내가 찾아가서 친근하지 못하고 헛되이 국은[3]을 받으니 한스러울 뿐이다. 너희들은 여기에 머물러 있지 말고 조계에 가서 배워 의심을 끊도록 하라." 하였다. 그리고 문인 지성志誠에게 명하기를 "너는 총명하고 지혜가 많으니 나를 위하여 조계에 가서 법을 들어라. 네가 법문을 듣고 모두 잘 기억해 두었다가 돌아와 나에게 일러 달라." 하였다

지성이 명을 받고 조계에 이르러 대중을 따라 참청하였는데 온 곳을 밝히지 않았다.

그때 조사께서 대중에게 이르기를 "지금 법을 훔치러 온 자가 이 모임 가운데 숨어 있다." 하시니 지성이 곧 나와 예배하고 사실을 갖춰 말씀드렸다.

조사가 말씀하셨다.

"네가 옥천에서 왔다니 필시 염탐꾼이겠구나."

지성이 대답하였다.

"아니올시다."

"어찌하여 그렇지 않다 하느냐?"

"말씀드리기 전에는 그렇습니다. 그러나 이미 말씀드렸사오니 그렇지 않습니다."

"너의 스승은 어떻게 대중에게 가르치느냐?"

"항상 대중에게 이르시기를 '마음을 마음에 머물고 고요를 관하여 눕지 말고 항상 앉아 지어 가라'고 하십니다."

"마음에 머물고 고요를 관하는 이것은 병[4]이요, 선이 아니다. 마냥 앉아 있는 것은 몸을 구속하는 것이니 무슨 이익이 되

라! 내 게송을 들어라.

살아서는 앉아서 눕지 아니하고5
죽어서는 누워서 앉지 못하네.
한 구具의 냄새나는 뼈다귀로
어찌 공과功果를 세운다 하랴.”

—

1

돈과 점 : 대개 오래 수행하여 점차 깨달음에 이르는 교법을 점교(漸敎)라 하고 단번에 깨달음에 이르는 것을 돈교(頓敎)라 하는데, 같은 선(禪)이면서 북방의 신수계(神秀系)의 선은 교학적 수단을 씀으로써 그 종풍이 자연 점오적(漸悟的)이므로 북점(北漸), 남방의 혜능계(惠能系)는 단번에 불심을 보는 것이므로 남돈(南頓)이라 한다.

2

스승 없는 지혜(無師智) : 더는 위가 없는 최상의 지혜니 바로 불지(佛智)를 말한다.

3

신수는 측천무후(則天武后)의 깊은 귀의를 받고 자주 내도량(內道場)에서 설법하였다.

4

그릇된 참선법을 병이라 한다. 깨친 분상에서는 앉고 눕는 것이 선 아님이 없지만 견성하지 못하면 그 모두가 병이다. 선은 본시 앉거나 눕거나에 관하는 것이 아니기 때문이다.

5

성품을 보는 것이 선인데 썩어가는 몸뚱이를 가지고 앉고 눕는 것으로 공부를 삼으려 하니 앉고 눕는 것이 선일 수 없다.

●

七 南頓北漸

●

時에 祖師는 居曹溪寶林하시고 神秀大師는 在荊南玉泉寺하시니 于時

에 兩宗이 盛化하야 人皆稱南能北秀라 故로 有南北二宗頓漸之分하야 而學者ー 莫知宗趣러니 師謂衆曰 法本一宗이로대 人有南北이요 法卽 一種이로대 見有遲疾이니 何名頓漸고 法無頓漸이언마는 人有 利鈍일세 故名頓漸이니라 然이나 秀之徒衆은 往往譏南宗祖師호대 不識一字어 니 有何所長이리요한대 秀曰 他得無師之智하야 深悟上乘이나 吾不如 也요 且吾師五祖ー 親傳衣法하시니 豈徒然哉아 吾恨不能遠去親近하 고 虛受國恩하니 汝等諸人은 無滯於此하고 可往曹溪하야 參決이어다 하고 乃命門人志誠曰 汝聰明多智하니 可爲吾하야 到曹溪聽法이니 汝 若聞法이어든 盡必記取하야 還爲吾說하라 志誠稟命하고 至曹溪하야 隨衆參請호대 不言來處하니 時에 祖師告衆曰 今有盜法之人이 潛在 此會로다하시니 志誠이 卽出禮拜하고 具陳其事한데 師曰 汝從玉泉來 하니 應是細作이로다 對曰 不是니이다 師曰 何得不是오 對曰 未說卽 是이어니와 說了不是니이다 師曰 汝師ー 若爲示衆고 對曰 常指誨大衆 하사대 住心觀靜하야 長坐不臥라하시니이다 師曰 住心觀靜은 是病이라 非禪이요 長坐는 拘身이니 於理에 何益이리오 聽吾偈하라 曰

　　　生來에 坐不臥하고 死去에 臥不坐하니
　　　一具臭骨頭ー 何爲立功課리오

　　　●

지성이 이 게송을 듣고 조사께 재배하고 말씀드렸다.

　　"제자는 수 대사 회하에서 9년 동안 도를 배웠사오나 깨치지 못하옵더니 이제 화상의 한 말씀을 듣고 문득 본심에 계합하였습니다. 제자의 생사 일이 크오니 화상께서는 대자비로 다시 가르쳐 주십시오."

　　조사께서 말씀하셨다

　　"내가 듣건대 너의 스승은 학인에게 계정혜戒定慧 법을 가르친다 하니 너의 스승은 계정혜를 어떻게 말씀하는지 말하여 보라.”

“수 대사께서 말씀하시기를, ‘모든 악한 일을 하지 않는 것이 계요, 모든 착한 일을 받들어 행하는 것이 혜며, 스스로 그 뜻을 깨끗이 하는 것이 정이다.’6 하십니다. 저기서 하심은 이러하옵거니와 화상께서는 어떠한 법으로 학인을 가르치시옵니까?”

“내가 만약 사람에게 줄 법7이 있다고 말한다면 이것은 곧 너를 속이는 것이 되리라. 나는 다만 잠시 경우를 따라 얽힘을 풀 뿐이니 이것을 거짓 이름하여 삼매라고 한다. 너의 스승이 말씀하시는 계정혜는 실로 생각으로 헤아릴 수 없으나 내가 보는바 계정혜는 또한 다르니라.”

“화상이시여! 계정혜는 다만 한 가지이온데 어찌하여 다릅니까?”

“너의 스승이 말하는 계정혜는 대승인을 제접하는 것이지만 나의 계정혜는 최상승인을 제접하는 것이니라. 깨닫고 앎이 같지 않으므로 지견에 빠르고 더딤이 있나니라. 내가 말하는 법이 저와 같은가 다른가 들어 보아라. 내가 설하는 법은 자성을 여의지 않느니라. 체를 여의고 법을 설하는 것을 상설相說이라 하는데 이것은 항상 자성을 미혹하게 하느니라. 모름지기 일체 만법이 모두가 자성으로부터 일어나는 것임을 알라. 이것이 참된 계정혜의 법이니라. 내 게송을 들어라.

마음자리[心地]에 잘못[非] 없음이 자성계自性戒요,
마음자리에 어리석음[癡] 없음이 자성의 혜[自性慧]요
마음자리에 어지러움[亂] 없음이 자성의 정[自性定]이요
늘지도 않고 줄지도 않음이 자성 금강自性金剛8이며
몸이 오고 몸이 감이 본래 삼매니라.”

신수가 칠불통계(七佛通誡)로 계정혜를 설명하고 있다. 칠불통계는 다음과 같다. '諸惡莫作 衆善奉行 自淨其意 是諸佛敎.'

7

설법은 병자에 대한 처방일진대 법 자체는 아니다.

8

자성은 증감이 없으므로 금강이니 모름지기 자성을 알라. 몸이 비록 거래가 있어도 자성의 금강삼매다.

●

志誠이 再拜曰 弟子 - 在秀大師處하야 學道九年이로대 不得契悟러니 今聞和尙一說하고 便契本心이니다 弟子 - 生死事大하오니 和尙은 大慈로 更爲敎示하소서 師曰 吾聞汝師 - 敎示學人戒定慧法이라하니 未審 汝師의 說戒定慧行相이 如何오 與吾說看하라 誠曰 秀大師는 說諸惡不作이 名爲戒요 諸善奉行이 名爲慧요 自淨其意 - 名爲定이라하시니다 彼說은 如此어니와 未審和尙은 以何法으로 誨人이니잇고 師曰 吾若言에 有法與人인댄 卽爲誑汝니 但且隨方解縛이 假名三昧라 如汝師所說 戒定慧는 實不可思議어니와 吾所見戒定慧는 又別이니라 志誠曰 戒定慧는 只合一種이어니 如何更別리잇고 師曰 汝師戒定慧는 接大乘人이요 吾戒定慧는 接最上乘人이니 悟解不同일새 見有遲疾이니라 汝聽吾說하라 與彼同否아 吾所說法은 不離自性이니 離體說法이 名爲相說이라 自性을 常迷어니와 須知一切萬法이 皆從自性起用이 是眞戒定慧法이니라 聽吾偈하라 曰

心地無非 - 自性戒요　　心地無痴 - 自性慧요
心地無亂이 自性定이요　不增不減이 自金剛이요
身去身來 - 本三昧니라

지성이 게송을 듣고 깊이 뉘우치고 곧 한 게송을 지어 바쳤다.

"오온인 이 몸은 바로 환幻이니
환을 어찌 구경究竟9이라 하랴.
그렇다고 진여로 돌이켜 나아가면
법이 도리어 다시 부정不淨10이리."

조사께서 "그렇다" 하시고 다시 성에게 말씀하시기를 "너의 스승의 계정혜는 작은 근기의 지혜를 지닌 사람에게 권하는 것이요, 내가 말하는 계정혜는 큰 근기의 지혜를 지닌 사람에게 권하는 것이니라. 만약 자성을 깨달으면 보리열반도 세우지 않으며 또한 해탈지견도 세우지 않느니라. 가히 한 법도 얻음이 없으므로 바야흐로 능히 만법을 건립하는 것이니 만약 이 도리를 안다면 이는 곧 불신佛身이며 보리열반이며 해탈지견이라 할 것이니라.

견성한 사람은 세워[立]도 되고 세우지 않아도 되니 거래에 자유롭고 막힘도 없으며 걸림도 없어서 경우에 응하여 짓고 물음에 응하여 답하며 널리 화신化身을 나투되 자성을 여의지 아니하며 곧 자재신통력11과 유희삼매遊戲三昧를 얻나니 이것이 견성이니라."

지성이 다시 조사께 말씀드렸다.

"어떠한 것이 세우지 않는 뜻이 됩니까?"

"자성은 그름[非]도 없고 어리석음도 없으며, 어지러움도 없나니, 생각마다 반야로 관조하여 항상 법상法相을 여의고 자유자재하여 종횡으로 모두가 통하니 어찌 세울 것이 있으랴! 자성을 스스로 깨달아 돈오頓悟 돈수頓修12하므로 또한 점차가 없나니 이 까닭에 일체법을 세우지 않는 것이며 제법이 적멸하거니 무슨 차례가 있으랴!"

이에 지성이 예배하고 시자侍者 되기를 원하고 조석으로 게으르지 않았다. [지성은 길주(吉州) 태화(太和) 사람이다.]

9

이제까지 몸뚱이를 구속하면서 구경의 진리를 닦는다고 하던 것을 뉘우친다. 동시에 공부하는 데 오온 등 마음 경계를 따르는 것을 경계하는 것.

10

그렇다고 진여불성을 찾아 나아간다면, 진여불성은 이미 아니며, 또 하나의 마음 경계를 장만하는 것이다. 지성은 지금 오온 진여를 말하나 오온 진여 아닌 곳에 서 있음을 착안하자.

11

신통력 : 자성의 넓고 크고 막힘 없는 위력이 범부의 소견으로는 신비로운 위력일 수밖에 없다. 무애자재한 초인간적인 작용을 내므로 이를 신통력이라 한다. 신족(神足), 천안(天眼), 천이(天耳), 타심(他心), 숙명(宿命)의 오통(五通)을 5신통이라 하고 누진통(漏盡通)을 합하여 6신통이라 한다. 실상에 있어 만인이 이 신통광명을 쓰고 있는 것이나 범부는 이를 알지 못하고 선정력을 닦아 약간의 5통까지를 경험한다. 그러나 이는 소통(小通)이며 몽환이니 이를 구한다면 스스로 미혹한다.

12

돈오돈수 : 단번에 깨치고 닦는 것도 단번에 마친다는 뜻이다. 원래 차차 닦아 점점 깨달아 가는 점수점오(漸修漸悟)와 단번에 깨달아 점점 닦는 돈오점수(頓悟漸修)가 있다고 말한다. 그러나 깨달음이란 자성을 아는 것이며, 자성이 본래 스스로 구족하고 원만한 것을 깨닫는 것이며 깨달음밖에 다시 가히 닦을 한 물건도 없는 것이다. 그런데도 돈오점수니 점수점오니 하는 것은 필경 깨달음에 대한 견해 차이에 있는 것이다. 다시 더 깨달을 것이 있다거나 닦을 것이 있는 깨달음이란 종문의 깨달음은 아니고 단지 이해가 더해 가는 과정상

의 깨달음인 것이다 육조 스님은 명백히 돈오돈수를 표방하고 있다.
마땅히 주목할 대문이다.

●

誠이 聞偈悔謝하야　　乃呈一偈호대

五蘊幻身이거니　　幻何究竟이리요

廻趣眞如하면　　法還不淨이리

師然之하시고 復語誠曰 汝師戒定慧는 勸小根智人이요 吾戒定慧는 勸大根智人이니 若悟自性하면 亦不立菩提涅槃이며 亦不立解脫知見이라 無一 法可得하야사 方能 建立萬法이니 若解此意하면 亦名佛身이며 亦名菩提涅槃이며 亦名解脫智見이라 見性之人은 立亦得 不立亦得이니 去來自由하야 無滯無礙하야 應用隨作하고 應語隨答하며 普見化身호대 不離自性하야 卽得自在神通과 遊戲三昧－是名見性이니라 志誠이 再啓師曰 如何是不立義닛고 師曰 自性이 無非無痴無亂하니 念念般若觀照하야 常離法相하야 自由自在하야 縱橫盡得이어니 有何可立이리오 自性自悟하야 頓悟頓修일새 亦無漸次니 所以로 不立一切法이니라 諸法이 寂滅이어니 有何次第리요 志誠이 禮拜하고 願爲執侍하야 朝夕不懈러라 [誠은 吉州太和人也라]

●

승 지철志徹은 강서江西 사람이다. 성은 장張씨, 이름은 행창行昌이며 젊었을 때에는 임협任俠13이었다.

　　조사와 신수가 남북의 둘로 나뉘어 교화하면서부터 비록 두 종주宗主는 피아가 없었어도 그 문도들은 서로 다투어 편당심을 품고 미워하였다.

　　그때 북종의 문인들은 스스로 수 대사를 세워서 제6조로

삼는 한편 조사께서 법의를 전수하셨음이 천하에 알려짐을 꺼렸
다. 그래서 행창을 시켜서 조사를 해치게 하였다.

조사께서는 타심통으로 미리 이 일을 아시고 돈 열 냥을 자
리 밑에 준비하고 계셨다. 밤이 깊어지자 행창이 조사실에 뛰어들어
조사를 해치려고 달려들었다. 조사가 목을 내미시니 행창은 칼을 휘
둘러 세 차례 조사의 목을 내리쳤다. 그러나 조금도 다치지 않는다.

오히려 조사는 말씀하셨다.

"바른 칼은 삿되지 않고 삿된 칼은 바를 수 없나니 나는
너에게 다만 돈을 빚졌을지언정 목숨 빚은 지지 않았느니라."

행창은 놀라 쓰러졌다가 한참 만에 깨어나서 슬피 울며
허물을 뉘우치고 출가를 원하였다. 조사는 창에게 돈을 내주시면서

"너는 우선 가거라. 대중이 너를 해칠까 두려우니라. 뒷날
모양을 바꾸어서 오너라. 내 마땅히 너를 받아들이리라." 하시니
행창은 조사의 뜻을 받고 밤중에 달아났다.

13

임협 : 무리를 모아 지방을 횡행하며 난폭을 부리는 불한당.

●

一僧志徹은 江西人이니 本姓은 張이요 名은 行昌이라 少에 任俠이러니
自南北分化로 二宗主는 雖亡彼我나 而徒侶 - 競起愛憎이러라 時에
北宗門人은 自立秀師하야 爲第六祖호대 而忌 祖師傳衣 - 爲天下所
聞하야 乃囑行昌하야 來刺於師라 師他心通으로 預知其事하시고 卽置
金十兩於座間하시니 時夜暮에 行昌이 入祖室하야 將欲加害어늘 師 -
舒頸就之하신대 行昌이 揮刄者 - 三이로대 悉無所損이어늘 師曰 正劍
은 不邪하고 邪劍은 不正이니 只負汝金이요 不負汝命이로다 行曰이 驚

仆이라가 久而方蘇하야 求哀悔過하야 卽願出家하니 師遂與金言하사대
汝且去하라 恐徒衆이 翻害於汝하노니 汝可他日에 易形而來하면 吾當
攝受호리라 行昌이 稟旨宵遁하니라

●

그 후 행창은 출가하여 승이 되었다.

하루는 조사의 말씀을 생각하고 멀리서 와 찾아뵈오니 조
사께서 말씀하시기를

"내가 너를 기다린 지 오래니라. 어찌하여 이다지도 늦었
느냐?" 하시며 반기셨다. 창이 여쭙기를

"전날에 화상께서 죄를 용서하여 주신 은덕은 비록 지금
출가하여 고생한다 하더라도 마침내 갚을 길이 없사옵니다. 다만
은혜에 보답하는 길은 법을 전하여 중생을 제도함뿐인가 하옵니
다. 제자가 일찍부터 『열반경』을 지송하오나 아직 상常과 무상無常
의 뜻을 알지 못하오니 바라옵건대 화상께서는 자비를 베풀어 간
략히 가르쳐 주십시오." 한다.

조사께서 말씀하셨다.

"무상이라 함은 곧 불성을 말함이요, 유상이라 함은 곧 모
든 선악의 제법과 분별심이니라."

"화상께서 설하시는 말씀은 경문에 크게 어긋납니다."

조사께서 말씀하셨다.

"나는 부처님의 심인心印을 전하거니 어찌 불경을 어길까
보냐?"

"경에는 불성, 이것이 상이라 하였사온데 화상께서는 도
리어 무상이라 하시며, 선악 제법과 내지 보리심까지도 이것이 무

상이온데 화상께서는 도리어 상이라 말씀하시니 이것은 경문과 다르므로 학인은 의혹이 더욱 더하옵니다."

　　"『열반경』은 지난날 무진장 비구니가 한 편을 독송하는 것을 듣고 곧 그에게 강설한 적이 있느니라. 나의 말은 한 자나 한 뜻도 경문에 어긋남이 없었으니 이제 또한 너에게도 두 말이 있을 리 만무하니라."

　　"학인은 아는 바가 얕고 지혜가 어둑하오니 바라옵건대 화상께서는 자세히 말씀하여 주십시오."

●

後投僧出家하야 具戒精進이러니 一日에 憶師之言하야 遠來禮覲한대 師曰 吾久念汝러니 汝來何晩고 曰 昨蒙和尙捨罪하야 今雖出家苦行이나 終難報德이니 其惟傳法度生乎인저하노이라 弟子 - 嘗覽涅槃經이나 未曉常無常義로소니 乞和尙은 慈悲로 略爲解說하소서 師曰 無常者는 佛性性也오 有常者는 卽一切善惡諸法分別心也니라 曰 和尙所說은 大違經文이니다 師曰 吾傳佛心印이어니 安敢違於佛經이리오 曰 經에 說佛性이 是常이어늘 和尙은 却言無常하시며 善惡諸法과 乃至菩提心이 皆是無常이어늘 和尙却言是常하시니 此卽相違라 令學人으로 轉加疑惑이로소이다 師曰 涅槃經은 吾昔에 聽尼無盡藏의 讀誦一徧하고 便爲講說호대 無一字一義도 不合經文이며乃至爲汝에도 終無二說이니라 曰 學人은 識量淺昧하오니 願和尙은 委曲開示하소서

●

조사께서 말씀하셨다.

　　"네가 아느냐? 불성이 만약 상이라면 다시 어떻게 선악 제 법을 설명할 것이며, 또한 겁劫을 다하더라도 한 사람도 보리심을

발할 사람이 없으리라. 이 까닭에 내가 무상이라고 말하는 것이니, 이것이 바로 부처님이 말씀하신 참된 상의 도리니라. 또한 일체 제법이 무상일진대 사물 하나가 제각기 자성이 있어서 생사를 받아들일 것이니 그렇다면 진상眞常의 성품은 두루하지 않은 곳이 있으리라. 그러므로 내가 말하는 이것이 바로 부처님이 말씀하신 참된 무상의 뜻이니라.

평소에 범부와 외도는 그릇된 상[邪常]14에 집착하고 모든 2승들은 상에서 도리어 무상을 계교하여 함께 팔도八倒15를 이루기 때문에 부처님께서는 열반요의교涅槃了義教16 가운데서 그들의 그릇된 편견을 타파하여 진상眞常·진아眞我·진정眞淨을 밝혀 말씀하셨거늘, 너는 이제 말에만 의지하여 참뜻을 모르고 단멸斷滅의 무상과 죽은 상死常으로써 부처님의 원묘圓妙하고 가장 깊은 최후의 가르침을 그릇 알아들으니 그러고서야 비록 천 편을 독송한들 무슨 소득이 있겠느냐?"

이에 행창이 홀연히 대오하고 게송으로 말씀드렸다.

"무상한 마음을 지침으로 인하여
부처님은 유상인 성품 말씀한 것을
이것이 방편임을 알지 못하는 이는
봄 못[春池]에서 조약돌을 줍는 거와 같네.17
나 이제 공功 들이지 않고
불성이 이렇게 나타났으니
이것은 스승께서 줌도 아니며
나도 또한 얻는 바 없네."

조사께서 말씀하시기를,

"네가 이제 투철했구나. 마땅히 이름을 지철志澈이라 하라.” 하셨다.

철이 절하고 감사하며 물러갔다.

14

상(相)에 집착하면서 불변의 상(常)으로 아는 것을 사상(邪常)이라 한다.

15

8도 : 범부들이 실상을 알지 못하고 무상을 상(常)으로 알며, 고를
낙으로 알며 무아(無我)를 아(我)가 있다고 알며 부정(不淨)을 정(淨)
으로 아는 유위(有爲)의 4도(四倒)와 성문·연각들이 깨달음이란 모
두가 없어진 경계라고 알고, 실상의 세계의 상(常)·낙(樂)·아(我)·
정(淨)을 무상·고(苦)·무아·부정으로 그릇 아는 것을 무위(無爲)
의 4도(四倒)라 하는데, 이것을 합하여 8도라 한다.

16

요의교 : 불법의 의미를 직접 완전하게 설하신 가르침을 요의교라 하
고, 이에 반하여 중생이 이해하는 정도에 따라 점차로 진실의 가르침
으로 유인하고자 설한 방편의 가르침을 불요의교(不了義敎)라고 한다.

17

부처님 말씀이 방편임을 알지 못하고 그 말만 따라 집착함은 마치
물속에서 돌을 주워들고 보석인 줄 아는 것과 같다는 것.

●

師曰 汝知否아 佛性이 若常인댄 更說什麼善惡諸法이리오 乃至窮劫이
라도 無有一人도 發菩提心者니 故로 吾說無常이 正是佛說眞常之道
也오 又一切諸法이 若無常者인댄 卽物物이 皆有自性하야 容受生死
하야 而眞常性이 有不遍之處라 故로 吾說常者 – 正是佛說眞無常義
니라 佛이 比爲凡夫外道는 執於邪常하고 諸二乘人은 於常計無常하야
共成八倒할새 故로 於涅槃了義敎中에 破彼偏見하사 而顯說眞常眞
樂眞我眞淨이어시늘 汝今依言背義하야 以斷滅無常과 及確定死常으

로 而錯解佛之圓妙最後微言하니 縱覽千徧인들 有何所益이리오

行昌이 忽然大悟하야　乃說偈言호대

因守無常心하야　佛說有常性이어시늘

不知方便者는　猶春池拾礫이로다

我今不施功하고　佛性而現前하니

非師相授與며　我亦無所得이로다

師曰 汝今徹也니 宜名志徹이니라 徹이 禮謝而退니라

한 동자가 있었다. 이름을 신회神會18라 하였는데 양양襄陽 고高씨
의 자손이다. 나이 13세에 옥천사玉泉寺에서 와서 참례하였다.

조사께서 말씀하였다.

"네가 먼 곳에서 고생하며 왔으니 근본을 가지고 왔는가?
만약 근본이 있다면 곧 주인을 알 것이다. 말해 보라."

신회가 대답하였다.

"머무름 없는 것으로 근본을 삼으니 봄[見]이 바로 주인이
올시다."

조사께서 말씀하셨다.

"이 사미沙彌19가 어찌 경솔하게 말을 하는가?" 하고 주장
자20로 세 번 때리니 회가 물었다.

"화상께서 좌선하실 때 보는 것이 있습니까?"

"내가 너를 때렸으니 아프냐 안 아프냐?"

"아프기도 하고 또한 아프지 않기도 합니다."

"나도 또한 보기도 하고 보지 못하기도 하느니라."

“어떤 것을 보기도 하고 보지 못하기도 하는 것입니까?”

“내가 보는 것은 항상 자심의 허물을 보는 것이요, 타인의 시비是非 호오好惡를 보지 않나니, 이러므로 또는 보고 또는 보지 못한다고 하는 것이다. 너는 말하기를, 아프기도 하고 또한 아프지 않다고도 하니 이것은 어떤 것이냐? 네가 만약 아프지 않다면 이것은 목석과 같은 것이요, 만약 아프다면 즉 범부와 같으니 곧 성이 나고 원통한 생각이 나리라. 네가 앞서 말한 보기도 하고 안 보기도 한다는 것은 이것은 이변二邊이며, 아프기도 하고 안 아프기도 하다는 것은 이것은 생멸이니 네가 자성을 아직 보지 못하고 감히 그런 희론을 하느냐?”

신회는 다시 예배하고 깊이 뉘우치며 사과드렸다.

조사께서 다시 말씀을 이으셨다.

“네가 만약 마음이 미혹하여 자성을 보지 못하였다면 마땅히 선지식에게 물어서 길을 찾아야 할 것이요, 네가 만약 마음을 깨쳤다면 곧 스스로 견성한 것이니 마땅히 법답게 수행하여야 할 것이다. 그런데 너는 스스로 미혹하여 자심을 못 보았으면서도 도리어 나에게 와서 보고 안 보고를 물으니 내가 보는 것은 나 스스로 아는 것이거늘 어찌 너를 따라 내가 미혹할까 보냐. 또한 네가 만약 스스로 자심을 보았다면 어찌 나의 미혹을 네가 대신하랴. 그런데 너는 어째서 스스로 보지도 못하고 알지도 못하고 나에게 보고 안 보고를 묻는 것이냐?”

이에 신회는 다시 일어나 백여 번 절을 한 다음 허물을 사죄하였고 지성을 다하여 조사를 모시며 좌우를 떠나지 않았다.

18

신회 : 685~760. 하택신회(荷澤神會) 선사. 육조의 법을 받고 육조
가 입멸한 뒤 북종의 점문(漸門)이 성행하자 서울에 들어가 돈문(頓
門)의 뜻을 크게 펼쳤다.

19

사미 : Śrāmaṇera. 식자(息慈)라 번역된다. 출가하여 10계를 지키
고 구족계(비구계)를 받을 때까지의 남자. 20세 미만이다.

20

주장자 : 선문에서 법을 말할 때 곧잘 주장자를 휘두른다. 여기 육조의
방망이가 선문에서 방망이를 쓰게 된 효시인 듯. 주장자는 선상에서 쓰
이므로 3,4척 정도로 짧다. 그렇지만 종사는 이것으로 법을 말한다.

有一童子호대 名이 神會니 襄陽高氏子라 年十三에 自玉泉來하야 參
禮한데 師曰 知識이 遠來艱辛하니 還將得本來否아 若有本則合識主
니 試說看하라 會曰 無住爲本이니 見卽是主니이다 師曰 這沙彌 – 爭
合取次語오하고 以柱杖으로 打三下하신대 會乃問曰 和尙이 坐禪하시니
還見이니까 不見이니까 師云 吾打汝하니 是痛가 對曰 亦通亦不痛이니
이다 師曰 吾亦見亦不見이로다 神會問 如何是亦見亦不見이니이고 師
言하사대 吾之所見은 常見 自心過愆하고 不見他人의 是非好惡일새 是
以로 亦見亦不見이어니와 汝言亦痛亦不痛은 如何오 汝若不痛인댄 同
其木石이오 若痛인댄 則同凡夫하야 卽起恚恨이니 汝向前에 見不見은
是二邊이오 痛不痛은 是生滅이라 汝自性도 且不見하고 敢爾戲論가 神
會 – 禮拜悔謝한대 師又曰 汝若心迷不見인댄 問善知識覓路요 汝若
心悟인댄 卽自見性하야 依法修行이어늘 汝自迷하야 不見自心하고 却
來問吾의 見與不見가 吾見自知어니 豈代汝迷며 汝若自見인댄 亦不
代吾迷어늘 何不自知自見하고 乃問吾의 見與不見고 神會 – 再禮百

餘拜하야 求謝過愆하고 服勤給侍하야 不離左右하니라

●

하루는 조사께서 대중에게 이르셨다.

"나에게 한 물건이 있으니, 머리도 없고 꼬리도 없고 이름도 없고 글자도 없으며 앞도 없고 등도 없다. 너희들은 알겠느냐?"

그때 신회가 나와서 대답하였다.

"그것은 제불의 본원이며 신회의 불성입니다."21

조사께서 말씀하셨다. "내가 너에게 '이름도 없고 글자도 없다' 하였는데, 너는 곧 근본이니 불성이니 하니 앞으로 네가 종사가22 되더라도 다만 지해종도知解宗徒23밖에 되지 않으리라."

회는 뒤에 서울에 들어가 크게 조계의 돈교를 넓혔고 또한 『현종기顯宗記』를 지으니 세상에 유행하였다.

조사께서는 여러 종문들이 조사의 난문難問에 모두가 악심을 품고 회하에 많이 모여듦을 보시고 이들을 불쌍히 여기시어 말씀하셨다.

"도를 배우는 사람은 일체의 착한 생각이나 악한 생각을 다 마땅히 없이 하여야 하느니라. 이름을 무엇이라고도 붙일 수 없는 것을 자성이라고 하느니라. 둘이 아닌 성性24 이것이 실성實性이니 이 실성 위에 일체 교문敎門이 건립되는 것이니라. 너희들은 모름지기 언하에 스스로 보아야 하느니라."

모든 사람이 이 말씀을 듣고 모두 다 절을 하며 조사를 스승으로 섬기기를 청하였다.

21

남악회양 선사가 육조 스님에게 처음 참례하였을 때 조사는 "어느

물건이 이와 같이 왔는가?" 하고 물은 데 대하여 회양은 8년 만에야
"설사 한 물건이라 하여도 맞지 않다"고 대답한 것과 여기에 신회가
"제불의 본원, 신회의 불성"이라는 대답은 좋은 대조가 된다.

22

종사 : 여기서는 파묘개두(把茆盖頭)인데, 글자가 뜻하기로는 '떼를 잡
아 머리에 덮는다'는 말이다. 떼로 몸을 가릴 정도의 초막에서 살며 일
가를 이룬 수행인이니 이는 곧 일방의 스승이 되는 종사를 의미한다.

23

지해종도 : 불법은 본시 명상(名相)을 세우거나 지견을 낼 여지가
없는 본연의 실상이다. 이것을 생각이나 말이나 문자 이론으로 잡
으려 한다면 있을 수 없는 일. 신회가 명자를 세워 법을 의논하는 데
서 육조 스님은 이를 평한다.

24

둘이 아닌 성품 : 이것이 자성이니 자성에는 선악의 분별이 없는 것.
선악심을 떠나 자성 실성에 도달하라고 회하의 악심 품은 무리들을
타이른다.

●

一日에 師告衆曰 吾有一物호대 無頭無尾하며 無名無字하며 無背無
面하니 諸人은 還識否아 神會出曰 是諸佛之本源이오 神會之佛性이니
이다 師曰 向汝道無名無字어늘 汝便喚作本源佛性하니 汝向去하야 有
把茆盖頭也라도 只成箇知解宗徒리라 會 — 後入京洛하야 大弘曹溪頓
教하고 著顯宗記하니 行于世하니라

師 — 見諸宗이 難問에 咸起惡心하야 多集座下하시고 愍而謂
曰 學道之人은 一切善念惡念을 應當盡除하야 無名可名을 名於自性
無二之性이며 是名實性이라 於實性上에 建立一切教門이니 言下에 便
須自見이니라 諸人이 聞說하고 總皆作禮하고 請事爲師하니라

당 조에서 초청하다

신룡神龍 2년[1] 상원일上元日 측천황후則天皇后와 중종中宗이 조서를 보내어 이르기를,

"짐이 안安·수秀 두 대사[2]를 궁중에 모시고 공양하며 만기萬機를 살피는 겨를에 매양 일승을 연구하는바, 두 대사가 사양하며 추천하기를 '남방에 계시는 능能 선사는 인忍 대사의 의법을 밀수密受하여 부처님 심인心印을 전해 받았으니 그분을 청하여 묻는 것이 좋다' 하시니 이에 내시 설간薛簡을 보내어 조서를 전하고 청하오니 바라건대 스님께서는 자비로 살피시어 속히 상경하여 주소서." 하였다.

조사께서는 표表를 올리어 아프다고 사양하시며 숲 아래에서 종신하기를 원하시니 설간이 여쭙기를 "서울의 선덕들이 다 말씀하기를 '도를 알려고 하거든 반드시 좌선하여 정定을 익혀라. 선정을 인하지 않고 해탈한다는 것은 있을 수 없는 일이다.' 하옵는데 스님께서 설하시는 법은 어떠하십니까?" 한다.

조사가 말씀하셨다.

"도는 마음으로 말미암아 깨치는 것인데 어찌 앉는 데 있겠느냐! 경에3 이르기를 '만약 여래如來를 혹은 앉는다 혹은 눕는다고 말한다면 이것은 사도邪道를 행하는 것이니라. 왜냐하면 따라 올 곳도 없고 또한 갈 곳도 없는 까닭이라' 하지 않았더냐!

생生도 없고 멸滅도 없는 것이 여래의 청정선淸淨禪이요, 모든 법이 공적空寂한 것이 여래의 청정좌淸淨坐니 구경에는 증득함도 없거니 어찌 하물며 앉는 데 있겠느냐!"

—
1

신룡 2년 : 서기 706년. 상원은 1월 15일. 해인본을 위시, 대개의 판본이 측천과 중종으로 되어 있는데 측천은 신룡 1년 11월에 죽었으니 1년의 잘못인지도 모른다. 측천은 고종의 황후, 중종은 당의 제4제.

2

숭악노안(嵩嶽老安) 국사와 북종의 신수 대사, 둘이 다 5조에게 사법했다.

3

『금강경』 "若有人言 如來 若來 若去 若坐 若臥 是人 不解我所說義 何以故 如來者 無所從來 亦無所去 故名如來."

●

八　唐朝徵詔

●

新龍二年上元日에 則天과 中宗이 詔云 朕이 請安秀二師하야 宮中供養하고 萬機之暇에 每究一乘이러니 二師－推讓云 南方에 有能禪師하야 密受忍大師衣法하야 傳佛心印하시니 可請彼問하라할새 今遣內侍薛簡하야 馳詔迎請하노니 願師는 慈念하야 速赴上京하소서 師－上表辭疾하시고 願終林麓하신대 薛簡曰 京城禪德이 皆云 欲得會道인댄 必

須坐禪習定이니 若不因禪定코 而得解脫者는 未之有也라하시니 未審
師所說法은 如何니잇고 師曰 道由心悟니 豈在坐也리오 經云 若言如
來 - 若坐若臥라하면 是行邪道니 何故오 無所從來며 亦無所去라하시
니 無生無滅이 是如來淸淨禪이오 諸法空寂이 是如來淸淨坐라 究竟
無證이어니 豈況坐耶아

●

설간이 말씀드렸다.

　　"제자가 서울로 돌아가면 주상께서 반드시 물으시리니
바라건대 스님께서는 자비로써 심요心要를 가르쳐 주십시오. 그러
하오면 제자가 양궁兩宮께 전하여 올리고 또한 서울에 있는 도를
배우려는 모든 사람에게도 미치게 하여 마치 한 등불을 수천 등불
에 붙이듯이 하고, 어두운 것을 다 밝게 하여 밝고 밝음이 다함이
없게 하겠습니다."

　　조사께서 말씀하셨다.

　　"도에는 밝음도 어둠도 없느니라. 밝음과 어둠은 이것이
대사代謝4의 뜻이라, 설사 밝고 밝음이 다함이 없다고 하더라도 역
시 다함이 있는 것이니, 이것은 서로 상대하여 그 이름을 세운 까
닭이니라. 『정명경』에 이르기를, '법은 견줄 바가 없으니 상대가
없기 때문이다' 하시지 않았더냐!"

　　"밝음은 지혜에 비유되고 어둠은 번뇌에 비유되니, 수도
하는 사람이 만약 지혜로 번뇌를 비춰 없애지 않으면 시작 없는 먼
옛날부터 내려온 생사의 굴레를 무엇을 의지하여 벗어나리까?"

　　"번뇌가 곧 보리니, 이는 둘이 아니며 다름도 없느니라. 만
약 네 말과 같이 지혜로써 번뇌를 없애 버린다면 이것은 2승의 견

해요, 양거羊車·녹거鹿車 등의 근기인 것이니 상지上智·대근大根은
모두가 그렇지 않느니라."

"그렇다면 어떤 것이 대승의 견해이옵니까?"

"범부들은 명明과 무명無明을 둘로 본다. 그러나 지혜 있는
이는 그 성품이 둘이 아님을 요달하나니 둘이 아닌 성품이 곧 실다
운 성품이니라.

실다운 성품이라는 것은 우치한 범부에 있어서도 덜하지
아니하며 현성賢聖에 있어서도 더하지 아니하며 번뇌 속에서도 어
지럽지 않으며 선정禪定 가운데서도 고요하지 않으며 단斷도 아니
며 상常도 아니며 오지도 않으며 가지도 않으며 중간이나 안이나
밖에 있는 것도 아니며, 나지도 않으며 멸하지도 아니하여 본성과
형상이 여여하여 항상 머물러서 변천이 없는 것이니 이것을 이름
하여 도道라 하느니라."

—
4

대사 : 밝음이 오면 어둠이 없어지고 어둡다는 것은 밝음이 없는 것
이니 서로 번갈아 바뀌면서 대대(對待)가 되는 것을 대사라 한다.

簡曰 弟子回京하면 主上이 必問하시리니 願師는 慈悲로 指示心要하사
傳奏兩宮과 及京城道學者하야 譬如一燈이 然百千燈에 冥者ㅣ 皆明하
야 明明無盡케하소서 師云 道無明暗이니 明暗은 是代謝之義라 明明無
盡도 亦是有盡이니 相待立名故라 淨名經云 法無有比니 無相待故라하
시니라 簡曰 明喩智慧하고 暗喩煩惱니 修道之人이 倘不以智慧로 照破
煩惱면 無始生死를 憑何出離리잇고 師曰 煩惱ㅣ 卽是菩提라 無二無別
이니 若以智慧로 照破煩惱者ㅣㄴ댄 此是二乘의 見解라 羊鹿等機니 上

智大根은 悉不如是니라 簡曰 如何是大乘見解니잇고 師曰 明與無明을
凡夫는 見二어니와 智者는 了達其性하야 無二니 無二之性이 即是實性
이라 實性者는 處凡愚而不減하고 在賢聖而不增하며 住煩惱而不亂하
고 居禪定而不寂이니 不斷不常하고 不來不去하며 不在 中間과 及其內
外하야 不生不滅하야 性相이 如如하야 常住不遷을 名之曰道니라

●

설간이 말씀드렸다.

　　"스님께서 말씀하시는 불생불멸은 외도의 그것과 어떻게
다릅니까?"

　　"외도가 말하는 불생불멸이라는 것은 멸이란 생을 멈추
는 것이고 생이란 멸을 나타낸 것이라 멸도 오히려 멸한 것이 아니
며 생하였다 말하더라도 생한 것이 아니거니와 내가 말하는 불생
불멸은 본래 스스로 남[生]이 없는 것이어서 지금 또한 멸도 없으
니 이 까닭에 외도와 같지 않느니라.

　　네가 만약 심요를 알고자 할진대 다만 일체 선악을 전혀
생각하지 마라. 그러면 자연히 청정 심체에 들어가 맑고 항상 고요
하며 묘용妙用이 항하사와 같으리라."

　　설간이 가르침을 받고 활연 대오하고 조사께 예배하고 하
직하였다. 대궐로 돌아가 조사의 말씀을 표로 사뢰었다.

　　그해 9월 3일 조서를 내려 대사를 찬양하였는데 이르기를,

　　"대사께서 늙고 병들었다 하여 짐의 청을 사양하고, 짐을
위하여 도를 닦으시니 나라의 복전이옵니다. 대사는 정명淨名5이
병을 칭탐하여 비야리에서 대승을 천양하고 제불의 마음을 전하
면서 불이법不二法을 담론하던 일과 같습니다. 설간으로부터 대사

께서 여래지견을 가르쳐 주신 것을 전하여 들으니, 이는 짐이 적선한 보람이며 숙세로 선근을 심은 인연으로 이 세상에 나신 대사를 만나게 되어 상승上乘을 돈오하였사오니, 대사님 은혜에 감사하고 머리에 받들어 마지않습니다." 하였다.

　　그리고 마납磨納 가사와 수정발우를 드리고 또한 소주韶州 자사에게 명하여 사우寺宇를 중수 장엄케 하고 대사의 옛 거처에 국은사國恩寺라 이름을 내렸다.

5

　　정명 :『유마경』의 주인공인 유마힐(維摩詰)의 한자명. 비야리성 자기 집에서 병을 칭탁하고 찾아오는 모든 사람들에게 법을 설하였다.

簡曰 師說不生不滅이 何異外道니잇고 師曰 外道所說不生不滅者는 將滅止生하고 以生顯滅이라 滅猶不滅이요 生說不生이어니와 我說不生不滅者는 本自無生이라 今亦無滅이니 所以로 不同外道니라 汝若欲知心要인데 但一切善惡을 都莫思量하면 自然得入淸淨心體하야 湛然常寂하여 妙用이 恒沙리라 簡이 蒙指敎하고 豁然大悟하야 禮辭歸闕하야 表奏師語한대 其年九月三日에 有詔하야 獎諭師曰 師辭老疾하야 爲朕修道하시니 國之福田이라 師若淨名의 托疾毘耶하야 闡揚大乘하고 傳語佛心하야 談不二法이니이다 薛簡이 傳師의 指授如來知見할새 朕이 積善餘慶과 宿種善根으로 値師出世하야 頓悟上乘하니 感荷師恩하야 頂載無已니이다하시고 幷奉磨納袈裟와 及水晶鉢하며 勅韶州刺史하야 修飾寺宇하고 賜師舊居하사 爲國恩寺하니라

九

법문을 대로 보이다
(對)

●

조사께서 하루는 문인 법해法海·지성志誠·법달法達·신회神會·지상智常·지통智通·지철志徹·지도志道·법진法珍·법여法如 등을 불러 말씀하셨다.

"너희들은 다른 사람과 같지 않으니 내가 멸도한 후에 각각 일방의 스승이 될 것이므로 내 이제 너희들로 하여금 법을 설하는 데 있어 근본종지를 잃지 않게 하리라.

먼저 삼과三科 법문과 동용動用에 36대對를 들어 말하리니 나고 듦에 곧 양변兩邊을 여의고 일체법을 설할 때 자성을 여의지 마라.

혹 어떤 사람이 와서 너희에게 법을 묻거든 말을 하되 모두 쌍雙으로 하여 다 대법對法을 취하고 오고 감에 서로 인因하고 마침내는 이법二法을 모두 없애어 다시 갈 곳[1]을 없게 하라.

삼과三科 법문이라 하는 것은 '음陰'과 '계界'와 '입入'을 말함이니라. 음이라 함은 오음이니 색色·수受·상想·행行·식識이 이것이요, 입이라 함은 12입入이니 밖으로 육진六塵인 색·성·향·미

·촉·법과 안으로 6문인 안·이·비·설·신·의가 이것이요, 계라
함은 18계니 6진과 6문과 6식이 이것이니라.

자성이 만법을 머금었으므로 함장식含藏識이라 하는 것이
니 만약 사량思量을 일으키면[2] 이것이 전식轉識이라, 6식을 내어 6
문을 나와 6진을 보게 되나니 이와 같이 18계 모두가 자성으로부
터 일어나는 것이므로 자성이 만약 삿되면 18사邪가 일어나고 자
성이 만약 바르면 18정正이 일어나느니라.

악한 것을 머금고 쓰면 이것은 곧 중생의 용用[3]이요 착하
게 쓰면 곧 부처님의 용[佛用]이니라.

1

대개 둘이 아닌[不二] 성품이 자성이며 실성이니 이 자성을 떠나 법
을 말한다면 이는 삿된 법이다. 일체 당대적인 두 법을 서로 인하게
하여 마침내 능소(能所)가 함께 없어지면 이곳에 자성법왕이 드러난
다. 여기 '갈 곳이 없다' 함은 능소가 없어짐[俱亡]을 뜻하는 것.

2

범부가 자성의 본자구족청정을 깨닫지 못하고 동하는 것을 업상(業
相)이라 하고, 이 동으로 인하여 견(見)을 일으키는 것을 전상(轉相)
이라 한다. 이 견에 의하여 망령되게 경계를 나투니 이것이 현상(現
相)이다. 이 업, 전, 현의 3상(相)에 의하여 분별심이 생기니 이것이
6식이다. 육식이 나오는 문이 6문이며, 대하는 경계가 6진이다. 그
러므로 이 18계는 온전히 자성을 깨치지 못한 데서 망령되이 일어
난 것임을 알게 된다. 그러므로 만약 한 생각 돌이켜 자성을 요달하
면, 즉시 스스로 제도한 것이며 자성이 가지는 무량 공덕문을 굴리
게 되거니와 그렇지 못하고 자성을 어겨 경계에 집착하면서 아무
리 현묘한 도에 이르렀다 하더라도 이는 스스로 결박의 수렁 속에
파고들 뿐이다. 불법 수행의 골격이 이곳에 있다.

3

중생의 본성은 불성, 불성의 겉모양[相]은 중생이다. 중생이 본성과

일체임을 알 때 제도가 있다.

九 法門對示

師一日에 喚門人 法海·志誠·法達·神會·智常·智通·志徹·志道·法珍·法如等하야 曰 汝等은 不同餘人이라 吾滅度後에 各爲一方師하리니 吾今教汝說法하야 不失本宗케하리라 先須擧三科法門과 動用三十六對하리니 出沒에 卽離兩邊하고 說一切法에 莫離自性이니 忽有人이 問汝法이어든 出語盡雙하야 皆取對法하야 來去相因하고 究竟에 二法을 盡除하야 更無去處니라 三科法門者는 陰界入也라 陰은 是五陰이니 色受想行識이 是也오 入은 是十二入이니 外六塵色聲香味觸法과 內六門眼耳鼻舌身意 - 是也오 界는 是十八界니 六塵六門六識이 是也라 自性이 能含萬法이 名含藏識이니 若起思量하면 卽是轉識이라 生六識하고 出六門하야 見六塵하나니 如是一十八界 - 皆從自性起用이라 自性이 若邪하면 起十八邪하고 自性이 若正하면 起十八正이니 若惡用하면 卽衆生用이요 善用하면 卽佛用이니라

대체 용은 무엇을 말미암아 이루어지는가? 자성을 말미암아 대법對法이 있느니라. 대법에는 무정물인 바깥 경계에 5대對가 있으니 하늘은 땅과 더불어 대며 해는 달과 더불어 대며 밝음은 어둠과 더불어 대며 음은 양과 더불어 대며 물은 불과 더불어 대니 이것이 5대니라.

제법의 모양을 딴 말에 12대가 있으니 말은 법과 더불어 대며 유는 무와 더불어 대며 유색은 무색과 더불어 대며 유상有相은 무상無相과 더불어 대며 유루有漏는 무루無漏와 더불어 대며 색

色은 공空과 더불어 대며 동은 정과 더불어 대며 청은 탁과 더불어 대며 범부는 성인과 더불어 대며 승은 속과 더불어 대며 노老는 소少와 더불어 대며 대는 소와 더불어 대니 이것이 12대니라.

또한 자성이 용用을 일으킴에 19대가 되니, 장長은 단短과 더불어 대며 사邪는 정正과 더불어 대며 치痴는 혜慧와 더불어 대며 우愚는 지智와 더불어 대며 난亂은 정定과 더불어 대며 자慈는 독毒과 더불어 대며 계戒는 비非와 더불어 대며 직直은 곡曲과 더불어 대며 실實은 허虛와 더불어 대며 험난은 평탄과 더불어 대며 번뇌는 보리와 더불어 대며 상常은 무상無常과 더불어 대며 비悲는 해害와 더불어 대며 희喜는 진嗔과 더불어 대며 줌은 아낌과 더불어 대며 진進은 퇴退와 더불어 대며 생은 멸과 더불어 대며 법신法身은 색신色身과 더불어 대며 화신化身은 보신報身과 더불어 대니 이것이 19대니라."

조사께서 말씀을 이으셨다.

"만약 이 36대법을 잘 알아 쓰면 곧 도道가 일체 경법經法을 꿰뚫어 출입함에 곧 양변兩邊을 여의어 온전히 자성을 동용動用하리라. 또한 사람과 더불어 이야기할 때에는 밖으로 상相에서 상을 여의며 안으로 공空에서 공을 여의어라. 만약 온전히 상相에 착하면 곧 사견邪見이 자랄 것이며, 혹 온전히 공을 집執하면 곧 무명無明이 자라리라. 공을 집착4하는 사람은 경을 비방하면서 곧 문자를 쓰지 않는다 하나, 만약 이미 문자를 쓰지 않을진대 사람과 말하는 것도 마땅하지 않다 하겠으니 말이 또한 바로 문자의 상相임을 어찌하랴! 또 문자를 세우지 않는다고 하나 이 세우지 않는[不立]다는 두 글자도 또한 문자인 것이니 대개 이런 사람은 남이 말하는 것을 보고 곧 그를 비방하면서 말하기를 '문자에 집착한다' 하느니라.

금일의 공부인 중에 혹 문자를 세우지 않는다 하고 무식을 취하고 무작(無作)을 빌려 나태와 막행을 지으며 무상(無相)을 빙거하여 계율을 가벼이 여긴다면 여기서 통참하여야 할 것이다.

●

用由何等고 由自性有니 對法은 外境無情에 五對니 天與地對며 日與月對며 明與暗對며 陰與陽對며 水與火對라 此是五對也오 法相語言이 十二對니 語與法對며 有與無對며 有色與無色對며 有相與無相對며 有漏與無漏對며 色與空對며 動與靜對며 淸與濁對며 凡與聖對며 僧與俗對며 老與少對며 大與小對라 此是十二對也오 自性起用이 十九對니 長與短對며 邪與正對며 痴與慧對며 愚與智對며 亂與定對며 慈與毒對며 戒與非對며 直與曲對며 實與虛對며 險與平對며 煩惱與菩提對며 常與無常對며 悲與害對며 喜與嗔對며 捨與慳對며 進與退對며 生與滅對며 法身與色身對며 化身與報身對라 此是十九對니라 師言하사되 此三十六對法을 若解用하면 卽 道貫一切經法하야 出入에 卽離兩邊하야 自性動用하리라 共人言語에는 外於相에 離相하고 內於空에 離空이어다 若全着相하면 卽長邪見이요 若全執空하면 卽長無明하리라 執空之人은 有謗經하야 直言不用文字라하나니 旣云不用文字인댄 人亦不合言語이니 只此言語 - 便是文字之相이니라 又云直道하되 不立文字라하나니 旣此不立兩字도 亦是文字어늘 見人所說하고 便卽謗他하야 言着文字라하나니라

●

너희들은 마땅히 알아라. 스스로 미혹한 것은 오히려 가可하거니와 어찌 부처님 경전을 비방하랴! 부질없이 경을 비방하지 말아야

하니 이러한 자는 그 죄장罪障이 헤아릴 수 없느니라.

만약 상에 착하며 밖을 향하여 작법作法5하며 참[眞]을 구하거나 혹은 넓은 도량을 세우고 유·무의 허물을 말한다면 이와 같은 사람은 몇 겁을 다하여도 견성하지 못할 것이니 너희들은 다만 법을 듣고 법에 의지하여 수행하라.

또한 일체를 생각하지 않는 것을 수행이라 하지 마라. 도성道性이 막히고 장애가 되리라.

만약 법을 닦지 아니하면 사람으로 하여금 도리어 삿된 생각[邪念]이 나게 하나니 다만 법에 의지하여 수행하여 상에 머무름이 없이 법을 베풀도록 하라.

너희들이 만약 깨달아6 이에 의지하여 말하며 이에 의지하여 쓰며 이에 의지하여 행하며 이에 의지하여 지으면 곧 근본 종지를 잃지 않으리라.

만약 어떤 사람이 너에게 법의 뜻을 묻되 유有를 물으면 무無로써 대하고 무無를 물으면 유有로써 대하고 범凡을 물으면 성聖으로 대하며 성聖을 물으면 범凡으로 대하여 두 도[二道]가 서로 인하여 중도中道의 뜻이 살아나게 하라. 너희가 이와 같이 한 번 물음에 한 번 대하되 다른 물음에도 한결같이 이와 같이 하면 곧 법리法理를 잃지 않으리라.

혹 어떤 사람이 묻기를 '무엇이 어두운 것이냐?' 한다면 답하기를 '밝음은 바로 인因이요, 어둠은 바로 연緣이니 밝음이 없어진 것이 곧 어둠이다'라고 하라. 이는 밝음으로써 어둠을 나타내며 어둠으로써 밝음을 나타내는 것이니 오고 감이 서로 인하여 중도의 뜻을 이루나니 다른 물음에 대하여도 모두 다 이와 같이 하라.

너희들이 이후에 법을 전할 때에는 마땅히 이와 같이 서로 교수하여 종지를 잃지 않도록 하라."

5

상에 집착하는 이들이 기묘한 작법을 벌려서 기특한 법을 찾기도 하고, 또는 각 법도량을 지어서 법에 맞고 안 맞고를 논하며 묘도를 얻고 못 얻음을 논하니 이들은 법을 구한다면서 비법을 찾아 헤매는 자이니 견성과는 도무지 상관이 없다.

6

깨달았다는 것은 곧 일체 유정과 호흡하는 것이니 끝없는 대행(大行) 대용(大用)이 전개된다. 보현보살의 10종행원은 바로 자성의 무진 동용을 보인 것이다.

●

汝等은 須知하라 自迷는 猶可니와 又謗佛經가 不要謗經이니 罪障이 無數하리라 若着相於外하야 而作法求眞하며 或廣立道場하야 說有無之過患인댄 如是之人은 累劫에도 不可見性이니 但聽依法修行하고 又莫百物을 不思하야 而於道性에 窒碍어다 若聽說不修하면 令人으로 反生邪念이니 但依法修行하야 無住相法施어다 汝等이 若悟하야 依此說하며 依此用하며 依此行하며 依此作하면 卽不失本宗하리라

若有人이 問汝義어든 問有에 將無對하며 問無어든 將有對하며 問凡이든 以聖對하며 問聖이어든 以凡으로 對하야 二道相因하야 生中道義니라 汝一問에 一對하고 餘問을 一依此作하면 卽不失理也니라 設有人이 問하되 何名爲暗고하면 答云 明是因이요 暗是緣이니 明沒卽暗이라하야 以明顯暗하고 以暗顯明하야 來去相因하야 成中道義니라 餘問을 悉皆如此니 汝等은 於後傳法에 依此迭相 敎授하야 勿失宗旨어다

유통을 부촉하다

조사께서 태극太極 원년1 임자 7월에 문인에게 명하여 신주新州 국은사國恩寺에 탑을 세우게 하시고 또한 공사를 서둘러 다음해 늦은 여름에 낙성하였다.

[현종玄宗이 8월에 즉위하여 선천先天 원년이라 개원改元하였고 다음해 다시 개원開元이라 고쳤으니 선천 2년은 없다. 다른 책에 전천 2년이라 한 것은 잘못이다.]

7월 1일 문도 대중을 모아 말씀하셨다.

"나는 8월이 되면 세간을 뜨고자 한다. 너희들이 의심이 되는 것이 있거든 일찍이 다 물어라. 너희들의 의심을 풀어 주어 너희들로 하여금 미혹이 없게 하리라. 만약 내가 떠난 뒤에는 너희들을 가르칠 사람이 없으리라."

이 말씀을 듣고 법해法海 등 모두가 눈물을 흘리며 울었는데 오직 신회神會만이 마음이 동하는 기색이 없었고 또한 울지도 않았다. 조사께서는 말씀하셨다.

"신회 소사小師가 도리어 좋은 일 궂은 일 등 헐고 칭찬하는 데 동하지 아니하고 슬픔이나 기쁨이 나지 않는구나! 나머지는 모두 그렇지 못하니 수년이나 산중에 있으면서 마침내 무슨 도를 닦았느냐! 너희들이 이제 슬퍼하고 우는 것은 누구를 걱정해서 그러느냐? 만약 내가 가는 곳을 알지 못함을 근심할진대 나는 스스로 갈 곳을 안다. 내가 만약 갈 곳을 알지 못한들 미리 너희들에게 알리지 못했을 것이다.

너희들이 슬퍼함은 대개 내가 가는 곳을 알지 못하기 때문이리라. 만약 가는 곳을 안다면 슬퍼할 리가 없다.

법성法性은 본래 생멸이나 거래가 없는 것이다. 너희들 모두 앉아라. 내 너희들에게 한 게송을 주리라. 이름을 진가동정게眞假動靜偈라고 하니, 너희들이 이 게송을 외면 나의 뜻과 같아질 것이며 이에 의지하여 수행하면 종지를 잃지 않을 것이다."

하시니 모든 대중이 다 일어나 절을 하고 게송을 설하시기를 청하였다.

___
1

서기 712년 당 예종(睿宗) 3년.

●

十　付囑流通

●

師於太極元年壬子七月에 '玄宗은 八月에 卽位하고 方改先天元年이라 하고 次年遂改호대 爲開元하니 先天은 卽無二年이라 他本에 作先天二年者는 非라' 命門人하사 往新州國恩寺하야 建塔하실새 乃命促工하사 次年夏末에 落成하니라 七月一日에 集徒衆曰 五至八月에 欲離世間하

노니 汝等은 有疑어든 早須相問하라 爲汝破疑하야 令汝迷盡케하리라 吾若去後엔 無人教汝니라 法海等이 聞하고 悉皆涕泣한대 惟有神會-不動神精하고 亦無涕泣이어늘 師曰 神會小師-却得善不善等과 毀譽不動하고 哀樂이 不生이라 餘者는 不得이니 數年을 在山하야 竟修何道오 汝今悲泣은 爲憂阿誰오 若憂吾의 不知去處인댄 吾自知去處니 吾若不知去處인댄 終不預報於汝니라 汝等悲泣은 盖爲不知吾去處니 若知吾去處인댄 即不合悲泣이니라 法性은 本無生滅去來니 汝等은 盡坐하라 吾與汝等一偈호리니 名曰眞假動靜偈라 汝等이 誦取此偈하면 與吾意同이니 依此修行하면 不失宗旨하리라 衆僧이 作禮하고 請師說偈하니라

조사께서 게송을 이르셨다.

> "일체 만법 그 중에 진眞2이란 없으니
> 그러므로 진眞이 있다 여기지 마라.
> 만약 진眞이 있다고 보면
> 이러한 견해는 모두 다 진眞이 아니다.
> 만약 능히 스스로 진이라 할진대
> 거짓[假]을 여읨이 곧 마음의 진이다.
> 제 마음 거짓을 여의지 않고서는
> 진이란 없거니 어디에서 진을 찾으랴.
>
> 유정有情3은 제대로 동動하거니와
> 무정물無情物은 도무지 동動하지 못하니
> 어떤 사람 부동행不動行을 수행으로 삼는다면
> 이것은 무정물의 부동不動과 같으리.
> 만약 참된 부동 찾으려 하면
> 움직임 그 위에 부동이 있음을 알라.
> 움직이지 않음이 부동이라면
> 무정에는 원래부터 불佛 종자 없느니라.

능히 모든 상을 잘 분별하되4
제1의第一義엔 동함이 없으니5
다만 이 같은 견해 가지면
이는 바로 진여眞如를 씀이로다.

내 모든 학도인에게 이르노라.
모름지기 힘써 이를 조심하라.
대승문大乘門에서 공부하면서
도리어 생사지生死智를 잡지 마라.

만약 언하에 상응相應6했거든
그때에 불법을 의논하거니와
만약 실다이 상응 못 하였으면
공손히 합장하고 환희심 내라.

이 문7 안에 본래 다툼 없으니
만약에 다툰다면 도道의 뜻 잃으리.
잘못이다 국집이다 서로 법문을 다툰다면
자성은 도리어 생사에 들리라."

　　　—
　　　2
중생의 마음은 허망한 것. 이 허망한 마음에 비춰진 모든 경계가 참될 수 없다. 그 속에서 진을 찾음이란 허망 속에서 진을 찾는 것.

　　　3
유정 : 중생, 무정물은 목석(木石) 따위. 만약 장좌불와 등으로 부동선정을 닦는다면 이것은 무정물을 흉내내는 것. 유정은 동하는 데 특색이 있으니 동 가운데 부동을 알라. 부동이라는 말에 집착하는 말을 엄격히 경계한다.

　　　4
상(相)을 분별하되 분별하는 자상(自相)을 반조(返照)하면 이곳이 동·부동이 끊어진 자성부동이다. 동이되 부동이며, 상(相)이되 상이 아닌, 이 분명한 활용이 참으로 자성진리를 굴리는 것이다.

동(動)이나 정(靜)이나 정(定)이나 난(亂)이나, 이를 잡으면 다 생사 변(生死邊)에 떨어지니 동용(動用)에서 부동을 알려면 거듭 힘쓸 것을 강조한다.

조사의 말은 말이 아니다. 이 말 아래에서 말 아닌 것을 깨달으면 이 것이 상응이다.

이 문이란 자성 본분문(本分門)이다. 이곳은 희론 쟁론이 끊어진 곳. 만약 쟁론을 일으키면 이는 곧 본분은 아니다. 생사변에 떨어진다.

●

偈曰

一切無有眞이니	不以見於眞이어다
若見於眞者는	是見이 盡非眞이니라
若能自有眞인댄	離假卽心眞이니
自心은 不離假라	無眞이어니 何處眞이리오
有情은 卽解動이요	無情은 卽不動이니
若修不動行하면	同無情不動하리라
若覓眞不動인댄	動上에 有不動이니
不動이 是不動인댄	無情은 無佛種이니라
能善分別相호대	第一義에 不動이니
但作如此見하면	卽是眞如用이니라
報諸學道人하노니	努力用須意하야
莫於大乘門에	却執生死智어다
若言下에 相應하면	卽共論佛義어니와
若實不相應인댄	合掌令歡喜니라

此宗은 本無諍이라　　諍卽失道義니
執逆諍法門하면　　自性이 入生死하리라

　　●

이때에 문도 대중이 게송 말씀하심을 듣고 모두 일어나 절하고, 함께 조사의 뜻을 받들어 각각 마음을 가다듬어 법法답게 수행하고, 다시는 감히 다투지 아니하였다.

　　그리고 대사께서 세상에 머무심이 얼마 남지 않았음을 알고 법해法海 상좌가 앞으로 나와 재배하고 여쭈었다.

　　"화상께서 멸도에 드신다면 의법衣法을 누구에게 부촉하십니까?"

　　"내가 대범사大梵寺에서 설법을 시작하여 지금에 이르기까지 그동안의 설법 초록이 유행하여『법보단경法寶壇經』이라 하고 있으니 너희들은 이것을 수호하고 서로 번갈아 전수하여 널리 모든 중생을 제도하라. 그리고 다만 이에 의지하여 설법하라. 그러면 정법正法이라 할 것이니라.

　　이제 내가 너희들을 위하여 법을 설하여도 법의는 전하지 않는 것은, 너희가 이미 신근信根이 순박하고 무르익어서 결정코 의심이 없고 큰일을 감당할 만하기 때문이니라. 그리고 선조 달마 대사께서 부촉하신 게송의 뜻에 의하여도 법의는 전하지 않는 것이 옳으니라. 게에 이르기를

'내가 본래 이 땅에 온 것은
법을 전하여 미혹한 중생 건짐이라.
한 꽃에 다섯 잎이 피니8
결과 자연히 이루리라' 하셨느니라."

8

영산에서 세존이 전하신 한 송이 꽃이 달마에 의하여 동토에 전하여
지매 다섯 잎이 피었으니, 이는 2조(二祖) 이하 육조에 이르는 5세
(世)를 가리킨 것.

●

時에 徒衆이 聞說偈已하고 普皆作禮하야 幷體師意하고 各各攝心하
야 依法修行하야 更不敢諍이러니 乃知大師의 不久住世하고 法海上座
再拜問曰 和尙이 入滅之後에 衣法은 當付何人이니잇고 師曰 吾於大
梵寺에 說法하야 以至于今히 抄錄流行하니 目曰 法寶壇經이라 汝等
은 守護하야 遞相傳授하야 度諸群生호대 但依此說하면 是名正法이니라
今爲汝等하야 說法하고 不付其衣는 蓋爲汝等의 信根이 淳熟하야 決定
無疑하야 堪任大事일새니라 然이나 據先祖達摩大師의 付授偈意하야도
衣不合傳이니라 偈曰

吾本來玆土는　　　傳法救迷情이라
一花開五葉하야　　結果自然成하리라

●

대사께서 다시 말씀하셨다.

"너희들이 만약 종지種智[9]를 성취하고자 할진대 모름지기
일상삼매一相三昧와 일행삼매一行三昧를 통달하여야 하느니라.

만약 일체처에서 마음이 상相에 머물지 않고, 또한 저 상
가운데에 있으면서 밉고 사랑하는 생각을 내지 않으며 또한 취하
고 버림도 없으며 이익이 되나 이루어지거나 허물어지거나 등 일
을 생각하지 아니하여 편안하고 한가하고 평온하고 고요하며 허

공처럼 비고 통하고 또한 담박[10]하면 이것을 일상삼매라 하느니라. 만약 일체처 행·주·좌·와에 마음이 순일純一하고 직심直心이면 도량道場을 옮기지 않고 참으로 정토淨土를 이루리니 이것을 일행삼매라 하느니라.

만약 어떤 사람이 위의 두 가지 삼매를 갖추면 마치 땅에 종자를 뿌리면 싹이 트고 자라나서 과일이 여무는 것과 같이 일상삼매와 일행삼매도 또한 이와 같으니라.

나의 이 설법은 비유하면 비가 내려 널리 대지를 윤택하게 하는 것과 같고 너희의 불성은 모든 종자가 흡족히 비를 만나 모두 피어남에 비유하는 것이다. 그러므로 나의 뜻을 이어받는 자는 반드시 깨달음을 얻을 것이며 나의 행에 의지하는 자는 반드시 묘과妙果를 증득하리라.

내 게송을 들어라.

> 마음 땅[心地]이 모든 종자 머금었으니
> 널리 비 내리니 모두가 싹이 튼다.
> 문득 꽃의 뜻을 깨닫고 나니
> 보리의 열매는 어느덧 익었으리.”[11]

대사께서 게송을 설하시고 다시 말씀하셨다.

“이 법은 둘이 없으며 그 마음도 또한 그러하며 그 도는 청정하여 또한 모든 상이 없나니, 너희들은 부디 삼가 고요를 관하거나 그 마음을 비우려고 하지 마라.

이 마음은 본래 청정하여 가히 취할 수 있거나 버릴 수 있는 것이 아니니 각각 스스로 노력하여 인연 따라 잘 지내거라.”

이에 대중이 예를 드리고 물러섰다.

종지 : 불지(佛智)를 의미한다. 일체종지 또는 도종지(道種智)라 하는데 모든 존재의 모두를 아는 지혜다.

10

여기의 '편안하고 한가하다' 함은 고뇌 없음을, '평온하고 고요하다' 함은 망동이 없음을, '비고 통함'은 집착이 없음을, '담박'은 애욕이 없음을 의미하니 이것이 일상삼매인의 형용이다.

11

자성은 불성이니 일체가 그곳을 여의지 않는다. 그러므로 일상삼매와 일행삼매의 비를 만나면 모두가 활짝 피어난다. 그렇다고 일행·일상의 수행으로 점차로 이루어진다는 말이 아니라, 불성의 뜻을 알면 깨달음의 열매가 익은 지 오래임을 알게 된다.

●

師復曰 汝等이 若欲成就種智인댄 須達一相三昧와 一行三昧니 若於一切處에 而不住相하야 於彼相中에 不生憎愛하며 亦無取捨하며 不念利益成壞等事하야 安閑恬靜하고 虛融澹泊하면 此名一相三昧며 若於一切處行住坐臥에 純一直心이면 不動道場하고 眞成淨土하리니 若人이 具二三昧하면 如地有種에 含藏長養하야 成熟其實인달하야 一相一行도 亦復如是하니라 我今說法은 猶如時雨 - 普潤大地요 汝等佛性은 譬諸種子 - 遇玆霑洽에 悉得發生이니 承吾旨者는 決獲菩提하고 依吾行者는 定證妙果하리라 聽吾偈하라 曰 心地含諸種하니 普雨悉皆萌이로다 頓悟花情已하니 菩提果自成이라 師說偈已하시고 曰 其法이 無二라 其心도 亦然하며 其道淸淨하야 亦無諸相하니 汝等은 愼勿觀靜하며 及空其心이어다 此心이 本淨하야 無可取捨니 各自努力하야 隨緣好去하라 爾時에 徒衆이 作禮而退하니라

7월 8일 대사께서 홀연히 문인에게 이르시기를 "내가 신주新州로 돌아가고자 하니 속히 배와 돛대[12]를 준비하라." 하셨다. 이에 대중이 슬퍼하며 심히 굳게 만류하니 다시 말씀하셨다.

"제불이 세간에 출현하셨다가 열반을 보이시는 것은 대개 오는 것이 있으면 반드시 가는 것이 이치에 당연하기 때문이니 나의 이 몸도 반드시 돌아갈 곳이 있느니라." 대중이 여쭈었다.

"스님께서 이제 가신다면 언제 다시 돌아오십니까?"

"잎이 떨어져 뿌리로 돌아가니 올 때는 잎이 없느니라."[13]

"정법안장正法眼藏은 누구에게 부치십니까?"

"도 있는 자가 얻고 마음 없는 자가 통하느니라."

"후後에 난難이 없겠습니까?"

"내가 멸한 뒤 56년이 되면 마땅히 한 사람이 와서 내 머리[首]를 가져가리니 내 예언을 들어 둬라.

머리 위로 어버이를 봉양하고[14]

입 속에 밥을 구하네.

만滿의 난難을 만날 때에

양류楊柳가 관官이 되더라."

하시고 다시 말씀하셨다.

"내가 간 후 70년이 지나면 두 보살이[15] 동방에서 올 것이니 하나는 출가인이고 다른 하나는 재가인이다. 동시에 교화하여 나의 종宗을 건립하고 가람을 일으키며 법사法嗣를 흥왕케 하리라."

또 물었다.

"위로 불조께서 이 세간에 응현하신 이래 전수되어 내려

온 지 몇 대가 되온지 모르겠습니다. 바라옵건대 가르쳐 주십시오.”

“옛적에 부처님께서 세간에 응하신 것은 이미 수없이 많아 가히 헤아릴 수 없거니와 이제 7불을 위시하여 말한다면 과거 장엄겁莊嚴劫에는 비바시불과 시기불·비사부불이며 지금 현겁賢劫에는 구루손불과 구나함모니불·가섭불·석가모니불로서 7불이 되느니라. 석가모니불이 처음 마하가섭 존자에게 전하니

제2는 아난 존자요 　　　제3은 상나화수 존자요

제4는 우바국타 존자요 　　제5는 제다가 존자요

제6은 미차가 존자요 　　　제7은 바수밀타 존자요

제8은 불태난제 존자요 　　제9는 복태밀다 존자요

제10은 협 존자요 　　　　제11은 부나야사 존자요

제12는 마명 대사요 　　　제13은 가비마라 존자요

제14는 용수 대사요 　　　제15는 가나제바 존자요

제16은 라후라다 존자요 　　제17은 승가난제 존자요

제18은 가야사다 존자요 　　제19는 구마라다 존자요

제20은 사야다 존자요 　　　제21은 바수반두 존자요

제22는 마나라 존자요 　　　제23은 학륵나 존자요

제24는 사자 존자요 　　　　제25는 바사사다 존자요

제26은 불여밀다 존자요 　　제27은 반야다라 존자요

제28은 보리달마 존자이시니 　이 땅의 초조初祖가 되시며

제29는 혜가 대사요 　　　　제30은 승찬 대사요

제31은 도신 대사요 　　　　제32는 홍인 대사니

혜능惠能은 제33조가 되느니라. 위로 모든 조사가 이와 같이 각각 이어받으신 바이니 너희들은 뒤에 번갈아 전하여 끊임이

없게 하고 어기거나 그르침이 없게 하라."

12

여장(旅裝)의 뜻이리라. 회상을 옮기자니 준비가 필요하다.

13

잎은 봄에 피고 가을엔 떨어진다. 간 것은 무엇이며 온 것은 무엇인가? 육조의 면목을 직설한다.

14

'어버이를 봉양'이라 함은 김대비(金大悲)의 해동에 모셔다 공양하고자 함이리라. '입 속의 밥'은, 정만(淨滿)이 생계를 위하여 2만 냥을 받고 범행한 것, '양류'는 당시의 현령(縣令) 양간(楊侃)과 자사 유무첨(柳無忝)을 가리킨다.

15

두 보살은 마조(馬祖) 선사와 방(龐) 거사인 듯. 이설도 있다.

●

大師 - 七月八日에 忽謂門人曰 吾欲歸新州하노니 汝等은 速理舟楫하라하신대 大衆이 哀留甚堅이어늘 師曰 諸佛이 出現하사 猶示涅槃하시니 有來必去는 理亦常然이라 吾此形骸도 歸必有所니라 衆曰 師從此去하시면 早晚可回리이고 師曰 葉落歸根에 來時無口니라 又問曰 定法眼藏은 傳付何人이닛고 師曰 有道者得이요 無心者通이니라 又問 後에 莫有難否잇가 師曰 吾滅後五六年에 當有一人하야 來取吾首하리니 聽吾記하라 曰 頭上養親이요 口裡須飡이라 遇滿之難에 楊柳爲官하리라 又云 吾去七十年에 有二菩薩이 從東方來호대 一은 出家요 一은 在家니 同時興化하야 建立吾宗하며 締緝伽藍하고 昌隆法嗣하리라

問曰 未知從上佛祖 - 應現以來로 傳授幾代이니고 願垂開示하소서 師云 古佛應世 - 已無數量하야 不可計也어니와 今以七佛로 爲始하면 過去莊嚴劫에 毘婆尸佛 尸棄佛 毘舍浮佛과 今賢劫에 拘留孫

佛 拘那含牟尼佛 迦葉佛 釋迦文佛로 是爲七佛이요 釋迦文佛이 首
傳摩訶迦葉尊者하시니

第二는 阿難尊者요　　　第三은 商那和修尊者요

第四는 優波毱多尊者요　　第五는 提多迦尊者요

第六은 彌遮迦尊者요　　　第七은 婆須密多尊者요

第八은 佛馱難提尊者요　　第九는 伏馱密多尊者요

第十은 脇尊者요　　　　　第十一은 富那夜奢尊者요

第十二는 馬鳴大士요　　　第十三은 迦毘摩羅尊者요

第十四는 龍樹大士요　　　第十五는 迦那提婆尊者요

第十六은 羅睺羅多尊者요　第十七은 僧伽難提尊者요

第十八은 伽耶舍多尊者요　第十九는 鳩摩羅多尊者요

第二十은 闍耶多尊者요　　第二十一은 婆修般頭尊者요

第二十二는 摩拏羅尊者요　第二十三은 鶴勒那尊者요

第二十四는 師子尊者요　　第二十五는 婆舍斯多尊者요

第二十六은 不如密多尊者요　第二十七은 般若多羅尊者요

第二十八은 菩提達摩尊者니　此土의 是爲初祖요

第二十九는 慧可大師요　　第三十은 僧璨大師요

第三十一은 道信大師요　　第三十二는 弘忍大師니

慧能은 是爲三十三祖라 從上諸祖 - 各有稟承하시니 汝等은
向後에 遞代流傳하야 毋令乖誤어다

대사께서는 개원開元 원년 계축년 8월 3일 국은사에서 공양을 마
치시고 문도 대중에게 말씀하셨다.

"너희들은 각기 제자리에 앉아라. 내 이제 너희들과 작별

하고자 한다.”

이때 법해가 말씀드렸다.

“화상께서는 어떤 교법을 머물게 하시어 후대의 미혹한 사람들로 하여금 불성을 보게 하십니까?”

대사가 말씀하셨다.

“너희들 자세히 듣거라. 후대의 미혹한 사람이 만약 중생을 알면 곧 이것이 불성을 본 것이거니와 중생을 알지 못하면 만겁을 두고 불佛을 찾아도 만나기 어려우니라.

나는 이제 너희들로 하여금 자심自心 중생을 알아 자심 불성을 보게 하는 것이니 불을 보고자 할진대 다만 중생을 알라. 다만 중생이 불을 미혹케 한 것이요, 불이 중생을 미혹하게 한 것이 아니니, 자성을 깨달으면 중생이 바로 불이요, 자성이 미혹하면 불이 중생이니라. 자성이 평등하면 중생이 바로 불이요, 자성이 삿되고 험하면 불이 바로 중생이니 너희들의 마음이 만약 험하고 굽으면 곧 불이 중생 속에 있는 것이요, 한 생각 평등하고 곧으면 곧 중생의 성불이니라.

내 마음에 스스로 불이 있나니 이 자불自佛이 참 부처이니라. 만약 자기에게 불심이 없다면 어디에서 참 부처를 구할 것인가!

너희들의 자심이 바로 불이니, 다시는 의심하지 마라. 밖으로는 결코 한 물건도 세울 것이 없으니, 만 가지 법은 모두 다 본심이 내는 것이니라. 그렇기에 경에 이르기를, ‘마음이 생하면 종종 법이 생기고, 마음이 멸하면 종종 법이 없어진다’고 하였느니라.

내가 지금 한 게송을 남기고 너희들과 더불어 작별하리니 이름은 자성진불게自性眞佛偈니라. 후대의 사람이 이 게송의 뜻을 알면 곧 본심을 보아 스스로 불도를 이루리라.”

大師 - 開元元年癸丑歲 八月三日에 於國恩寺에 齋罷하시고 謂諸徒衆
曰 汝等은 各依位坐하라 吾與汝別호리라 法海 - 白言호대 和尚은 留何
教法하야 令後代迷人으로 得見佛性이니잇고 師言하사되 汝等은 諦聽하라
後代迷人이 若識衆生하면 卽是佛性이요 若不識衆生하면 萬劫에 覓佛
이라도 難逢이니라 吾今敎汝하야 識自心衆生하야 見自心佛性케하노니 欲
求見佛인댄 但識衆生이니라 只爲衆生이 迷佛이언정 非是佛이 迷衆生이
니 自性을 若悟하면 衆生이 是佛이요 自性을 若迷하면 佛이 是衆生이며 自
性平等하면 衆生是佛이요 自性이 邪險하면 佛이 是衆生이니라 汝等이 心
若險曲하면 卽佛이 在衆生中이요 一念平直하면 卽是衆生이 成佛이니 我
心이 自有佛이라 自佛이 是眞佛이니 自若無佛心이면 何處에 求眞佛이리
요 汝等自心이 是佛이니 更莫狐疑어다 外無一物도 而能建立이니 皆是
本心이 生萬種法이라 故로 經云 心生하면 種種法이 生하고 心滅하면 種
種法이 滅이라하시니라 吾今留一偈하야 與汝等別호리니 名自性眞佛偈라
後代之人이 識此偈意하면 自見本心하야 自成佛道하리라

게송에 이르되

> "진여16 자성 이것이 참 부처요
> 사견邪見과 삼독三毒17은 이것이 마왕魔王이라.
> 삿邪되고 미혹할 땐 마가 집에 있음이요
> 올바른 지견일 땐 불이 집에 있음이라.
>
> 성품 속 사견이면 삼독이 생기나니
> 이것은 마왕이 집안에 옴이로다.
> 정견正見 가져 스스로 삼독 제하면
> 마왕이 부처 되어 참일 뿐이리.

법신法身과 보신報身과 또한 화신化身의
이 삼신은 본래 한 몸이니
성품18 속을 향하여 스스로 보면
이것이 성불하는 보리인菩提因이다.

본래 화신을 좇아 정성淨性19이 나니
정성은 어느 때나 화신 중에 있어라.
성품이 화신 시켜 정도正道 행하면
당래에 원만하여 다함 없으리.

음성婬性 본래 이것이 정성인淨性因이니
음을 제하면 정성신淨性身 되리.
성품 속엔 스스로 오욕五欲20 여의었으니
성품 보는 찰나가 즉시 진眞이라.
금생 만약 돈교 법문 만나게 되어
홀연히 자성 보면 세존 봄이라.21
수행하여 부처를 찾으려 해도
어느 곳에 진眞 구할까 헤매다가도

만약 능히 심중에서 진 보게 되면
진이 있음이라 성불인成佛因 되나
자성은 아니 보고 부처 찾고자
마음을 일으킴은 모두가 치인痴人이다.22

내 이제 돈교 법문 여기 남기니
세상 사람 제도하고 힘써 닦아라.
당래의 학도자에 내 이르노라.
이런 견해23 짓지 말고 크게 유유悠悠하라.”

—

16
진여는 자기 마음이니 자기 본성을 사무쳐 볼 때 진불이 현전한다.
그렇지 못하면 사견에 감겨 마에 잡힘이 된다.

17

삼독심을 쫓는 것이 아니다. 정견이 서면 삼독심이 삼독이 아니라, 자성의 동용이다.

18

자성 속에 3신을 갖추었음을 본다.

19

정성 : 자성이 청정 법신이다. 이 청정 법신이 따로 있는 것이 아니다. 자성의 동용인 화신 속에 있으니 화신이라는 구체적 현실 속에서 청정 법신을 보는 것이 정도다. 성품은 법신이며 정도는 화신을 통한 법신의 전개다. 그러므로 거기에 원만보신이 있게 마련이다.

20

음심·진심·치심의 근본이 바로 자성이니 음(婬)·노(怒)·치(痴)에서 청정 자성을 보니 이곳에는 음·노·치가 없다. 그러니 음·노·치에 무슨 마음이 있으랴! '음·노·치 모두가 범행(梵行, 청정행)이라' 한 경의 말씀을 바로 보아야 한다. 이것은 5욕에 있어서도 마찬가지로 거듭 본성을 볼 것을 강조한다. 5욕이란 재[財物]·색(色)·식(食)·명[名譽]·수[睡眠]의 다섯 가지 욕심.

21

세존은 시방 부처님이니 견성하였을 때 비로소 부처님을 보게 된다. 여기에는 고금도 원근도 없다.

22

자성 밖에 불은 없다. 이 도리를 믿지 않고 다시 마음을 일으켜서 밖으로 찾아 헤맴은 생사의 구렁으로 찾아드는 어리석은 짓.

23

아무리 수승한 가르침이고 성불에의 직설이라 하더라도 지견을 일으키면 그것은 곧 망(妄)이다. 그것은 자성의 창공을 가리는 구름이라 했다. 그래서 비록 조사의 가르침이라 하더라도 거기서 지견을 일으키면 안 된다. 모든 집착을 여의었을 때 비로소 본래 청정의 자성 바다를 유유히 노닐게 되는 것이다.

偈曰

眞如自性이 是眞佛이요　邪見三毒이 是魔王이라
邪迷之時엔 魔在舍하고　正見之時엔 佛在堂이로다
性中邪見三毒生이니　卽時魔王이 來住舍요
正見自除三毒心하면　魔變成佛眞無假로다
法身報身及化身이어　三身이 本來是一身이니
若向性中能自見하면　卽是成佛菩提因이니라
本從化身生淨性이라　淨性이 常在化身中이니
性使化身行正道하면　當來에 圓滿眞無窮하리라
婬性이 本是淨性因이라　除婬卽是淨性身이라
性中은 各自離五欲하니　見性刹那에 卽是眞이라
今生에 若愚頓敎門하면　忽悟自性見世尊이라
若欲修行覓作佛이라가　不知何處擬求眞이라도
若能心中에 自見眞하면　有眞이라 卽是成佛因이어니와
不見自性外覓佛하면　起心이라 總是大痴人이라
頓敎法門今已留하니　救度世人須自修어다
報汝當來學道者하노니　不作此見大悠悠어다

대사께서 게송을 설하시고 나서 또 말씀하셨다.

"너희들은 잘 있거라.

내가 멸도한 후에 세상 인정에 따르지 마라. 슬피 울고 눈물을 흘리거나 남의 조문을 받거나 몸에 상복을 입거나 하면 나의 제자가 아니며 또한 정법이 아니니라.

다만 스스로 본심을 알아서 자기 본성을 보면 동動도 없고 고요도 없고 생도 멸도 없고 감[去]도 없고 옴[來]도 없고 옳음도 없고 그름[非]도 없으며, 머무름도 없고 떠남도 없느니라.

너희들의 마음이 미혹하여 내 뜻을 알아듣지 못할까 걱정되어 지금 다시 부촉하여 너희들로 하여금 견성토록 하고자 한다. 내가 멸도한 후에 이에 의지하여 수행하면 내가 있을 때와 같거니와 만약 내 가르침을 어긴다면 비록 내가 세상에 있더라도 아무런 이익이 없으리라.”

하시고 다시 게송으로 이르셨다.

“차분히 힘써서 선善도 안 닦고
활활 놓아 지내 악도 안 지으며
적적하여 보고 들음 모두 다 끊고
탕탕하여 마음에 집착 없이 하라.” 24

대사께서 이 게송을 설하시고 단정히 앉아서 3경이 되니, 홀연 문인에게 이르시기를, “나는 간다” 하시고 홀쩍 천화遷化하셨다. 25

이때에 기이한 향기가 방 안에 가득하고 흰 무지개가 땅에 걸치매 나무 숲이 흰 빛으로 변하고 새와 짐승들이 슬피 울었다.

11월에 광주廣州·소주韶州·신주新州의 3군郡 관료와 문인과 신도들이 진신眞身을 모셔 가려고 서로 다투어 결정을 짓지 못하고 있었다. 마침내 향을 살라 기도하기를 “조사께서 돌아가실 곳을 향 연기로 가리키소서.” 하였더니 그때에 향연이 곧바로 조계로 뻗쳤다.

11월 13일 신감神龕과 전해 내려온 의발을 조계 보림에 옮기고, 다음해 7월 25일, 출감하여 제자 방변方辯이 향이香泥로 바르고, 또한 문인들은 ‘머리를 취해 간다’는 예언을 생각하여 철엽鐵葉과 칠포漆布로 조사의 목을 단단히 싸서 탑에 모시니 탑 속에서 홀연 흰 광명이 곧바로 하늘로 뻗쳐 올라간 지 3일 만에 비로소 흩어졌다.

소주 자사가 조정에 주달하여 칙명을 받들어 비를 세워 조사의 도행道行을 기록하였다.

조사의 춘추는 76이었고, 24세에 의발을 받으셨고, 39세에 축발하셨고, 법을 설하여 중생을 요익하심이 37년이었고, 종지宗旨를 얻어 법을 이은 제자는 43인이고, 도를 깨쳐 범부의 자리를 넘어선 자는 그 수를 알 수 없다.

달마 조사가 전하신 신의信衣 : 서역의 굴순포屈眴布로 만들었다. 와 중종이 드린 마납가사와 보발寶鉢이며, 방변이 만든 조사의 진상과 그 밖의 도구들은 탑을 주관하는 시자가 맡아서 길이 보림 도량을 진정시키고 『단경』은 유전케 하여 종지를 나타내고 삼보를 흥륭하여 널리 모든 중생을 이롭게 한다.

24

이 게송은 육조가 평생 수용하고도 또한 남음이 있는 마지막 유게(遺偈)다. 자성 법신을 전면 현출한다. 3·4구는 법신의 체를, 1·2구에서는 법신의 용을 말한다. 이 게송 앞에 합장·환희할 때 천불이 나오고도 다시 남으리라.

25

이때가 서기 713년, 당 현종 원년 8월 3일이다.

●

師 - 說偈已하시고 告曰 汝等은 好住하라 吾滅度後에 莫作世情이어다 悲泣雨淚하고 受人吊問하며 身着孝服하면 非吾弟子며 亦非正法이니라 但識自本心하며 見自本性하면 無動無靜하며 無生無滅하며 無去無來하며 無是無非하며 無住無往이니 恐汝等이 心迷하야 不會吾意일새 今再囑汝하여 令汝見性케하노라 吾滅度後에 依此修行하면 如吾在日

이어니와 若違吾敎하면 縱吾在世라도 亦無有益이니라 復說偈曰

兀兀不修善하고 騰騰不造惡하며
寂寂斷見聞하고 蕩蕩心無着이어다

師－說偈已하시고 端坐至三更이러니 忽謂門人曰 吾行矣라
하시고 奄然遷化하시니 于時에 異香이 滿室하고 白虹이 屬地하며 林木
이 變白하고 禽獸－哀鳴조이라 十一月에 廣韶新三郡官僚와 泊門人緇
白이 爭迎眞身하야 莫決所之할새 乃焚香禱曰 香煙指處－師所歸焉
이라한대 時에 香煙이 直貫曹溪어늘 十一月十三日에 遷神龕과 倂所傳
衣鉢而回하니라 次年七月二十五日에 出龕하야 弟子方辯이 以香泥로
上之하고 門人이 憶念取首之記하야 遂先以鐵葉漆布로 固護師頸하야
入塔이러니 忽於塔內에 白光이 出現하야 直上衝天이라가 三日始散이라
韶州－奏聞하야 奉勅立碑하야 紀師道行하니라 師春秋는 七十有六이
며 年二十四에 傳衣하시고 三十九에 祝髮하시니 說法利生이 三十七載
라 得旨嗣法者－四十三人이오 悟道超凡者는 莫知其數로다 達摩所
傳信衣와[係西域屈眴布也라] 中宗의 賜磨衲寶鉢과 及方辯의 塑師
眞相과 幷道具等은 主塔侍者－尸之하야 永鎭寶林道場하고 流傳壇
經하야 以顯宗旨하며 興隆三寶하야 普利群生者니라

　　六祖禪師 法寶壇經

부록¹

조사를 탑에 모신 후, 개원 10년 임술년 8월 3일에 이르러 밤중에 별안간 탑 속에서 쇠줄을 끄는 듯한 소리가 나므로 대중이 놀라 나가 보니, 상주 차림을 한 사람이 탑에서 나와 달아났다. 곧 탑 속을 살펴보니 조사의 목에 상처가 있다. 이에 이 일을 고을에 알리니 통보를 받고 현령 양간楊侃과 자사 유무첨柳無忝이 세밀히 수사하기를 5일 만에 석각촌石角村에서 도적을 잡았다. 소주로 보내어 심문하니 이는 성은 장張이요, 이름은 정만淨滿인데 여주汝州 양현梁縣 사람으로 홍주洪州 개원사開元寺에서 신라승 김대비金大悲²에게서 돈 2만 냥을 받고 육조 대사의 머리를 취하고자 한 것이며, 김대비는 조사의 머리를 모시고 해동에 돌아가 공양하고자 하였던 것이다.

　　유자사는 이 사실을 알고 가형은 보류하고, 곧 몸소 조계에 이르러서 조사의 상족上足인 영도令韜에게 어떻게 처단할 것인가를 물었다. 영도가 말하기를, "만약 국법으로 말한다면 마땅히 베어야 옳지만 불교는 자비라 원수나 친한 이나 모두가 평등한 것인데 하물며 그가 공양하고자 범한 것이라 하니 죄는 용서하는 것이 좋겠다." 하였다. 유자사는 찬탄하기를, "이제 내가 비로소 불문이 광대한 것을 알았다." 하고 드디어 용서하였다.

상원上元 원년3, 숙종이 사신을 보내어 조사의 의발을 청하여 대궐 안에서 공양하고, 의발을 궁중에 머물게 하였더니, 영태永泰 원년 5월 5일에 이르러 대종代宗 꿈에 육조 대사가 의발을 청하매, 7일에 자사 양함楊緘에게 조칙하여 이르기를, "짐의 꿈에 능 선사가 '의발을 조계로 돌리라' 하시므로 이제 진국대장군鎭國大將軍 유숭경劉崇景을 보내어 조사의 의발을 정대하여 보낸다. 짐은 이를 나라의 보배라 이르노니, 경은 본사에 법다이 안치하고 오로지 조사의 종지를 친히 잇는 자가 엄중히 수호케 하여 소홀함이 없게 하라." 하였다.

그 후 혹 도둑을 당한 일이 있었지만 번번이 오래지 않아 되찾았는데 이런 일이 네 차례나 있었다.

헌종憲宗이 대감大鑑 선사라 시호를 추증하였고, 탑을 원화영조元和靈照라 이름하였다. 그 밖의 사적은 당 상서尙書 왕유王維와 자사 유종원柳宗元과 자사 유우석劉禹錫 등이 비문에 실었다.

●

탑을 수호하는 사문 영도令韜 적음

—
1

원본에는 아무런 표제 없이 이하가 시작된다.

2

김대비(金大悲) : 우리 불교계에서는 신라승 김대비의 육조정상 해동 봉안설이 지금껏 굳게 믿어지고 있다. 경상남도 하동군 화개면 쌍계사(雙溪寺)에 육조 대사 정상을 봉안한 탑전이 있고 자주 서광이 있기로 유명하다. 이 정만(淨滿)의 난은 개원 10년이니 서기 722년이다. 쌍계사의 창건은 서기 723년, 신라 성덕왕(聖德王) 22년이다. 사방이 눈[雪]인데 오직 눈이 녹고 칡[葛]꽃이 만발한 땅이 있어 이곳에 육조의 탑을 세웠다는 쌍계사에 전하여 오는 고사가 흥미있다. 단경의 기록과는 차가 있으나 참고로 적어 둔다.

3

상원 원년은 숙종 5년, 서기 760년이니 육조 대사가 멸도한 지 47년이며 다음 영태 원년은 그 후 다시 5년이 되는 765년이고, 헌종(憲宗)의 즉위는 806년이니 조사 멸후 94년이 된다. 이 기록은 조사 재세의 제자인 영도가 적은 것으로 되어 있으나 영도는 95세에 입적하였으니 일부는 후인이 첨기한 것으로 보인다.

師入塔後至開元十年壬戌八月三日夜牛에 忽聞塔中에 如曳鐵索聲
하고 僧衆이 驚起하야 見하니 一孝子ㅣ 從塔中走出이어늘 尋見하니 師
頭이 有傷이라 具以賊事로 聞於州한대 縣令楊侃과 刺史柳無忝이 得
牒하야 加擒捉五日이러니 於石角村에 捕得賊人하야 送韶州하야 鞫問
한대 云姓은 張이오 名은 淨滿이니 汝州梁縣人이라 於洪州開元寺에
受新羅僧金大悲錢二十千하고 令取六祖大師首하야 歸海東供養이라
하야늘 柳守ㅣ 聞狀코 未卽加刑하고 乃躬至曹溪하야 問師上足 令韜
曰 如何處斷고 韜曰 若以國法으로 論인댄 理須誅夷어니와 但以佛敎
는 慈悲라 怨親이 平等이온 況彼求欲供養하니 罪可恕矣라한대 柳守
ㅣ 嘉歎曰 始知佛門이 廣大라하고 遂赦之하다

　　　上元元年에 肅宗이 遣使하야 就請師衣鉢하야 歸內供養이러니
至永泰元年五月五日에 代宗夢에 六祖大師ㅣ 請衣鉢이어시늘 七日에
勅刺史 楊緘云 朕夢에 感能禪師ㅣ 請傳法袈裟하야 却還曹溪令遣鎭
國大將軍劉崇景하야 頂載而送하노라 朕謂之國寶니 卿可於本寺에 如
法安置하고 專令僧衆에 親承宗旨者로 嚴加守護하야 勿令遺墜하라하니
라 後或爲人偸竊에 皆不遠而獲하니 如是者 數四로다 憲宗이 諡大鑑
禪師하고 塔曰 元和靈照라하시니 其餘事蹟은 係載唐尙書王維와 刺史
柳宗元과 刺史劉禹錫等碑하니라 守塔沙門 令韜는 錄하노라

송4 태조가 개국한 초기에 왕이 남해를 평정하니 그때
유劉씨 잔당이 항거하는 중에 대사의 탑묘가 불타 버렸
다. 그러나 진신은 수탑승의 보호로 조금도 다친 데가
없었다. 이어 칙명으로 탑묘를 흥수하던 중 공역이 끝나
기 전에 때마침 송 태종이 즉위하였다. 태종은 선문에
뜻을 두어 조서를 내려 조사의 탑을 새로 7층으로 조성
하고 또한 대감진공大鑑眞空 선사라 시호를 더하고 탑을
태평흥국太平興國의 탑이라 하였다.

　　송 인종仁宗은 천성天聖 10년에 구안여具安輿로 하여
금 조사의 진신과 의발을 모셔 오게 하여 대궐 안에서 공양
하고 대감진공大鑑眞空 보각보람普覺 선사라 시호를 더하였다.

　　송 신종神宗은 대감진공보각원명圓明 선사라 또 가
시加諡하고 본주의 범찰을 다시 이룩하였는데, 자세한 사적
은 원헌공元獻公 안수晏殊가 지은 비문에 자세히 실려 있다.

　　육조 선사는 당 개원 계축년 시적示寂하신 때로
부터 원元 지원至元 27년5 경인년까지는 578년이 된다.

성화成化 15년 기해 5월 백운산 병풍암에서 개판하다.

   4

이하는 몽산덕이 선사가 휴휴암에서 출간할 때까지 첨부된 것을 서기 1449년(조선 성종 10년) 백운암 병풍암 조판시에 그대로 두었던 것.

   5

지원 27년은 몽고 세조 31년이니 서기 1290년.

●

宋太祖開國之初에 王師－平南海러니 劉氏殘兵이 作梗하야 師之塔廟－鞠爲煨燼이러니 而眞身은 爲守塔僧의 保護로 一無所損이라 尋有制하야 興修한데 功未竟에 會宋太宗卽位하니 留心禪門하야 詔新師塔七層하고 加諡大鑑眞空禪師 太平興國之塔이라하다 仁宗宋天聖十年에 具安輿로 迎師眞身及衣鉢하야 入大內供養하고 加諡大鑑眞空普覺禪師라하다 宋神宗이 加諡호대 大鑑眞空普覺圓明禪師라하니 本州의 復興梵刹事蹟은 元獻公晏殊所作碑記에 具載너라 六祖禪師는 自唐開元元年 癸丑歲示寂으로 至大元至元二十七年庚寅歲에 己得五百七十八年矣라

●

成化十五年 己亥五月日 白雲山 屛風庵 開板

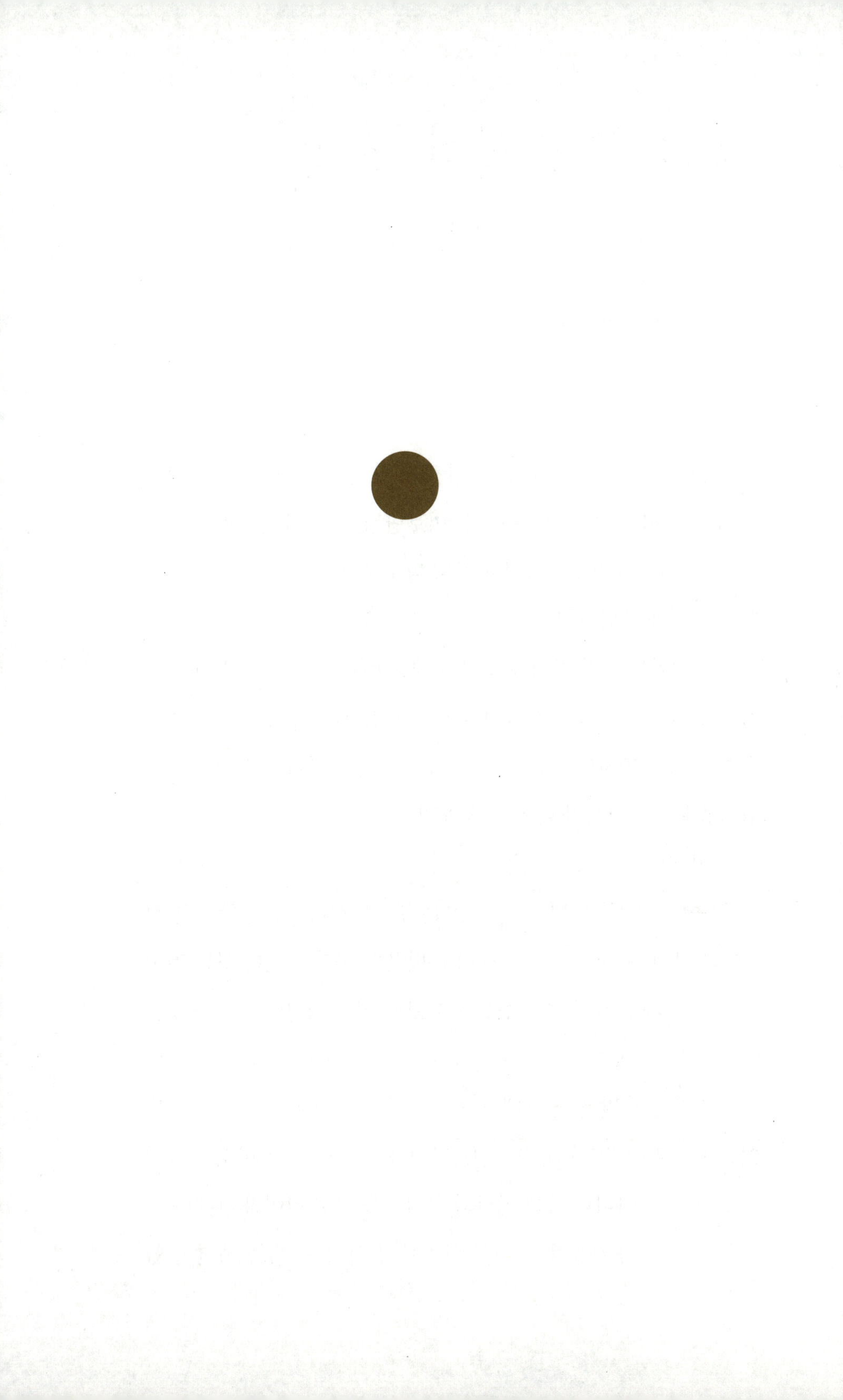

보조지눌 선사 발문[1]

태화 7년[2] 12월 어느 날, 산내 담묵湛黙도인이 한 권의 책을 가지고 내게 와서 하는 말이 "요사이 『법보단경』을 구하였는데 장차 중각하여 널리 세간에 전하려고 하니 발문을 써 달라." 하므로 내 흔연히 이렇게 대답하였다.

　"이는 내가 평생을 두고 종지를 이어 배우고 닦아 가는 귀감인데 그대가 이를 판각하여 후세에 오래 전하려고 한다니 내 마음이 심히 유쾌하다. 그러나 여기에 일단의 문제가 있으니 그것은 남양충南陽忠[3] 국사가 한 선객에게 말하기를 '나는 근자에 심신心身이 일여一如하여 마음밖에는 아무것도 없다. 그러므로 온전히 생멸이 없는데 너희들 남방인[4]들은 몸은 무상無常하고 정신[神性]은 상常이라 하니 그렇다면, 반은 생하고 반은 멸하지 않는다 하는 것이 아니냐. 내가 근자에 여러 곳을 돌아보니 이런 경향이 우심한 것을 보았다.' 하고 또한 『단경』에 대하여 말씀하기를 '이것은 남방 종지인데 부정한 말을 써 보태고 성인의 뜻을 깎아 후래의 도 배우는 이들을 혹란시킨다.' 하였다는데 그대가 얻은 이 경은 바로 정본이요 보탠 것이 아니니 가히 국사의 꾸지람을 면한 것이라 하겠다.

　그러나 본문을 자세히 살펴보니 역시 '몸에는 생멸이 있고 마음에는 생멸이 없다'는 뜻이 들어 있다. 즉 '진여의 성품이 스스로 생각을 일으킨 것이요, 안·이·비·설眼耳鼻舌이 능히 생각하는 것이 아니다.' 하였으니 바로 이 점이 국사가 꾸짖은 요점이다.

마음을 닦는 자는 여기에 이르러서 불가불 의심이 없을 수 없는 것이다.

이것을 어떻게 소화하고 이해하여 사람들로 하여금 믿게 하며, 또한 성인의 가르침을 널리 유통시킬 것인가가 문제되지 않을 수 없는 것이다." 하니 이에 묵黙이 말하기를 "그러면 조사의 뜻을 회통하는 말씀을 하여 주시오." 한다.

내가 말하기를 "노승이 일찍이 이에 의지하여 마음으로 읽고 뜻을 완미翫味하여 싫음을 잊고서 조사의 선권善權방편의 뜻을 알았으니 무엇이 선권인가 하면, 조사께서 회양懷讓이나 행사行思를 위하여 심인心印을 전하신 외에 위거韋璩 등 도속道俗 천여 명을 위하여 무상심지계를 설하셨는데, 법을 설하심에 일향 진眞만을 말하여 세속을 어길 수 없었으며, 또한 반대로 일향 세속을 말하여 진을 어길 수도 없었던 것이다. 그러므로 반은 저들의 근기를 따르면서 반은 친히 증득하신 바를 말하게 된 것이다.

따라서 '진여가 생각을 일으킴이요, 안이眼耳가 능히 생각할 수 있는 것이 아니다'는 등 말씀하시어 간곡하게도 도속들로 하여금 반드시 먼저 몸 가운데에 보고 듣는 성품을 돌이켜 보아 진여를 요달한 연후에 비로소 조사의 신심身心이 일여한 비밀한 도리를 알게 하신 것이다.

만약 이러한 선권이 없이 곧바로 신심이 일여한 도리를 말씀하셨다면 범부 눈에는 몸에 생멸이 있음을 보기 때문에 출가 수도하는 자라도 오히려 의혹이 날 것이거늘 하물며 당시의 천 명의 세속 사람이 어떻게 믿고 받아들일 수 있었으랴. 이것은 실로 조사께서 근기를 따라 달래고 선도하는 말씀이었던 것이다. 충 국사는 남방불법을 그릇 아는 병통을 꾸짖어 파하여 가히 무너진 기강을 재정돈하고 거룩한 뜻을 더욱 드러내어 갚지 못할 큰 은혜를 갚은 것이라 하겠다.

우리들 후손이 아직 비밀히 전하신 도리에 친숙하지 못할진대, 마땅히 이러한 현전문顯專門의 성실한 말씀에 의지하여 자기의 마

음이 본래 불임을 돌이켜 비추어 단상斷常 양변에 떨어지지
않으면 가히 허물을 여의었다 할 것이다. 그렇지 아니하고
만약 마음은 생멸이 없으나 몸에는 생멸이 있다고 관한다
면 이는 한 법 위에 두 견해를 내는 것이니 성품과 현상이
서로 융회融會한 것이 아니다.

그러므로 알아야 한다. 이 한 권의 신령한 글에 의
하여 뜻을 알고 살펴서 공부를 지어 간즉, 긴 세월을 거치
지 않고 속히 보리를 증득할 것이다. 그러니 어찌 판각하
고 찍어 내어 세간에 유행케 하여 큰 이익을 짓지 아니할
까 보냐.” 한즉 묵이 “옳습니다.” 하기에 이에 쓰는 바이다.

●

해동 조계산 수선사 사문 지눌5 발

—

1

이 발문은 고려 보조(普照) 국사의 것. 송천사판에는 이
밖에도 무주자행사(無住子行思), 회당안기(晦堂安其),
서광경첨(瑞光景瞻) 등의 발이 보이나 이는 생략한다.
다만 송천사(松川寺)판의 개판에 관한 발문만을 이하에
옮긴다.(송천사는 전라남도 광양군 백운산에 있던 절이

다.) 우리 산내의 보정(普淨) 스님은 청정한 행이 뛰어난 분이다. 속계를 높이 뛰어나 흰 구름 걸친 바위 사이에 있는 천영대(天影臺) 위에 암자를 맺고 지낸 지도 12년이 된다. 하루는 한 권의 글을 가지고 나의 처소에 와서 하는 말이 "요사이 『법보단경』을 얻었는데 이것은 성화 15년에 이 백운산 병풍암에서 개판한 것입니다. 기이하게도 여러 세월을 거치다가 내 손에 들어와 보게 되니 이것은 참으로 인연이 있는 것이라. 이제 다시 판에 새겨 널리 전하고자 하니 스님은 발문을 써주시오." 한다. 내가 승낙하여 하는 말이 "이것은 내가 깊이 생각하고 마음에 이어온 것이외다. 그대가 인연을 모아 판에 새겨 널리 유포시키겠다 하니 내 마음에 심히 만족하오. 고인의 지극한 이치의 묘한 말씀이 비록 용궁에 가득 찼더라도 만약 간행하지 않는다면 어찌 오늘에 유전되고 문자가 전하여 와서 우리가 볼 수 있게 되리오. 가히 판에 새기고 찍어 내어 널리 유행시켜 큰 이익을 짓지 아니할까 보냐." 하니 보정이 "그러하외다" 하기에 드디어 쓰는 바이다. 바라는 바는 이 인연으로 천지와 더불어 무궁토록 유포되오며 다시 엎드려 바라옵건대 주상(主上) 3전하 수만세하여지이다. 그리고 다시 바라옵건대 이 경을 출판한 단월들과 일을 맡아 힘쓰고 인연 따라 도우며 함께 기뻐하는 모든 이들이 함께 5복을 누리고 다 깨달음의 땅을 증득하여지오며 또한 이 공덕이 널리 법계 일체 중생에 미쳐서 모두 저 언덕에 올라지이다. 기원 숭정(崇禎) 후 강희(康熙) 42년 계미 8월 일 조계후학 중화자(中華子) 태헌(太憲)

적다.(강희 42년은 서기 1703년. 이조 숙종 29년이다.)

2

태화는 금(金) 장종(章宗) 때의 연호. 7년은 서기 1207년. 고려의 희종(熙宗) 3년이니 이때 보조 국사 50세.

3

남양충(?~775) : 당 남양혜충(慧忠) 국사. 육조 스님의 인가를 받고 제방을 순력하고 남양 백애산(白崖山)에 들어가 40년을 나오지 않고 당 현종·숙종·대종의 두터운 귀의를 받았다. 뒤에 서울에 나와 크게 교화하였다.

4

남방인 : 육조 대사의 남종선을 자칭하는 자를 가리킴.

5

보조 지눌(1151~1210) : 우리나라 선종의 중흥조. 고려 불일보조(佛日普照) 국사다. 호를 목우자(牧牛子)라 한다. 속성 정(鄭)씨. 팔공산 거조사(居祖寺) 지리산 상무주(上無住)에서 수도하여 크게 깨치고, 1200년 지금의 순천 송광사(松廣寺 당시 吉祥寺)에 옮겨 11년 동안 법을 펴 대총림을 이루었다. 1205년 고려 희종이 즉위하여 송광산을 조계산으로, 길상사를 수선사(修禪社)로 고쳤다. 희종 6년 53세로 입적. 불일보조 국사는 시호다. 저서로서는 『정혜결사문』·『진심직설』·『수심결』·『간화결의』·『원

돈성불론』과 그 밖의 저작이 남아 있어 지금껏 한국불교 기본 요전
으로 널리 행하여 온다.

●

泰和七年十二月多日 社內道人湛黙이 持一卷文하야 到室中曰 近得
法寶記壇經이라 將重刻之하야 以廣其傳호니 師其跋之하소서하야늘 欣
然對曰 此予平生에 宗承修學之龜鑑也라 子其彫印流行하야 以壽後
世하니 甚愜老僧意로다 然이나 此有一段疑焉하니 南陽忠國師ㅣ謂禪
客曰 我此間은 身心一如하야 心外無餘라 所以全不生滅이어니와 汝南
方은 身是無常이요 神性은 是常이라하니 所以로 半生半滅하고 半不生
滅이라 又曰 吾比遊方에 多見此色이 近尤盛矣라하고 把他壇經云호대
是南方宗旨어늘 添糅鄙談하고 削除聖意하야 惑亂後徒라하시나 子今所
得은 正是本文이오 非其沾記니 可免國師所訶로다 然이나 細詳本文컨
댄 亦有身生滅心不生滅之義하니 如云 眞如性이 自起念이요 非眼耳鼻
舌이 能念等은 正是國師의 所訶之義라 修心者ㅣ到此하야 不無疑念이
니 如何消遣하야 令其深信하며 亦令聖教로 流通耶아 黙曰 然則會通之
義를 可得聞乎이까 予曰 老僧이 曩者에 依此經心하야 翫味忘斁일새 故
得祖師의 善權之義로니 何者오 祖師ㅣ爲懷讓行思等하사 密傳心印外

에 爲韋璩等道俗千餘人하사 說無相心地戒하실새 故로 不可
以一往談眞而逆俗이오 又不可一往順俗而違眞이라 故로 半
隨他意하고 半稱自證하사 說眞如ㅣ 起念이오 非眼耳能念
等語하사 要令道俗等으로 先須返觀身中見聞之性하야 了達
眞如然後에 方見祖師의 身心一如之密意耳니 若無如是善
權하고 直說身心一如則 緣目觀身有生滅故로 出家修道者
도 尙生疑惑이온 況千人俗士ㅣ 如何信受리오 是乃祖師의
隨機誘引之說也어시늘 忠國師ㅣ 訶破南方佛法之病하시니
可謂再整頹綱하야 扶現聖意하야 堪報不報之恩이로다 我等
雲孫이 旣未親承密傳인댄 當依如此顯傳門誠實之語하야 返
照自心이 本來是佛하야 不落斷常하면 可爲離過矣어니와 若
觀心不生滅하고 而見身有生滅인댄 則於一法上에 而生二見
이니 非性相融會者也라 是知依此一卷靈文하야 得意泰詳則
不歷僧祇하고 速證菩提하리니 可不彫印流行하야 作大利益
耶아 黙曰 唯唯라하야늘 於是乎書하노라

海東曹溪山 修禪社沙門 知訥 跋

『법보단경』은 직설법문이라고 한다. 불조의 골수를 직접 들어보이고 근원을 바로 파헤쳐 지엽이 없다. 불불佛佛, 조조祖祖가 전할 수 없는 묘리를 만인 면전에 맞들이댄 법문 것이다.

그래서 단경은 성불문에 있어 최대의 감로문이라 일컬어 온다.

비록 그러하나 불법이 어찌 문자나 말 속에 있는 것일까.

이 한 물건은 결코 문자일 수 없고, 말일 수 없고, 생각일 수 없고, 이론일 수 없다.

여기에 대해서는 제불이 한 구를 말하지 못하였고 정명淨名이 함구하였으며 제조가 입을 벽에 걸었던 것이다. 우리는 모름지기 이 한 권을 대하면서 문자에 있지 않고 다시 문자를 여의지 아니한 도리에 착안하여야 할 것이다. 그리고 이 말을 여읜 도리를 자재 희롱한 구구절절에서 넘쳐나는 조사의 곡진한 자비에 젖어야 할 것이다.

이번에 필자가 단경에 손을 댄 직접 동기가 하나 있다. 근자에 필자가 벌이고 있는 '순수불교' 운동은 반야에 의한 인간 존재의 해명이며, 그에 따른 역사와 세계의 전개에 있는 것이다. 그

러므로 여래심지如來心地를 직설한 『법보단경』은 첫째의
귀감이요, 증언으로 삼아 오던 터였다. 그래서 일찍이 지
송하며 또한 번역 주해까지 시도하였던 것인데 때마침
마산 불모산 성주사 보봉寶峰 선사와 진해 이정술, 배씨
법계성, 불자 내외의 간경 발원을 만난 것이다. 그래서
구고에 다시 손을 대게 됐다. 이번에도 대본은 덕이본德
異本이나 송림사松林寺판을 택하였다.

주註에 군말이 과하였는가 한다. 하지만 구안지
사具眼之士는 필자의 자그마한 뜻의 소재를 살펴줄 것으
로 믿는 바이다. 또한 필자의 부덕이 조사의 뜻을 곡설하
지 않았나 두려워한다.

이에 대해서는 대방大方의 질정을 바라면서 한
편 독자 제현의 문자 밖의 일구一句를 읽어 내는 안력이
족히 부족을 보충해 줄 것을 기대한다.

●

불기 2519년(乙卯) 10월 1일
광덕 적음